한국현대사 쟁점 연구

방선주 저작집 3

한국현대사 쟁점 연구

초판 1쇄 발행   2018년 9월 28일

엮은이 ㅣ 방선주선생님저작집간행위원회
발행인 ㅣ 윤관백
발행처 ㅣ 도서출판선인

등록 ㅣ 제5-77호(1998.11.4)
주소 ㅣ 서울시 마포구 마포대로 4다길 4 곳마루 B/D 1층
전화 ㅣ 02)718-6252 / 6257   팩스 ㅣ 02)718-6253
E-mail ㅣ sunin72@chol.com

정가(세트)   96,000원

ISBN   979-11-6068-211-3   94900
ISBN   979-11-6068-208-3   (전3권)

방선주 저작집 3

한국현대사 쟁점 연구

방선주선생님저작집간행위원회 편

도서출판 선인

▌ 간행사 ▌

이 책은 방선주 선생님의 학문적 업적을 기념하고 그가 한국현대사 연구에 기여한 공로를 기념하기 위한 목적으로 상재하는 것이다. 재미역사학자 혹은 미국국립문서기록관리청(NARA)의 터줏대감으로 유명한 선생님은 한국 근현대 관련 미국자료의 최고 전문가이자 중요 자료의 최초 발굴자로 널리 알려져 왔다. 한국 근현대사 관련 자료를 찾아 "나라(NARA)"를 방문해본 연구자라면 누구든 깡마른 체구에 도수 높은 안경을 쓰고 자료 더미를 뒤지거나 복사를 하며 진실 너머를 찾고 있는 노학자를 기억할 것이다. 선생님은 학위논문이나 연구논문을 준비하는 연구자들은 물론 중요 자료를 수집하고 간행함으로써 위상을 정립한 연구기관들과 역사의 진실을 규명할 수 있는 결정적 자료들에 목말라하던 개인 · 단체 · 국가기관에게 언제나 큰 도움을 주었다. 미군정기 이래 한국전쟁기에 이르는 한국현대사 관련 미국 자료들은 거의 대부분 그의 손을 거쳐서 국내에 소개되었거나 입수되었다고 해도 과언이 아니다.

한국현대사 연구와 현대사 관련 자료 발굴의 국보적 존재라고 할 수 있는 선생님은 국사편찬위원회, 군사편찬연구소, 한림대 아시아문화연구소 등을 위해 한국현대사 관련 중요 자료들을 수집했고, 이들 기관들을 통해 방대한 분량의 한국현대사 관련 자료집이 간행되었다. 이 자료집들은 1990년대 이래 한국현대사 연구가 발전할 수 있는 자료적 초석이 되었다. 나아가 선생님의 작업을 목격한 한국의 연구자, 언론인 등의 지적 계몽을 거쳐

'문서관 연구(archives research)'가 현대사 연구의 주요 방법론으로 등장하는 계기가 마련되었다. 1990년대 이래 사실과 자료에 근거한 현대사 연구는 선생님의 노고로부터 출발했다고 해도 과언이 아니다. 새롭고 중요한 자료의 발굴과 그 해석을 통해서 선생님은 특정한 이론, 가설, 추정, 당파적 주장에도 흔들리지 않는 현대사 연구의 무궁무진한 가능성과 실례를 펼쳐보였다. 사실 수많은 후학들이 선생님의 선행 연구를 본받았고, 그가 발굴하고 해석한 자료들을 활용했으나, 정확한 출처를 밝히지 않은 경우도 많았다.

선생님의 원래 전공은 중국 고대사이다. 중국 고대사로 한국에서 석사학위를 마친 후, 미국과 캐나다에서 박사과정을 이수한 정통 역사학자이다. 중국 고대사 전공자가 한국현대사 연구의 개척자이자 한국 관련 미국 자료의 최고 전문가가 된 것은 한국현대사 학계와 연구자들에겐 행운이지만, 당사자에겐 파란과 우여곡절의 한국현대사를 몸에 새긴 결과이기도 했다.

선생님은 1933년 7월 15일 평안북도 선천에서 독실한 기독교 목회자의 집안에서 태어났다. 그의 조부 방효원 목사와 부친 방지일 목사는 한국 기독교사를 빛낸 중국 산동 선교사였다. 아버지와 아들이 모두 산동 선교사를 지낸 한국 기독교계의 유력 가문인 셈이다. 선생님은 부친 방지일 목사를 따라 5살 되던 해 중국으로 건너가 산동성 청도(靑島)에서 성장했다. 방지일 목사는 숭실전문학교를 나온 후 중국 청도에서 중국인을 상대로 선교를 하며 진정한 기독교 선교사의 전범이 되었다. 빈민굴의 신자를 위해 기꺼이 수혈을 마다하지 않았고, 정성으로 돌보는 일이 다반사였다. 선생님의 가족은 방지일 목사, 어머니, 누나, 남동생으로 구성되어 있었다. 방지일 목사는 중국인 교회에서 시무하며, 가난한 중국인 교인들의 존경을 받았고, 성인으로 취급받을 정도였다. 청도는 1차 세계대전 이후 일본의 점령지이자 일본의 세력권이었다. 중국인 교인들의 존경과 사랑을 받던 방지일 목사는 일제 강점기는 물론 국공내전과 공산화 이후에도 청도에 남아 목회활동을 지속했다. 지역민들의 존경을 잘 알고 있던 중국공산당은 대륙 공산화 이후에도 방지일 목사를 탄압하지 못했고, 옛 교인들은 곤궁에 처한 방지일 목사 가족을 위해 담장 너머로 쌀자루며 곡식부대를 던져 놓고 가곤했다. 방지일 목사와 가족들은 1957년 홍콩을 거쳐 한국으로 귀국했다. 평양 출신으로 북한이 고향이던 방지일 목사 가족은 중국공산당의 회유와 협박이 있었지만, 국제 기독교계의 호소와 도움 덕에 남한으로 귀환할 수 있었다. 냉전의 극단기에 중국에서 남한으로 귀환한 이 가족의 사례는 매우 희귀한 경우였다. 서울 주재 미국대사관 직원은 중국 대륙에서 귀환한 방지일 목사를 인터뷰(1957. 12. 2)했고, 관련 기록은 서울 주재 미국대사관 문서철에 남았다. 생전에 이 자료를 살펴본 방지일 목사는 자신의 기억과 문서내용에 차이가 있다며 갸우뚱하는 모습을 보였다.

중국 시절 선생님은 일본인학교에서 초등·중등학교 교육을 받았고, 양명학과 고증학에 관심을 갖게 되었다. 유명한 중국학자들의 글을 읽고 이들을 찾아다니며 공부하며 산동대학에서 청강했다. 집에서는 한글 성경을 읽으며 매일같이 한국어로 가족예배를 드렸다. 이런 연유로 20대 중반의 선생님은 한국어, 일본어, 중국어를 유창하게 말하고 읽고 쓸 수 있는 어학능력을 갖게 되었다. 귀국할 당시 언어감각은 중국어 글쓰기가 가장 유려한 상태였다.

처음 선생님의 관심사는 중국 고대사 혹은 한중관계사였다. 한국으로 귀국한 뒤 선생님은 숭실대학에 편입할 수 있었다. 중국에서 학력을 증명할 수 없어 어려움을 겪었으나, 부친 방지일 목사가 졸업한 숭실대학이 북한 출신에 대해 호의를 베풀었다. 선생님은 1960년 숭실대학 사학과를 졸업하며 「문헌상으로 비교 고찰한 한중언어관계(韓中言語關係)」라는 제목의 졸업논문을 제출했다. 한국어와 중국어의 언어적 연관성을 다양한 문헌과 자료를 통해 설명하려는 시도였으며, 그가 학문세계에 호기심을 갖고 진입하게 된 배경을 보여주는 글이었다. 이 글에 대한 애착은 남달라 36년 뒤「문헌상으로 고찰한 한중언어관계(韓中 言語關係)」(『아시아문화』 제12호, 한림대학교 아시아문화연구소, 1996)라는 제목으로 간행하기까지 했다. 선생님은 자신의 학문적 좌표와 정신적 위치가 중국고대사에서 발원한 것임을 늘 잊지 않고 있었던 것이다. 학부 졸업 후 평양 출신이던 최영희 교수의 인도로 고려대 사학과에 진학했다. 선생님은 본격적으로 중국고대사를 연구하며 1960~70년대 한국, 일본, 대만, 미국 등에서 다양한 중국고대사 관련 논문을 발표하기 시작했다. 1962년에 쓴 석사학위논문「고구려상대(高句麗上代) 전설(傳說)의 연구(研究) - 특(特)히 맥족원류(貊族源流)와 관련(關聯)하여 -」는 학계의 주목을 받았다. 저작목록에 나타나듯이 선생님은 1960년부터 박사학위를 받은 1977년까지 수십 편의 논문을 발표했다. 1977년 선생님의 박사학위논문에 첨부된 논저목록에 따르면 중국어 논문 10편, 일본어 논문 3편(번역 2편 포함), 한국어 논문 10편 등 총 23편의 논문을 발표한 것으로 나타나 있다. 물론 여기에 포함되지 않은 글들도 있어, 전체 글의 숫자는 더 늘어난다. 1960~70년대 한국학계의 상황을 돌이켜 보자면 선생님은 한국어, 중국어, 일본어, 영어로 논문을 작성할 수 있었던 매우 특출하고 국제적인 소장학자였음을 알 수 있다.

대학원 졸업 후 선생님은 1962~64년간 대전대학교(현 한남대학)에서 전임강사로 중국사와 중국문학을, 1962~63년간 숭실대학교에서 중국어를 강의하며 후학을 양성했다. 계속 대학에 몸담고 있었다면 선생님은 저명한 중국고대사학자로 굴곡 없는 인생을 사셨을 것이다. 그런데 1964년 연구년 기회를 얻은 선생님은 시애틀의 워싱턴주립대학(University of Washington)에 진학하기로 결심했다. 몇 년 만에 간단히 끝날 것으로 예상했던 도미유학으로 인생의 경로가 바뀌게 될 줄은 알지 못했다. 미국에 건너와서도 여전히 연구 주제는 언어고증적 중국고대사였다. 선생님은 1963~66년간「독서영지록(讀書零知錄)」이라는 글을『중국학보(中國學報)』에 4편 실었는데,

1964년 제2호 말미의 저자의 글에 1964년 10월 27일 시애틀 워싱턴 호숫가에서 글을 쓴다고 적고 있다.

선생님은 1971년 시애틀의 워싱턴주립대학(University of Washington)에서 동이족(東夷族) 연구로 두 번째 석사학위를 받았는데, 이 논문은 상(商)·주(周)시대 갑골문에 기초한 것이었다. 1970년대 초중반은 선생님에게 시련의 시기였다. 로스앤젤레스에서 택시운전사를 하는 한편 일본영화관의 영사기사 조수 노릇을 하며 생계를 유지해야 했다. 한국은 유신으로 대표되는 공포정치의 상황이 본격화되는 시점이었다. 반(反)유신운동에 관련되었다는 혐의를 받은 선생님은 미국을 떠나 캐나다 토론토대학 동아시아과 박사과정에 입학했다. 1973년부터 1977년까지 토론토 생활이 시작된 것이다.

토론토대학의 지도교수는 중국계였는데, 박사학위가 시급했던 40대 초반의 학생에게 학위논문 대신 자신의 프로젝트 뒷수발을 들게 했다. 박사학위논문에 첨부된 박사과정 중 연구목록에 지도교수 등과 진행한 3건의 연구 프로젝트 제목이 나타나있다. 지도교수가 진행한 프로젝트는 중국사와 관련된 중국자료 원문 및 참고문헌 작성 작업으로 언제 끝날지 예상할 수 없는 일이었다. 중국어와 영어, 일본어까지 자유자재로 구사하는 선생님은 가장 최상의 연구보조원이자 최저 임금의 노동력이었다. 선생님에게는 갓 결혼한 정금영 여사와 갓난 아들이 있는 상황이었다. 부인은 미국 나이아가라폭포 쪽에 취직했고 선생님은 캐나다 나이아가라폭포 쪽에서 학업을 지속하며 수도 없이 나이아가라폭포를 오고가는 생활을 해야 했다. 결국 지도교수에게 박사학위문제로 항의했고, 일이 커져 워싱턴대학의 지도교수가 자비로 토론토로 건너와 심사위원회를 꾸려 가까스로 박사학위를 받을 수 있었다. 박사학위논문은 중국 서주(西周)시대 연구로 선생님은 당시 갑골문을 해독할 줄 아는 몇 안 되는 미주지역 중국고대사 연구자로 인정받았다. 그러나 토론토대학의 지도교수는 자신이 있는 한 북미대륙의 학계에서 발붙이는 일은 없게 될 것이라는 악담을 서슴지 않았다.

박사학위를 받았지만, 북미 역사학계에서 자리를 얻을 수 없게 된 선생님은 가족들을 이끌고 승용차에 트레일러를 매달고 워싱턴 디씨로 내려왔다. 워싱턴 디씨에서 신원조회를 하지 않던 전화번호부 배달, 막노동일 등을 하며 생계를 꾸렸다. 그러던 중 당시 미국립문서기록관리청(NARA)에서 한국관련 자료가 공개되고 있다는 것을 알게 되었다. 마침 대학시절 은사이던 최영희 교수가 국사편찬위원회 위원장으로 자리를 옮긴 때였다. 선생님은 이들 문서들을 수집해 국사편찬위원회에 보내겠다는 제안을 했고, 최영희 위원장은 흔쾌히 승낙했다. 1979년의 일이었다.

이후로 선생님은 미국 국립문서기록관리청에서 한국 근현대사 관련 자료 조사·수집에 전념했고, 최영희 위원장이 재임하던 시절부터 국사편찬위원회에 미국 자료를 제공하기 시작했다. 선생님은 1983년 국사편찬위원회 국외사료조사위원이라는 공식 직함을 얻어 활동을 시작했다. 1979년부터 선생님의 저작목록에 한국 근현대사 글들이 본격적으로 등장하기 시작한다.

선생님이 한국현대사 연구자이자 자료 전문가로 이름을 얻게 된 계기는 1986년과 1987년에 쓴 2편의 자료 해제 겸 소개였다. 첫째는 한국전쟁기 미군이 북한에서 노획한 소위 '북한노획문서'에 대한 해제 및 소개였다. 외국학자가 쓴 한국현대사·한국전쟁에 관한 저서가 대학가와 학계에 막강한 영향력을 행사할 때 나온 북한노획문서 소개는 그 어떤 말로도 표현할 수 없을 정도의 지적 충격과 자극을 한국 역사학계에 주었다. 300만 페이지에 달하는 북한 노획문서 전체 분량을 2차례 이상 통람한 이후 쓴 이 글은 한국전쟁의 개전 책임이 북한에 있다는 점을 북한 문서를 통해 완벽하게 증명했다. 뿐만 아니라 한국전쟁기 전장에서 노획된 다양한 북한 문서들이 어떤 연구의 가능성을 열어놓을 수 있는지를 구체적으로 입증해 주었다. 이 해제 뒤에 부록으로 실린 다양한 북한 노획문서 실물들은 한국전쟁기 연구의 핵심자료로 부각되었고, 국내외 연구자들에 의해 반복적으로 활용되었다. 선생님의 해제 발표 이후 한국 학계에서는 북한 노획문서를 다 통람했느니 수십만 장을 열람했느니 주장하는 연구자가 종종 나타나곤 했다. 대부분의 한국 학자들은 선생님이 국사편찬위원회와 군사편찬연구소에 선별·수집해 보낸 문서들을 손쉽게 보았을 뿐이다. 선생님은 북한 노획문서 연구과정에서 중요한 노획문서들이 비공개된 상태인 것을 발견했다. 선생님의 지속적 노력을 통해 미군이 중요하게 선별해 놓은 중요 북한 노획문서, 일명 신노획문서 180상자가 새로 공개될 수 있었다. 이를 통해 지금 한국현대사 연구자들이 보배처럼 생각하는 구노획문서와 신노획문서가 연구자와 대중들에게 공개될 수 있게 된 것이다.

둘째는 미군정기 주한 미24군 정보참모부(G-2) 예하에 있던 군사실(軍史室) 자료에 대한 해제 및 소개였다. 주한미군사·점령사를 쓰기 위해 군사관들이 수집하고 편찬한 자료들은 해방직후 한국현대사에 관한 내밀한 비밀들을 가감 없이 보여주는 것들이었다. 미군 정보당국이 수집한 다양한 정보보고들은 한국 측 자료로는 다가설 수 없는 현대사의 깊이와 진실들을 보여주는 것들이었다. 이승만, 김구, 여운형, 김규식, 박헌영 등의 중요 인물은 물론 주요 정당, 사회단체, 주요 사건 등에 대해서 전혀 상상하지 못했던 정보들을 전해주었다. 민간인의 전화·편지·전보를 감청하던 민간통신검열단(CCIG-K)의 정보보고서, 주한미군 정보참모부의 일일보고서·주간보고서(G-2 Periodic Report, Weekly Summary), 방첩대(CIC)의 보고서, 군사관의 인터뷰, 하지 장군의 정치고문 버치 중위의 내밀한 한국정치 비사 등 최고급 정보와 감춰진 진실들이 이 해제를 통해 알려졌다. 여운형을 암살하려 한 극우 테러리스트가 극우 친일파 이종형에게 보낸 편지사본, 이승만의 정치자금 모금에 대한 미군정의 태도, 여운형이 암살 당시 소지하고 있던 다양한 메모와 편지들도 부록으로 덧붙여졌다. 당시 한국은 물론 세계 어디에서도 찾을 수 없는 최고급 정보와 흥미로운 이야기들이 그

의 손을 통해 한국에 알려졌다. 이 글을 보고 한국의 연구자들과 언론인들
은 미국 국립문서기록관리청이라는 곳에 주목하게 되었고, 귀중한 문서를
찾기 위해 이곳을 방문해야겠다는 동기를 부여받았다. 이는 새로운 문화
운동의 일환으로 한국 지성계에 영향을 주었다. 한국의 국가기록원 역시
정부기록보존소에서 국가기록원(The National Archives of Korea)으로 거듭
나게 되는데 이러한 문화운동의 혜택을 입었다.

국사편찬위원회 위원장이던 최영희 교수는 이번에는 한림대로 옮겼고,
한림대 아시아문화연구소를 통해 선생님을 지원했다. 선생님은 한림대 윤
덕선 이사장의 배려로 한림대 객원교수 겸 한림대 아시아문화연구소 특별
연구원으로 오랫동안 자료수집 작업에 전념할 수 있었다. 한림대 아시아
문화연구소는 선생님이 선별 수집한 자료들을 1980년대 중반부터 집중적
으로 간행하기 시작했고, 국사편찬위원회와 군사편찬연구소 역시 북한 노
획문서를 비롯한 중요 문서들을 간행하기 시작했다. 주한미군 정보참모부
일일정보요약(G-2 Periodic Report)·주간정보요약(G-2 Weekly Summary) 등
주한미군정보일지, 미군사고문단(KMAG)정보일지, 주한미군북한정보요약,
주한미군 시민소요·여론조사 보고서, 주한미군 방첩대(CIC) 보고서, 하지
(John R. Hodge)문서집, 노동관련보고서, 법무국 사법부 보고서, 전범대재
판기록, 맥아더사령부 주한연락사무소(KLO)· TLO문서, 한국전쟁기 빨치산
자료집, 한국전쟁기 중공군 문서, 한국전쟁기 삐라, 북한경제관련문서집,
북한경제통계자료집, 조선공산당문건자료집, 북한노획문서 자료집 등 300책
이상의 자료집이 간행되었다. 선생님의 손을 통해 국내에 수집·공개된
미국립문서관리기록청 등의 문서는 150만 장 이상이다. 이로써 1990년대
초반부터 한국현대사 연구의 대폭발이 일어날 수 있게 되었다.

선생님은 워싱턴 디씨에 Amerasian Data Research라는 개인 연구소를 운
영하면서 새로 발굴한 자료를 토대로 다양한 글을 쓰기 시작했다. 선생님
의 연구주제는 다양하고 방대한데 그중 대표적인 것으로 재미한인 독립운

동, 해방직후 한국현대사, 한국전쟁, 일본군위안부 등을 들 수 있다. 선생님을 통해 박용만, 이승만, 서광범, 변수 등 재미한인 주요 인물연구는 물론 재미한인 독립운동사에 관해서 새로운 자료의 발굴과 신선한 조명작업이 이루어졌다. 선생님의 작업의 가장 큰 특징은 놀랍도록 새로운 자료를 찾아내고, 이를 토대로 새롭게 인물과 역사를 조명하는데 있는데 이는 인물연구에서 큰 빛을 발한다. 재미한인독립운동에 대한 선생님의 애정은 첫 저작인 『재미한인의 독립운동』에 집약되어 있다.

일본군 위안부에 관한 선생님의 선구적 연구와 자료 발굴도 빼놓을 수 없는 일이다. 현재 한국에 알려져 있는 미국 국립문서기록관리청에서 발굴된 일본군위안부 관련 자료의 첫 출발점은 모두 선생님이 출처이다. 이 저작집에 수록된 일본군위안부 관련 글들을 일별한다면 그 애정과 자료발굴의 중요성을 모두 절감하게 될 것이다. 선생님의 선구적 연구와 자료발굴은 한국현대사 연구에 큰 학문지남(學文之南)이 되었다.

선생님은 한국현대사와 관련해 수많은 원한을 해소하고 묻혀진 영웅들의 이야기를 발굴하는데 큰 공로를 세웠다. 태평양전쟁기 미국 전략첩보국(OSS)의 한반도 침투작전인 냅코 프로젝트(Napko Project)를 발굴했고, 이에 기초해 참가했던 일본군 학병탈출자 박순동, 이종실은 물론 미군에서 복무했던 박기벽 등이 대한민국 독립유공자로 포상받았다. 이분들은 2만 리 장정으로 유명한 장준하 · 김준엽 지사에 못지 않은 애국지사였지만 그간 역사에서 전혀 주목을 받지 못했던 분들이었다. 또한 선생님은 한국전쟁기 노근리사건과 관련된 미군 제1기병사단의 기록 및 북한노획문서 등을 찾아냄으로써 불행했던 진실의 실체에 다가설 수 있는 획기적 계기를 제공했다. 한국전쟁 직전 벌어진 경북 문경 석달리사건의 경우에도 수십 년간 맺혔던 유족들의 한을 풀어줄 수 있는 결정적 문서를 발굴 · 제공하기도 했다. 2001년 백범 김구의 암살범 안두희가 미군 방첩대의 정보원 · 요원이었으며, 백의사의 암살단 조장이었음을 증명하는 유명한 문건을 발굴한 것도 선생님이었다. 미국에서 최초의 농학사 학위를 받은 구한말 망명객 변수의 묘지, 서광범의 사망증명서와 관련 기록, 이승만의 아들 이태산의 묘지와 관련기록, 박에스더의 남편 박여선의 묘지, 김규식이 미군 수송함 토마스호로 밀항하다가 남긴 독립운동관련 문서 등을 찾은 것도 모두 선생님이었다. 자신이 부평초처럼 흘러와 뿌리를 내린 미국사회에 대한 애정이 남달랐던 선생님은 재미한인 독립운동사와 이민사에 깊은 관심을 가지고 주요 인물들과 그 흔적들을 찾아 전 미주를 찾아다녔다. 그러나 이러한 '최초'의 발견이 자기과시나 과장으로 이어지지 않았고, 언론과 학계의 무관심과 무지 속에 종종 잊혀져 갔다. 그 후 문서나 유적에 대한 선생님의 최초 발견을 자신이 처음 했다고 주장하는 우극이 끊이지 않았다.

선생님은 1999년 10월 11일 한국국가기록연구원이 제정한 제1회 '한림기록문화상' 수상했고, 2007년 3월 7일 국민교육발전에 기여한 공로로 '국민훈장 동백장'을 수여받았다. 부친 방지일 목사도 1998년 기독교계 대표 지도자 중 한 사람으로 '국민훈장 모란장'을 받았으니, 부자가 모두 국민훈장을 받은 대한민국의 공로자인 것이다. 국사편찬위원회는 2016년 3월 23일 창립 70주년에 맞춰 선생님에게 공로상을 수여했다.

선생님의 직계가족은 간호인류학을 전공하고 하워드대학(Howard University) 교수로 오래 봉직한 정금영(Keum-young Chung Pang) 여사와 아들 방수호 (David S. Pang) 판사, 며느리, 3명의 손주가 있다. 이제 노경에 접어든 선생님은 국립문서기록관리청의 작업을 더 이상 진행하지 않지만, 선생님으로부터 그 가치와 중요성, 방법을 배운 후학들이 여전히 그 작업을 계승하고 있다.

저작집간행위원회는 선생님의 학문적 가르침과 자료적 도움에 은혜를 받은 사람들로 구성되었다. 김광운, 박진희, 이현진, 정병준, 정용욱, 홍석률이 실무를 맡았다. 여러 차례의 논의를 거쳐 선생님의 저작 중 한국 근현대사와 관련된 중요 연구 성과들을 추려서 그 중요한 대강을 밝히고자 했다. 오래된 자료의 입력을 위해서 이화여자대학교 대학원의 조혜정, 이희재가 노고를 아끼지 않았고, 제1차 교정작업에는 안정인, 김서연 등이 수고했다. 국사편찬위원회 박진희, 이동헌, 이상록, 김소남, 고지훈, 정대훈 등이 2차 교정 작업에 도움을 주었다. 이분들의 도움과 노고에 특별한 감사의 인사를 드린다.

　어려운 출판계의 상황에도 불구하고 이 책의 간행을 흔쾌히 맡아준 선인출판사의 윤관백 사장님과 편집진에게도 감사의 말씀을 드린다. 모쪼록 이 저작집이 한국현대사 연구의 길잡이로서 아직도 유효하게 기능할 것을 기대한다.

　이 저작집의 저자이자 한국근현대사 연구의 개척자이신 방선주 선생님의 건강과 평안을 기원한다.

2018년 9월

방선주선생님저작집간행위원회

일러두기

1. 인명, 지명은 외래어 표기법에 따른 것도 있고, 한자를 우리말로 그대로 옮긴 것도 있다. 또한 우리말 표기 없이 외국어만 노출되어 있는 경우도 있는데, 원문을 최대한 반영한 것이다.

2. 맞춤법, 띄어쓰기 등은 현행과 다른 경우가 많으나, 원문대로 표기해두었다.

3. 본문의 '부록 참조', '자료 참조', '사진 참조', '부도 참조' 등의 경우 참조 내용을 수록하지 않은 경우도 있다. 이런 경우 원 출처에 수록된 내용을 참조하여야 하며, 각각의 글 뒤에 원 출처를 수록하였다.

4. 본문의 '?', 'ㅁ' 등은 필자가 재확인을 위하거나, 판독이 어려운 경우 원문에 표시해 둔 것으로 그대로 두었다.

▌차 례 ▐

제1부 일본군 '위안부' 문제

제3부 미주 이민 문제

제4부 칼럼

방선주 저작집 2
미국 국립문서보관소의 한국현대사자료

❙ 방선주(方善柱) 선생님 약력 ❙

1933년 7월 15일 평양북도 선천에서 방지일 목사의 아들로 출생. 조부
　　　　는 중국 산동선교사로 활동했던 방효원 목사.

1937년 산동선교사로 파견된 부친을 따라 중국으로 건너가, 산동성 청
　　　　도(靑島)에서 초·중등학교 졸업, 산동대학교에서 청강.

1957년 국내 귀국, 숭실대학교에 편입.

1960년 숭실대학교 사학과 졸업, 졸업논문「문헌상으로 비교고찰한 한
　　　　중(韓中)언어관계」.

1960년 고려대학교 대학원 사학과에 진학.

1961년 고려대학교 대학원 사학과 졸업, 석사학위논문『고구려 상대전
　　　　설(上代傳說)의 연구 : 특히 맥족원류(貊族源流)와 관련하여』.

1962~64년 대전대학교(현 한남대학) 전임강사로 중국사와 중국문학 강의.

1962~63년 숭실대학교 중국어 강의.

1964년 渡美 하버드옌칭 방문연구자.

1971년 워싱턴주립대학에서 동이족 연구로 문학석사 취득, 석사학위논
　　　　문 Sunjoo Pang, "Tung-I peoples according to the Shang-Chou
　　　　bronze inscriptions," 1971 Thesis (M.A) University of Washington.

1972년 정금영 여사(Keum Young Chung Pang)와 결혼. 1962년 연세대학
　　　　교, 간호학과 BSN; 1965-1966년 Royal College of Nursing, London,
　　　　England. Ward Administration and Teaching. Certificate; 1970~1972년
　　　　University of Washington, Psychosocial Nursing and Anthropology,

MA; Catholic University of America, Medical Anthropology, Ph.D.; Professor Emerita, Howard University, Washington, DC. Retired in 2010.

1973년 아들 방수호(David S. Pang) 출생. United States Administrative Law Judge, National Hearing Center.

1973년 캐나다 토론토대학 동아시아과 박사과정 진학.

1977년 토론토대학에서 중국 서주(西周)시대 연구로 박사학위 취득. Sunjoo Pang, A Study of Western Chou Chronology, Thesis (Ph.D.). University of Toronto, Published. 당시 갑골문을 해독할 줄 아는 몇 안 되는 미주지역 중국고대사 연구가로 인정받음.

1979년 미국 국립문서기록관리청(NARA)에서 한국근현대사 관련 자료 조사·수집에 전념, 국사편찬위원회 최영희 위원장 재임시, 국사편찬위원회에 미국 자료 제공 시작.

1983년 국사편찬위원회 국외사료조사위원 활동.

1980~90년대 한림대학교 아시아문화연구소 객원연구원, 객원교수 역임.

1999년 10월 11일, 한국국가기록연구원이 제정한 제1회 '한림기록문화상' 수상.

2007년 3월 7일 국민교육발전에 기여한 공로로 '국민훈장 동백장' 수여.

2016년 3월 23일 국사편찬위원회 창립 70주년에 맞춰 공로상 수여.

▌ 방선주(方善柱) 선생님 저작목록 ▌

I. 저서

· 『在美韓人의 獨立運動』, 한림대 출판부, 1989
· 『북한경제통계자료집(1946 · 1947 · 1948년도)』 한림대 아시아문화연구소, 1994
· 『미국소재 한국사자료 조사보고Ⅲ : NARA 소장 RG242 〈선별노획문서」외』, 국사편찬위원회, 2002
· 『북한논저목록』, 한림대학교 출판부, 2003

II. 학위논문

· 「문헌상으로 비교고찰한 韓中言語關係」, 숭실대학교 사학과 졸업논문, 1960(方善柱, 「문헌상으로 고찰한 韓 · 中 言語關係」, 『아시아文化』 제12호, 한림대학교 아시아문화연구소 재수록, 1996)
· 「高句麗上代 傳說의 研究－特히 貊族源流와 關聯하여－」, 고려대학교 대학원 사학과 석사학위논문, 1962
· Sunjoo Pang, "Tung-I peoples according to the Shang-Chou bronze inscriptions," Thesis (M.A.), University of Washington, 1971
· Sunjoo Pang, A Study of Western Chou Chronology, Thesis (Ph.D.) University

of Toronto, Published [Toronto : s.n.], c1977

Ⅲ. 논문

· 「詩 桑柔 「誰能執熱逝不以濯」 解」, 『大陸雜誌』 Vol.16, No.8, 臺灣, 1958
· 「論語 「觚不觚 觚哉 觚哉」 解」, 『大陸雜誌』 Vol.16, No.8, 臺灣, 1958
· 「說 「文」」, 『大陸雜誌』 Vol.19, No.9, 臺灣, 1959
· 「詩 「生民」 新釋 : 周祖卵生 論」, 『史學研究』 8호, 한국사학회, 1960
· 「子産考」, 『崇大』 5집, 崇實大學學藝部, 1960
· 「崑崙山名義考」, 『史叢』 5집, 역사학연구회, 1960
· 「鄭國刑鼎考」, 『史叢』 7집, 역사학연구회, 1962
· 「新唐書 新羅傳所載 長人記事에 對하여」, 『史叢』 8집, 역사학연구회, 1963
· 「讀書零知錄 (1) : 東方文化 交流關係 雜考之屬凡14篇」, 『中國學報』 1권, 韓國中國學會, 1963
· 「讀書零知錄 (2) : 詩經雜考之屬凡2篇 金石銘文解讀之屬1編」, 『中國學報』 2권, 韓國中國學會, 1964
· 「古新羅의 靈魂 및 他界觀念－宗教 文化史的 考察」, 『合同 論文集』 第1輯, 서울 啓明基督大學校·大田大學校·서울女子大學校·崇實大學校, 1964(번역수록, 『朝鮮研究年報』 19, 朝鮮研究會, 京都, 1965)
· 「讀書零知錄 (3) : 故書銘文雜考之屬凡2篇」, 『中國學報』 3권, 韓國中國學會, 1965
· 「讀書零知錄 (4) : 始祖神話雜考之屬凡2篇」, 『中國學報』 4권, 韓國中國學會, 1965
· パング ソンジュウ(方善柱), 「ワシントンの最初に踏んだ日本人」, 『北米報知』 1967年 10月 6日, 10月 10日, 1967

· 「韓國 巨石制의 諸問題」, 『史學研究(梅山金良善敎授華甲紀念史學論
  叢)』 20집, 韓國史學, 1968會
· 「江淮下流地域의 先史諸文化 : 韓國의 南方文化傳來說과 關聯하여」,
  『史叢』 15 · 16합집, 高大史學會, 1971
· 「百濟軍의 華北 進出과 그 背景」, 『白山學報』 第11號, 白山學會, 1971
  (國防軍史研究所 편, 『韓國軍事史論文選集(古代篇)』, 1996 재수록)
· 江畑武抄 譯, 「百濟軍の華北進出とその背景」, 『朝鮮研究年報』 21, 朝
  鮮研究會, 京都, 1972
· パング ソンジュウ(方善柱), 「寶順丸の米洲漂着とその意義」, 『日本
  歷史』 12月號, 1972
· 「薉 · 百濟關係 虎符에 대하여」, 『史叢』(金成樺博士 華甲紀念論叢) 第
  17 · 18合輯, 고려대학교 사학회, 1973
· 「崑崙天山與太陽神舜」, 『大陸雜誌』 Vol.49, No.4, 臺灣, 1974
· 「西周年代學上的幾個問題」, 『大陸雜誌』 Vol.51, No.1, 臺灣, 1975
· Sunjoo Pang, "The Consorts of King Wu and King Wen in the Bronze
  Inscriptions of Early Chou," *Monumenta Serica*, Vol.33(1), 1 January 1977.
· 「권말부록② 미공개자료:1930년대 상해 거주 한국인의 실태」, 『신동
  아』 8월, 1979
· 「回顧와 展望 : 美洲篇」, 국사편찬위원회, 『韓國史研究彙報』 제51호,
  1984
· 「鹵獲 北韓筆寫文書 解題 (1)」, 한림대 아시아문화연구소, 『아시아
  문화』 창간호, 1986
· 「미국의 한국관계 현대사 자료」, 한국사학회, 『한국현대사론』, 을유문
  화사, 1986
· 「高宗의 1905년 密書 : 美 · 英 · 佛 등 在外공관에 보내는 암호電文」,
  『월간경향』 3월호, 1987
· 「美國內 資料를 통하여 본 韓國 近 · 現代史의 의문점」, 한림대 아시

아문화연구소,『아시아문화』제2호, 1987
· 「徐光範과 李範晋」,『崔永禧先生華甲紀念韓國史學論叢』, 탐구당, 1987
· 「韓·中 古代紀年의 諸問題」,『아시아文化』제2호, 한림대학 아시아
문화연구소, 1987(方善柱,「檀君紀年의 考察」, 李基白 편,『檀君神話
論集』, 새문사, 1988 재수록)
· 「美國 第24軍 G-2 軍史室 資料 解題」, 한림대 아시아문화연구소,『아
시아문화』제3호, 1987
· 「해설」『G-2 Periodic Report 1: 주한미군정보일지(1)』한림대 아시아
문화연구소, 1988
· 「檀君紀年의 考察」, 李基白 편,『檀君神話論集』, 새문사, 1988
· 「3·1운동과 재미한인」, 국사편찬위원회,『한민족독립운동사3 : 3·1
운동』, 1988
· 「臨時政府/光復軍支援 在美韓人團體에 對한 美國情報機關의 查察」,
韓國獨立有功者協會,『韓國武裝獨立運動에 關한 國際學術大會 論文
集』, 1988
· 「1921~22년의 워싱톤회의와 재미한인의 독립청원운동」,『한민족독립
운동사6 : 열강과 한국독립운동』, 1989
· 「1930년대 재미한인독립운동」, 국사편찬위원회,『한민족독립운동사8
: 3·1운동 이후의 민족운동1』, 1990
· 「아시아文化의 美洲傳播－윷놀이型 遊戲의 전파와 '寶順丸'의 漂着
을 중심으로」,『아시아文化』제7호, 한림대 아시아문화연구소, 1991
· 「美 軍政期의 情報資料 : 類型 및 意味」, 方善柱·존메릴·李庭植·
徐仲錫·和田春樹·徐大肅,『한국현대사와 美軍政』, 한림대 아시아
문화연구소, 1991
· 「美國 資料에 나타난 韓人 '從軍慰安婦'의 考察」, 국사편찬위원회,『國
史館論叢』제79집, 1992
· 「1946년 북한 경제통계의 일 연구」, 한림대학 아시아문화연구소,『아

시아문화』 제8호, 1992
· 「1930~40년대 歐美에서의 獨立運動과 列强의 反應」, 梅軒尹奉吉義士 義擧 第60周年紀念國際學術會議, 『韓國獨立運動과 尹奉吉義士』, 4월 24일~25일 세종문화회관, 1992
· 「在美 3 · 1運動 總司令官 白一圭의 鬪爭一生」, 『水村朴永錫敎授華甲 紀念韓民族獨立運動史論叢』, 탐구당, 1992
· 「美洲地域에서 韓國獨立運動의 特性(OSS NAPKO)」, 독립기념관 한국 독립운동사연구소 제7회 독립운동사 학술심포지움, 『한국독립운동 사연구』 제7집, 1993
· 「'1946年度 北朝鮮人民經濟統計集' 등 북한경제통계문서의 해제」, 『북 한경제통계자료집(1946 · 1947 · 1948년도』, 한림대 아시아문화연구소, 1994
· 「미주지역에서 한국독립운동의 특성」, 『한국독립운동의 이해와 평 가; 광복 50주년기념 4개년 학술대회 논문집』, 독립기념관 한국독립 운동사연구소, 1995
· 「아이프러機關과 在美韓人의 復國運動」, 仁荷大學校 韓國學硏究所, 『第二回 韓國學國際學術會議論文集 - 解放 50주년, 세계 속의 韓國 學 - 』, 1995
· 「韓半島에 있어서의 美 · 蘇軍政의 比較」, 『미군정기 한국의 사회변 동과 사회사』 I, 한림대학교 아시아문화연구소, 1996
· 「문헌상으로 고찰한 韓 · 中 言語關係」, 『아시아文化』 제12호 한림대 학교 아시아문화연구소, 1996
· 「일본군 '위안부'의 귀환 : 중간보고」, 한국정신대문제대책협의회 진 상조사연구위원회, 『일본군 '위안부' 문제의 진상』, 역사비평사, 1997
· 「임정의 광복활동과 미주 한인의 독립운동 - 제2차 대전 종반기 국제 정세와 관련하여」, 백범김구선생 탄신 120주년기념 국제학술대회, 『白 凡 金九의 民族 獨立 · 統一運動』, 세종문화회관, 백범김구선생기념

사업협회, 1997

· 「韓吉洙와 李承晩」, 연세대학교 국제대학원 부설 현대한국학연구소 제2차 국제학술회의, 『이승만의 독립운동과 대한민국 건국』, 1998(유 영익 편, 『이승만 연구』, 연세대출판부, 2000 재수록)

· 「美國 國立公文書館 國務部文書槪要」, 國史編纂委員會, 『國史館論叢』 第79輯, 1998

· 「대한민국임시정부와 미국」, 대한민국임시정부 수립 80주년 기념 국제 학술회의, 『대한민국임시정부와 독립운동』, 1999년 4월 8일~9일 세종 문화회관 대회의실, 1999(한국근현대사연구회 주최, 국가보훈처 · 동 아일보사 후원)

· 「韓半島에 있어서의 美 · 蘇軍政의 比較」, 『미군정기 한국의 사회변 동과 사회사Ⅰ』, 한림대학교 아시아문화연구소, 1999

· 「해설」, 한림대학교 아시아문화연구소, 『한국전쟁기 중공군문서』(자 료총서 30), 2000

· 「해설」, 한림대학교 아시아문화연구소, 『한국전쟁기삐라』(자료총서 29), 2000

· 「KLO문서 해제」, 한림대학교 아시아문화연구소, 『KLO · TLO문서집 (미극동군사령부 주한연락사무소)』(자료총서 28), 2000

· 「한국전쟁 당시 북한 자료로 본 '노근리' 사건」, 『精神文化硏究』 통권 79호, 한국정신문화연구원, 2000

· 「한국인의 미주이주 : 그 애환의 역사와 전망」, 『한국사시민강좌』 28집, 일조각, 2001

· 「미국 OSS의 한국 독립운동 관련자료 연구」, 한국정신문화연구원 편, 『해방 전후사 사료 연구 1』, 선인, 2002

· 「한인 미국이주의 시작-1903년 공식이민 이전의 상황진단-」, 『한국 사론39(미주지역 한인이민사)』, 국사편찬위원회, 2003

· 方善柱 撰, 『初周青銅器銘文中的文武王后』, 香港: 香港明石文化國際

出版有限公司, 2004

Amerasian Data Research Services, Data & Research Series

· K-1. Su Pyon (1861~1891)

· K-2. Kwang Pom Soh: The Life of An Exile in the United States (1859~ 1897)

· K-3. Yousan Chairu Pak (1868~1900)

· K-4. The Katura-Taft Memorandum and the Kennan Connection

· J-1. The Life of Otokichi Yamamoto

제1부

일본군 '위안부' 문제

미국 자료에 나타난 한인(韓人) '종군위안부(從軍慰安婦)'의 고찰

1. 머리말

"나치스의 만행에 관한 모든 과거사를 현재에 이르러서는 파묻어 버리고 망각해 버리는 것이 낫다는 널리 퍼져있는 사고경향이 비단 독일과 오스트리아에만 존재하고 있는 것이 아니다. 그러나 Wiesenthal 씨는 화해한다는 것은 무엇이 일어났는가의 지식을 기초로 한 후에야 그것이 가능하다고 생각한다."(Mr. Wiesenthal feels that reconciliation is only possible on the basis of knowledge of what happened). 이것은 Wechsberg가 편집한 나치 만행자료 사냥꾼 Wiesenthal의 공작과 일화에 관한 책 『우리 주위의 살인자들』을 평한 Times Literary Supplement가 Wiesenthal의 발언을 간결 적절히 요약한 구절이다.[1] Wechsberg는 태평양전쟁 시기에 한인독립운동에 관한 글을 썼고 그 중에서 일본인들이 자기들의 적이라고 생각하는 나라는 미국도 영국도 중국도 아니고 한국이라고 소개한 사람이었다.[2] 일본인의 글들을 보면 한국인은 너무나 과거사에 집착한다고 쓴 기사들을 더러

---

[1] Simon Wiesenthal, *The Murderers Among Us* (Edited by Joseph Wechsberg, New York · London, 1967)을 평한 *Times Literary Supplement* (June 8, 1967)의 "Searcher for Guilty Men" 참조.

[2] "The World's Deadliest Terrorist", *Science Digest*, 1943년 9월호 참조.

보는데3) 사실은 너무도 한심하게 과거사를 등한시하고 있다고 보는 것이 옳다. 언론에 자주 게재되고 텔레비전 연속극에 자주 나오게 한다는 것이 역사의 진상을 파헤치는 것과는 판이하다. 사실상 이 글을 작성하기 위하여 기초자료를 모으려다 너무 없어 놀랐다. '일제시대에 일인이 어떻게 토지를 수탈하고 어떤 방법으로 누가 처녀들을 종군위안부로 전락시켰는가?' 등등의 문제에 대하여 우리는 생존자들의 생생한 증언이 필요하다. 이 과정에서 과장도 있을 것이며 기억착각도 있을 것이다. 그러나 사례를 모으면 모을수록 윤곽은 알려진다. 10년만 지나면 생존자들은 모두 이 세상을 떠나고 증거는 인멸된다. 두려운 일이다. 여기서 분명히 지적해 둘 것은 이렇게 흐지부지해 두어 버리면 정부는 한국사의 역적이라는 말을 들어도 변명할 여지가 없다는 이야기이다.4) 또 한일 간의 진정한 우호관계의 전진이 불가능하다는 견해이다.

그러므로 지금이라도 늦지 않으니 정부의 행정력으로 당사자의 인권을 철저하게 지키는 차원에서 문제의 핵심에 접근하는 방법밖에 없다. 미국이나 일본에 거주하는 연구자들이 힘을 쓸 대로 쓰면서 이 문제를 도우려 해도 그들의 연구는 한계에 부딪힐 것이다. 그것은 필자의 30년의 재미 경험이 이를 증명한다고 생각한다.5)

---

3) 特定논설을 거명할 필요가 없어 생략하지만 한국에 파견 나온 특파원들의 기사 특히『우시오』(潮)에 가끔 나오는 것들을 들 수 있다.
4) 필자가 과거 7년 동안에 귀국할 때마다 이 문제를 들었었다. 그리고 다음 예를 들었었다. 즉 미국 국가기록보존소에는 일본인 저자들이 기증한 미국의 동경·요꼬하마 등 무차별폭격의 증언기록들이 즐비하게 서가에 꽂혀 있다.『東京大空襲戰災誌』5권,『橫濱の空襲と戰災』5권,『八王子の空襲と戰災の記錄』3권,『川崎空襲戰災の記錄』등등이다. 또 일인들은 한반도에서 고생하며 일본 본토로 귀환하는 소위『히끼아게』증언집 같은 것을 많이 출판하고 있어 부지불식간에 여기서 옳지 못한 서술의 영향을 받을 수 있다. 그런데 한국의 경우에는 남쪽이건 북쪽이건 證言集이란 것이 전혀 없다. 이래도 역사의식이 있는 민족인지 모르겠다.
5) 필자는 중국 靑島에서 자라났다. 알다시피 이곳은 일본의 군항으로 바다를 건너 남한지방과 가장 가까이 연결되는 항구도시이다. 일본이 패망할 즈음에 大港인지 小港인지 (모두 지구명이다) 기억이 잘 안 나지만 항구에 인접한 철조망이 쳐진 일본 軍營속에 여러 색깔의 한복을 입고 길게 줄을 서서 행진하는 한인여성들을 여러 번 볼 수 있었다. 그들의 눈빛이

고대사회에 있어서 피정복민족의 여성들이, 또 범죄자의 처자가 군대위
안부로 끌려간 기록들은 볼 수 있으나 현대에 있어서는 일제시기를 제외
하고는 1971년 방글라데시 독립전쟁 때 밖에는 볼 수 없는 것 같다. 방글
라데시가 파키스탄에서 분리하여 독립하려고 했을 때 파키스탄 주둔군은

매우 우울하게 보였던 것이 인상에 남았다. 다음 미국에 유학 가서 한때 아르바이트를 하
느라고 일본인가의 한 호텔의 데스크 클라크로 일했었다. 明治시대에 이민 온 1세와 그 가
족이 경영하는 삼류 호텔 겸 임대아파트로 이곳 거주자의 약 반은 필리핀인이었고 약 4분
의 1은 일본인 1세였다. 이들은 청일전쟁 당시 이민 왔거나 부모를 따라서 이민 왔으므로
한국인에 대한 편견이 전혀 없어 보였으나 자기들끼리의 지역적 편견과 차별관념이 대단한
데 놀랐다. 이곳에는 1960년대의 각종 일본 주간지가 수백 권씩 쌓여 있었고 데스크를 지키
면서 잡설을 읽고 소일했으며 이 중에 가끔 나오는 한인 위안부의 이야기를 유심히 읽고
언젠가는 워싱턴의 국가기록보존소에 가서 연구해 보겠다고 마음을 먹었다. 『週刊大衆』에
흥미본위로 실린 「極限からのレポート四萬人の慰安婦を供給したソウルの美都波收容所—
豆カスを主食にコンクリートの中で飢えていつた女たち」(1971. 12. 27)와 같은 종류의 기사
거리가 1960년대에도 많이 났고 직감적으로 일면의 진리를 포함했다고 보았다. 그런데 이
여관을 가끔 찾아오는, 父는 필리핀인이고 母는 한국인이라는 쎄미 프로의 여성에게 들은
이야기이다. 그녀는 전력이 게릴라 투사들이었다는 필리핀인 거주자들이 자기들이 아는 각
국 卑猥語를 나열하면서 한국어로는 『속속』이라 외우곤 하였는데 그들에게 어디서 배웠는
가고 물으면 일본군의 행군낙오자 한인 여자들에게서 배웠다고 말하였다는 것이다. 아마도
세상을 잘 모르는 순박한 여성들이 현지인들에 붙잡혀 그런 말도 모르니 궁여지책으로 이
런 말이 나왔으리라고 보았다. S市에서 한 부유한 중국인의 후처로 행복하게 사는 한인을
우연히 만났었다. 직감이 가서 왕래가 생기고 난 후 필자는 이야기 도중 진지하게 위안부
에 대하여 들은 바 있는가를 물었다. 그 경악한 표정과 공포에 질린 눈을 볼 때 自愧와 죄악
감으로 다시는 이런 시도는 하지 않기로 맹세했었던 일도 있었다. 마지막으로 1960년대의
일인데 필자의 학교 선배 되는 유명한 가문 출신의 대학교수가 사담 중에 정신대나 위안부
로 잡혀간 여자들은 모두 가난하고 무식한 계층에서 잡혔고 시골에서는 어느 집이라고 모
두 알고 있다고 했으며 돌아온 당인이나 가족은 부끄러워 얼굴을 들고 다니지 못한다는 이
야기를 하등의 동정심 없이 하는 것을 들었고 또 북한 사람들은 이조시대에는 이름만 있고
성이 없었다고 말하는 것도 들었다. 이것이 1960년대의 이야기로 소위 종군위안부이니 강
제연행 노무자문제에는 계급적인 시각이 있었음을 그때에야 확인했다. '친일파'가 발호하던
한국사회의 일 단면을 보인 것이고 민주화과정에 있는 제6공화국 대통령이 비로소 이 문제
를 들고 나왔다는데 의미가 심장하다고 생각된다. 필자의 생각에서는 6·25전쟁의 발생원
인 중의 하나가 바로 이러한 사회계층간의 사고의 차이와도 다소 관계되었을 것이라고 추
측했었다. 이상이 필자와 일본군 내의 한인위안부와의 인연관계이며 또 증언이다. 나이가
55세 이상 되는 사람은 다소간이라도 모두 이 문제에 관하여 어떤 경험이 있겠으며 증언할
것이 있겠다. 이러한 증언을 모으면 진상이 더욱 명료해질 것은 의심없다. 필자가 1977년
학위를 받고 워싱턴 시로 이주하게 된 이유 중의 하나가 이 문제에 접근하는데 도움이 될
것이라는 기대감이었다. 사실 1990년 가을 국사편찬위원회에서 본인이 이야기한 것이 녹음
으로 남아 있어 금일에 있어서의 필자의 증언을 보강할 것이다. 15년래 이 방면의 자료를
모으려고 애썼으나 본 논문에 사용하는 것 외는 찾지 못했다. 물론 그 동안 이 방면의 관련
자료만 찾고 있었던 것은 아니나 미국에서 자료를 찾는 한계성은 분명하게 나타나고 있다.

현지 처녀들을 조직적으로 약탈하여 군대위안부로 삼았다는 기사보도는 당시의 신문잡지나 독립 후 방글라데시에서 대량 출간된 증언 자료집들로 그 대략을 짐작할 수 있다.6) 특히 이 나라에서는 일반풍습이 부녀자들은 가족 외의 외부인과의 접촉이 금지되고 정숙(貞淑)이라는 관념이 한국에서와 같이 강했으므로 9개월의 전쟁 후에 이러한 부녀자문제가 사회문제로 등장했었고 피해받은 처녀들이 약 20만이 된다고 방글라데시 정부는 추측했었다. 그러나 이곳에서 일어난 상황은 파키스탄군 중앙이 명령을 내려 행하여졌다는 것보다 각 부대 부대에서 자행됐다는 상황이어서 일제시기의 상황과는 많이 다르다.

일본은 원래 유곽제도(遊廓制度)와 유곽문화(遊廓文化)가 발달했던 나라이었기 때문에 농촌에 기근(饑饉)이 엄습하든가 빚에 쪼들린 사람들이 자기 처자들을 유곽에 팔아먹는 역사전통이 있었다. 이에 반하여 조선 500년의 엄격한 유교제도하에서는 일본에서 보는 따위의 성대한 유곽은 상상할 수조차 없는 것이었다. 이 점은 헐버트의 케난 비판에서 잘 나타나고 있다. 1905년에 미국언론인 조지 케난은 저명잡지『Outlook』에 계속적으로 구한국 정부와 그 관료 또 그 민중을 매도했고 일본의 보호국이 되어 마땅하다는 논을 크게 주장한 바 있었다. 이것은 루즈벨트의 의향(意向)을 받은 케난이 의도적으로 과장하여 미국 여론을 사전 제압하려는 목적을 가진 것이었다.7) 헐버트는 케난의 논점을 일일이 반박하고 있었는데, 일본

---

6) 파키스탄 주둔군의 만행을 다룬 책자들은 수십 종 되는 것 같은데 Kalyan Chaudhuri의 *Genocide in Bangladesh*(Orient Longman, Bombay, Calcutta, Madras, New Dehli, 1972)가 대표적인 것 같다. 한편 파키스탄 쪽에서도 지지 않고 벤가리민족의 게릴라부대들이 파키스탄과 협력한 Bihari 소수민족의 부녀자를 같이 취급했다고 선전했다. 이쪽의 것으로는 Qutubuddin Aziz의 *Blood and Tears*(United press of pakistan Ltd., Karachi, 1974)가 있다.

7) 케난이 1905년 10월부터 11월까지 일본의 한국 보호국화에 발을 맞추어『Outlook』지에 마구 쏟아낸 논문은 다음과 같은 것들이다. 「한국, 한 타락한 나라」(10. 7),「한국인-한 썩어빠진 문명의 産物」(10. 21),「한국에 있어서의 일본인」(11. 11),「일본은 한국에 어떠한 일을 하였는가」(11. 27). 이들 논설은 모두 이 잡지에 대서특필되었는데 1904년에는 그래도 기행문 식의「조용한 아침나라」(10. 8),「한국의 首都」(10. 22)를 발표했었다. 루즈벨트는 1905년 2월 Barry를 시켜 케난에게 일본이 한국을 소유하는 것을 내락한다는 의사소통을 가프라에

인과 한국인의 도덕성의 차이가 화란과 베네주엘라의 차이만 하다는 케난의 주장을 꼬집어 지금 당장 일본신문을 보아도 일본북부의 기근에 시달리는 지방에서 친 딸들을 무더기로 유곽에 팔아넘기고 있는데 이런 부도덕한 상황은 한국에서는 상상조차 할 수 없는 것이라고 반박하였다.[8] 또 3·1 운동이 일어났을 때 미국 대통령과 고위층 18개 처에서만 열람되던 『매주 정보요약』(Weekly Intelligence Summary)에서는 3·1 운동을 야기시킨 한인의 분노와 불만 10가지 중의 하나로 한국에 없었던 유곽공창제도(遊廓公娼制度)의 실시를 들고 있다.[9]

본론에 들어가기 전에 왜 '종군위안부' 문제를 연구하여야 되며 전통적인 한인관념 중의 유곽 창녀문제가 어떠한 것이었는가에 대하여 이만큼 정지작업(整地作業)을 시도해 둔다.

2. 언더우드 선교사의 보고

태평양전쟁이 일어나자 일본통치지역에 있는 미국시민 외교관들은 국제관례에 의하여 송환선(送還船)을 타고 귀국할 수 있게 되었다. 당시 한국에 주재하고 있었던 미국총영사 Quarton을 비롯하여 부영사 Alexis Johnson

---

게 전할 것을 요구했고 케난은 이를 충실히 집행하여 가쯔라―태프트밀약의 기반을 다져 놓았다. 루즈벨트는 『Outlook』지에 손을 얹어 선서한다고 자칭할 만큼 이 잡지를 자신의 정책도구로 사용했으며 대통령 사임 후 한때 이 잡지의 편집장 노릇도 하였었다. 자세한 것은 필자의 『가쯔라―태프트밀약 연구노트』(公刊준비 원고)에 있다.

[8] 헐버트의 반박문은 *Korea Review*, 合訂本, 1905, pp.203~217 "Kennan and Korea" 중 제211면을 참고로 할 것. "Even as I write these words the Japanese papers arrive telling how agents of disorderly houses are buying young girls from their parents by hundreds in the famine districts of northern Japan. Such a thing would be impossible in Korea. For a parent to treat a child in this way would bring down upon him instant condemnation from the public and severe punishment from the authorities…"

[9] 방선주, 『在美韓人의 獨立運動』, 한림대학교 아시아문화연구소, 1989, 217~219쪽 참조.

과 Arthur B. Emmons 그리고 카톨릭 및 개신교 선교사들이 송환선 M.S. Gripsholm호를 탔다. 이것이 1942년 여름의 일이었다. 미 국무부는 브라질의 미국대사관을 통하여 송환자들의 각 지역별 보고를 요구하였고(7월 27일 5:20 PM의 전보) 서울주재 Quarton 총영사는『현 정세 하 한인의 정치적 사고와 감정』이라는 제목하에 자신의 보고 12매와 부영사 에몬스의 『한인민족운동』, 부영사 알렉시스 존슨의 진술서, H. G. Underwood, H. H. Underwood, E. W. Koons, Donald Chisholm, Edward Adams, Edward Miller, Thomas F. Nolan, William F. O'Shea, Wilbur J. Borer, Arthur F. Altie, Leo W. Sweeney, Patrick T. Brennan, James V. Pardy 등의 진술서 · 비망록 등을 일괄 제출하였다(8월 15일).[10]

이들은 한결같이 한인의 반일 증오감정을 지적하면서 일본경찰의 군인 노무자 강제모집 등을 진술했는데 그 중에서 유일하게 Horace H. Underwood 는 위안부 문제도 진술했다. 그는 우선 다음과 같이 서술했다.

한인들은 어김없이 항상 일본인을 증오하고 경멸한다. 그래서 반일이라면 그가 누구라도 친밀감을 갖는다. 제1차 대전 당시 많은 한인들이 친독감정을 가졌던 이유는 바로 일본과 독일이 싸웠기 때문이다.

그리고 그는 11d항목에서 다음과 같이 진술했다.

수많은 한인처녀들을 여러 가지 다양한 방법으로 조달하여 중국과 만주의 유곽으로 보내고 있는 데 대하여 심대한 원한심(怨恨心)을 심어주고 있다. 많은 경우 당한 가족들은 이를 알리기 꺼려하며 당하지 않은 많은 가족들은 이에 대하여 아무 것도 모르고 있다. 그러나 이러한 상황은 전국적으로 일어나고 있으며 대일 증오심(憎惡心)의 비옥한 토양을 제공하고 있다.

---

10) 국무부문서 895.01/162 PS/ET 『Survey of Current Political Thought and Temper of the Korean people』.

이것은 매우 중요한 증언이다. 1941년도까지는 일제는 높은 임금을 지불한다고 간호원·취사부(炊事婦)·여공 등등 각종 명목의 사기수단으로 데려가서 마굴(魔窟)로 집어넣었다는 증언들과 부합한다. 일본 통치자들은 오랫동안 한인 농민을 못살게 하여 만주 방면으로 내쫓고 그 토지에는 일인이 들어와 점령한다는 정책을 썼다. 해방 후 주한미대사관의 고급관리가 된 Harold J. Noble은 1930년 「일본인 통치하의 한국」이라는 논문을 쓰고 한국 농촌의 실상을 다음과 같이 지적했다. 즉 일본인이 지금과 같은 정책을 쓰면 한국농민들이 살아남을 길은 없다는 것이다. 한국인구의 80%가 농경과 관계를 맺고 있는데 1925년도의 통계를 보면 진 경작지의 15%가 일본인의 소유로 됐으며 특히 남선의 비옥한 미작지대의 60%가 일인의 손으로 넘어 갔고 54.5%의 경작토지(3분의 2의 미작경지)를 농경 인구의 4% 미만이 장악하고 있다는 것이다. 소작인은 비료 종자를 자기 부담으로 하여 소작의 50%를 지주에 주고 그 위에 세금을 물도록 되어 있어 96%의 소작인이 적자영농이고 80%가 12~48%의 부채이자를 물고 있다고 지적했다. 관개(灌漑)시설을 한 지역이 확충되자마자 높은 세율을 부과하게 되고 일반 한인들은 이 세금을 지불할 수 없어 유랑하게 된다는 것이다.[11]

이러한 경향은 1930년도부터는 급속도로 달리기 시작하여 농민들은 도시로 만주로 유랑의 길을 떠나게 되는 것이고 부채에 허덕이는 농민과 빈민들은 여공 모집, 간호보조원 모집 등 미끼에 넘어가 딸들을 멀리 이역의 유곽, 군대위안소 등으로 보낸 것으로 간주된다. 재상해일본총영사관(在上海日本總領事館) 경찰부의 조사표에 의하면 1937년 12월 현재 상해 공동조계와 부근 중국 인가 거주 한인의 직업 중 육군위안소(陸軍慰安所) 1명, 여급(女給) 76명, 외인첩(外人妾) 20명, 밀매음(密賣淫) 20명, 댄서 18명 등이 보인다(下圖 참조).[12]

---

[11] Harold J. Noble, "Korea under Japanese rule", *Current History*, October, 1930, pp.78~81 참조.
[12] 在上海日本總領事館警察部編纂, 『昭和12年特高警察に關する事項』안의 제3장 「在留朝鮮人

공동조계 및 부근 지나가(支那街) 거주 조선인 직업별 조사(1937년 12월 말)

직업별	인원	직업별	인원	직업별	인원	직업별	인원
電車査票	18	댄서	18	貿易商	2	陸軍用達	2
齒科醫師	1	外人妾	20	食料雜貨商	7	自動車修繕業	1
媒姆	1	萬年筆製造	10	密賣淫	20	카페現金收納係	1
料理業	1	朝鮮人蔘商	2	女給	76	勞働	1
카페	7	店員	22	雜貨商	2	陸軍通譯	1
萬年筆製造	1	브로커	22	自動車運轉手	7	陸軍慰安所	1
댄스敎師	2	寫眞業	2	飮食店	1	製藥及賣藥業	1
맛사지	1	機械技師	2	工場職工	1	無職	4
同 助手	10	寫眞技工師	2	酒造業	1		

여기서 우선 지적할 만한 것은 1937년 말에 이미 육군위안소(陸軍慰安所)라는 이름이 존재하고 있으며[13] 여기 한인여성이 편입되고 있었다는 것이다. 단 이곳에 근무하는 1명이라는 것이 남성종업원인지 불명이고 여급 76명이라는 것이 사실상 이곳의 위안부이었는지도 모른다. 그 이유는 요시미(吉見義明) 교수와 사토(佐藤和秀) 씨가 인용한 다카사키(高崎隆治) 편『군의관(軍醫官)의 전장보고의견집(戰場報告意見集)』에 수록되어 있는 아소(麻生徹男) 군의관의 수기를 고려하여 그렇게 생각된다. 그는 1938년 1월 2일 상해에서 부녀자 100여 명의 신체검사를 행했는데 피검사자는 조선인이 80여 명이고 일본인이 20여 명이었으며 일본인은 거의 20세를 지나고 그중에는 40세를 지난 여성도 있었고 거의 화류병을 가지고 있었다고 보았으나 조선인은 모두 어리고 초심자(初心者)이었고 또 병을 가진 자는

の狀況」 참조. 원본은 미국회도서관 소장이며『新東亞』1979년 8월호 부록으로 필자가 해설과 같이 소개하였다.

13) 佐藤和秀는『日本陸軍이 設置한 '從軍慰安婦의 眞相'(『潮』1992년 3월호)에서 山田淸吉,『武漢兵站-支那派遣軍慰安係長의 手記』를 인용하여 慰安所라는 이름이 軍의 공식문서에 실린 것은 1938년 7월이라고 했고 吉見義明,「이마코소 '過去의 克服을-從軍慰安婦問題의 基本資料를めぐつて」(『世界』1992년 3월호)에서는 1938년 3월「軍慰安所從業婦等募集ニ關スル件」이라는 문건이 지금까지의 가장 이른 것이라고 설명했다.

극소수라고 소개되고 있다.[14] 이러한 나이 어린 초심자가 어떻게 혈혈단
신으로 상해까지 도래(到來)하여 일본군영의 '여랑(女郞)'으로 전락했는가.
그것은 브로커의 감언이설에 속아 팔려 왔다는 줄거리가 가장 그럴듯한
것이 아닌가 한다. 요시미(吉見義明) 씨가 발견한 「군위안소종업부 등 모
집(軍慰安所從業婦等募集)에 관한 건」의 내용 중에는 중국에서 위안소를
설립하기 위하여 종업부(從業婦)를 모집하는 과정에서 모집자의 자질문제
로 "모집의 방법이 유괴(誘拐)에 유사"한 경우도 있어 사회문제가 되지 않
도록 주의하라는 구절이 보인다.[15] 참고로 1937년 9월에서 1938년 12월까
지 상해방면으로 한인이 떠나는 도항목적(渡航目的)을 일경(日警) 측의 자
료로 본다면 상업 456명, 예창기(藝娼妓) 293명, 여급(女給) 92명, 무직 288
명으로 되어 있다.[16]

　결론적으로 말한다면 상술한 언더우드 박사 메모랜덤 중의 인용문은 이
들 나이 어린 한인 여성들이 어떻게 중국의 유곽 및 군위안소 등에 출현하
게 되는지 시사하여 주는 바 많은 귀중한 자료라고 생각된다.

3. 일본포로 송환자 명단의 검토

　태평양전쟁이 끝난 후 9년 지나 미국 당국은 제네바조약 제77조항에 의
거하여 태평양전쟁 당시 미국의 포로가 되었던 일본인들의 명단과 그 개
개인의 조사서류를 일본정부에 반환하였다. 미국 측은 단지 명단의 복사
본 일부를 국가기록보존소에 보관한 것으로 보여진다. 명단은 미 육군 군
무국장 사무실에서 관장했는데 정식명칭은 'List of Japanese Prisoner of War

---

14) 佐藤和秀, 위의 논설, 172~173쪽 및 吉見義明, 위의 논설, 118쪽 참조.
15) 吉見義明, 위의 논설, 118쪽 참조.
16) 조선총독부 경무국, 『最近における朝鮮治安狀況』(1937년편, 嚴南堂 복간) 참조.

Records Transferred to the Japanese Government'로 되어 있고 날짜는 1954년 12월 17일이다. 6권으로 제본되고 있으며 제1권은 포로의 성(姓) A에서 Hidehara까지 약 25,557명 포함했고 제2권은 Higa에서 Kinjo까지 약 31,464명, 제3권은 Kinjo에서 Nakagawa까지 약 31,795명, 제4권은 Nakagawa에서 Sato까지 약 30,829명, 제5권은 Sato에서 Tsuchhihashi까지 약 30,591명, 제6권은 Tsuchiya에서 Zyung까지 21,803명과 추가명단 7,459명분이 들어있다. 왜 대략이라고 했나 하면 원문에는 정확한 인원수가 적혀 있지 않아 계산기로 집계해 보았기 때문에 출입이 있을 가능성이 있기 때문이다. 통틀어 총계 17만 9,498명이 되는데 이들의 신상조사서를 340상자에 분납하여 반환하였다.

　매 포로 이름 뒤에는 로마자와 숫자로 조합된 고유 Serial Number가 기재되어 있으나 추가분에는 없다. 포로 명단을 살펴보면 여기는 일본인뿐만 아니라 한인, 대만인, 대만 고사족(高沙族), 인도네시아인, 인도인의 이름과 같은 것이 포함된다. Kim의 성을 가진 포로가 약 900명되고 또 Kaneyama(金山), Kaneda(金田) 등 이름, 즉 Kaneyama Shunmei같이 얼핏 보아서 한인이라고 알아볼 수 있는 이름도 다수이다. 이 명단을 근거로 대략 계산해 보면 한인의 이름이 만 명 이상 되는 것 같기도 하다. 물론 여성의 이름도 보인다. 이들 한인 여성의 대부분은 간호보조원이 아니면 종군위안부가 아니면 안 된다는 추리가 성립될 수 있다. 어떤 이는 완전히 일본이름을 썼음으로 일본으로 반환된 340상자를 보고 나서야 한인의 성분을 가려낼 수 있다. 즉, 그중의 몇명이 군인이고, 몇 명이 노무자이고, 몇 명이 종군위안부였었나 알 수 있다는 이야기이다.

　이 340상자는 일본 방위성(防衛省)이나 구복원국(舊復員局) 같은데 보존되어 있지 않나 생각되며 대한민국 정부는 반드시 여기서 필요한 자료의 복사를 요청하여야 된다. 그래야만 태평양 섬들, 인도네시아, 필리핀, 오키나와 등지에서 미군이 직접 포로한 한인 중의 노무자와 위안부의 숫자를 대략이나마 산출해 낼 수 있다. 그리고 이 명단만 가지고도 얼마만큼의 연구는 가능하다. 이 명단으로 곧 알 수 있는 것은 일본인의 경우는 가짜 이름(僞名)을 너무 많이 썼다는 것이다. 우선 일본의 저명 검객(劍客) 이름들이 흔하게 보인다. 곤도(近藤勇), 야마나카(山中鹿之助), 사사키(佐佐木小次郎), 아라키(荒木又右衛門), 고토(後藤又兵衛) 등이 보이고 역사인물의 이름도 사용하고 있다. 이것은 당시의 일본병들이 포로를 치욕으로 알고 또 본국에 알려지는 것을 두려워하여 함부로 대답한 것이다.[17] Inuketo같은 성을 댔을 때 이것은 견모당(犬毛唐) 즉 양놈의 개가 됐다는 자조적(自嘲的) 의미를 내포하든가 백인들을 하시하며 화풀이를 한 이름일 수 있다.

그러면 이 명단이 어느 때, 어느 범위까지 인명을 수록했을까? 이를 검증하기 위하여 필자가 소유하고 있는 각지 미군의 포로명단, 포로심문서들과 대조하여 고찰하여 보았다.

가) 우선 오키나와에서 한국으로 송환된 한인출신들이 이 명단에 들어 있는가 검토해 보기로 하였다. Headquarters Okinawa Base Command, Okinawa Prisoner of War Camp No.1에서 편찬한 보고서에는 한국인수용소 제1에서 제8까지의 비전투원 명단이 있다.[18] 총 1,587명이 각각 200명씩 분류되어 있는데 전쟁범죄에 관련된 혐의가 있다고 지목된 46명의 이름 밑에는 줄이 그어졌고 따로 명단이 작성됐다. 명단의 분류는 다음과 같이 되어 있다.

---

17) 일본인 포로들의 심리에 관해서는 上前淳一郎, 『太平洋の生還者』, 文藝春秋, 1980 참조. 일본 군인들의 포로관에 대한 미군 측의 분석으로는 Allied Translation and Interpretation Service(이하 ATIS), South-West Pacific Area, Research Report No.76. part 1. (Self-Immolation as a factor in Japanese Military Psychology) (4 April, 1944). 또 Part 6. Defects arising from the doctrine of "spiritual superiority" as factors in Japanese Military Psychology) (10 October, 1945) 등 참조.

18) National Archives, Suitland Branch ; GHQ/SCAP문서 Box 1967를 보면 된다.

| Korean PW Detachment 1 | 14J-3950 | Hirayama, Jibun | Non-Combatant |
| " 4 | 14J-10482 | Kim, Hong Do | " |

이 두 사례는 혐의자 명단에서 임의로 추출한 것인데 혐의자를 포함하여 이들 노무자 중 주종을 이루었다고 생각되는 한인들은 모두 송환자 명단에 들어 있는 것 같다. 한인병사들의 명단은 찾지 않았으므로 생략하고 여성들의 이름이 적혀 있는 것으로 2종을 찾았다. 하나는 미 해군 군정부 번호 3256에서 작성한 6인의 민간인 명단인데 번호 3256은 해군작전 기록 보존소에 문의한 결과 류큐(琉球)열도를 가리켰다는 것이니 오키나와섬을 제외한 어떤 섬에서 잡은 것으로 짐작한다. 이들의 이름은 다음과 같다.

Kim Konan	Male	47(연령)	Forsan, Chosen(목적지)
Tei kinko	Female	23	"
Kirayama kaigisu	Female	28	"
Lee Pongyi	Female	21	"
Ne kannan	Female	22	"

이상의 명단을 본다면 김이라는 남자가 포주 또는 기둥서방이고 5명이 그가 한국에서 데려온 위안부였을 것으로 생각된다. 또 하나의 명단은 한국에 송환될 147명의 한인여성의 명단으로 이것은 고향의 주소까지 완비되어 있어 추적이 가능하기 때문에 인권문제상 거명하지 않는다.[19] 그들 중의 다수는 Il, No Se(Matsumoto Ichimaru)에서 보는 바와 같이 李노세(松本市丸) 같이 표기되어 있고 일본이름이 예기(藝妓) 이름 같은 Yoshimaru, Momoko, Tamako 같은 것이 많아 징집되어갔던가 팔려갔던 위안부들이라고 생각된다. 특히 자매가 함께 군대위안부로 끌려 간 사례들이 많았다는

---

[19] 위와 같음. 이 명단은 5년 전에 숙대의 이만열 교수에게 드렸던 것인데 이용을 하지 않았으므로 이곳에서 이용한다.

것을 고려에 넣으면 이들 중에도 자매들이 적지 않게 보이는 것이 하나의
특징이다. 가네모도 시즈꼬 · 가네모도 마리, 나리따 유리꼬 · 나리따 세쯔
꼬 등은 고향의 주소가 같고 한국 성도 같으니 분명히 자매간이다. 이들
여성은 1954년도의 포로송환자 총명단에 들어 있지 않다. 참고로 출신도
별 분포상황을 본다면 다음과 같다.

경기(서울인천포함)	39명	경남(부산포함)	34명	함남	1명
경북(대구포함)	34명	충남	11명	Chosin Fu	2명
전남	8명	함북	7명	미상	1명
강원	5명	전북	5명		
평양	2명	황해	1명		

나) 필리핀의 경우, SCAP(Supreme Commander of Allied Powers)문서[20]
제1963～1968 상자들에는 필리핀에서 송환된 군인과 민간인(일본인 · 한국
인 · 대만인)의 명단들이 산재하고 있는데 비록 이것들이 완비된 것이 아
니라 하더라도 참고가 된다. 우선 필리핀의 경우 오키나와와 다른 점은 군
인 노무자는 물론 민간 여인과 아동까지 포로번호를 붙였고 1954년의 총
명단에 수록되어 있다는 사실이다. 이들 명단 중의 일본인 여성들의 이름
이 몇백 명 정도가 아니라 많은데 특히 간호원이 많은 것 같기도 하다. 한
인여성이라고 생각되는 이름은 한국행 송환선을 탄 여성이름을 보아 짐작
할 수 있을 뿐이다. 예를 들면 한국에 송환되는 245명의 Etrufd호의 승선명
부를 보면(Shipment A-6, Korean, 15 December 1945. Box 1968에 수록)
Kanemura Eiko와 Shimizu Kichijun이라는 두 여성이 있으며 한 여성은 총명
부에 실려 있다. 그밖의 여러 곳에 한인여성으로 추측되는 승선명단이 있

---

[20] Headquarters 1 Corps, Office of the Assistant Chief of Staff, G-2. 163d Language Detachment.
Combined enemy alien preliminary interrogation report 163LD-I 0223. 21 May, 1945. RG. 332
Far Eastern Command Box 4009 참조.

다. 이들은 모두 총명부에 기재되어 있어 일본정부에서 보관 중에 있다고
생각되는 개인별 조서서류를 보아 좀 더 자세한 것이 알려질 수 있다고 생
각된다.

4. 자매위안부(姉妹慰安婦)의 경우

1945년 5월 19일 한 척의 미군 LCM 철갑 상륙정(上陸艇)이 필리핀 루손
섬 동안(東岸) Dingalan만(灣) 부근에서 언덕을 향하여 포사격 중이었는데
5명의 여인들이 바다 속으로 들어 와서 손을 흔들고 있으므로 구출하였다.
2일후 미군은 예비심문을 하였는데 5인의 이름은 마쯔모도 야나기(松本
柳), 가네모도 모모꼬(金本桃子), 가네모도 요이, 소노다 긴란(園田金蘭(?)),
소노다 소오란으로 2인의 가네모도와 2인의 소노다는 각각 자매이며 일본
육군에서 일하는 한인 창녀(娼女)들이라고 했다. 외부관찰에 의하면 이들
여성은 육체적으로 매우 쇠약해 있었으며 지난 10일 동안 풀을 뽑아 먹었
을 뿐이라고 했다. 이하는 그들의 조사기록이다.

이들 여자들의 가족들은 모두 매우 가난했다. 그래서 그들을 먹여 살리고 가
족의 부담을 덜어주기 위하여 그리고 돈을 약간 벌기 위하여 그들은 게이샤집
(유곽)에 팔려갔다. 그들은 대만 타이중(臺中)시에 보내어져 육군에 고용되었
다. 그들은 한국에 돌아갔고 1944년 4월 29일, 일본인과 한인이 섞인 62명이 필
리핀으로 떠났다. 이들을 당지 일본 육군이 고용하고 있었다. 필리핀에 도착하
자 그들은 여러 그룹으로 나뉘어져 각지의 군영(軍營)으로 분산됐다. 이들 적
성외인(敵性外人, Enemy Alien)들을 포함한 10명은 클라크 비행장 부근의 히구
찌부대로 보내어져 다니구찌라는 자가 경영하는 위안소에 머물게 되었다. 이곳
에서 이들은 다시 클라크 비행장의 지구사령부에 배속되었다. 1944년 10월 어
느 날 남(南)San Fernando에 보내어져 나까무라부대에 배속됐다. 1945년 1월 10

일 이들은 이곳을 철수하는 중 스즈끼대좌와 그 부대를 만났다. 스즈끼는 이들에게 적군에 포로가 되면 일본의 치욕이 되니까 자기 부대를 따라오라고 했다는 것이다. 이들은 Ipo에 갔고 본부대는 앞서 행군하고 2, 3명의 일본병사로 이들을 따르게 했다. 행군 중 1명의 위안부가 죽었고 2명은 병으로 Ipo에 버리고 떠났다. 1월 하순경에 Ipo를 떠났는데 4월경에 이로이로에 도착했다. 이들은 굶주림으로 많은 병사가 행군도중 죽는 것을 보았다고 말했다. 약 3주일 전 스즈끼대좌는 약 300명의 건강한 병사를 거느리고 Umiray로 향했다. 총으로 무장했다고 이야기하였다. 이 부대는 산으로 향했고 해안선으로 가지 않았다고 했다. 두 여인이 이 부대를 따라 갔으나 5명은 살기 위하여 떨어져 나가기로 결정했다. 이들은 해안선을 따라 북쪽으로 향했고 5월 18일 이들은 1척의 LCM상륙정이 연해에서 언덕을 향하여 포격하는 것을 보자 물속으로 뛰어 들어가 손을 흔들고 고함을 질렀다. 이들은 구조되어 Dingalan만으로 보내어졌다.

이상이 조사서의 번역이다. 군사 정보를 얻을 수 없으니 진일보의 심문이 필요 없다는 단서도 달렸다. 여기 보이는 서술은 하등 새로운 것이 아니다. 이미 1960년대의 일본 주간지들이 위안부를 대동한 이 굶주림의 행군에 대하여 많이 썼고 책들도 나왔다. 단지 이 글을 보고 상기 주간지들의 글이 무책임한 것이 아니었다는 것을 인식시킨다. 이들이 1954년의 포로 총명단에 없으니 당지에서 석방되어 필리핀 민간에 흩어졌는지도 모른다. 필리핀에서의 송환자명단도 유심히 보았으나 아직 찾지 못했다.

그런데 문제는 한인위안부 중에 자매가 많았다는 것이 이미 오키나와의 송환명단을 들면서 지적했으나 여기서도 증명된다. 이것을 어떻게 설명하는가. 자매들이 서로 짜고 위안부를 지원했는가? 부모가 이왕 팔려 간다면 둘 합쳐서 팔아치웠을까? 또는 중간 브로커가 좋은 직장이 있다고 기만하여 멀리 떠난다니 자매간에 서로 의지하고 돈 벌라고 함께 보냈나? 또는 일본경찰이 같이 잡아간 것인가? 이러한 여러 가지 상황의 가정(假定) 중 가장 당시의 사정에 맞게 보이는 것이 마지막 두 가지인데[21] 확실한 것은 정부당국의 조사로만 알려질 수 있는 것이다. 위의 조사서에서는 가난했기 때문에 스스로 팔려갔다는 식의 서술이 보이는데 이것은 조사자의 선입감에서 나왔거나 심문통역인 일본인 2세 미국 군인이 흐지부지한 것이 아닌가 싶다.

일본의 작가 센다(千田夏光)가 인용한 충청북도의 여성 한무수 씨의 증언이라는 것이 참고가 될 것이다.

> 나 자신은 가지 않았지만 일본의 소화(昭和) 5년 봄쯤이었다고 생각합니다. 빈한한 농촌이었던 고향에 일본인의 키가 낮은 사람이 와서 돈이 되는 일감이 있다, 일의 내용도 쉽고 식사도 제공된다라고 말하면서 집집을 돌았습니다. 당시는 각 촌에 반드시 일본인 경관이 주재소를 열고 있었는데 그 경관이나 면장과 같이 찾았기 때문에 잘못될 걱정이 없다고 생각했습니다. 생활이 어려운 농가에서 몇 사람의 처녀가 응모했습니다. 응모는 젊은 미혼여성에 제한되고 있었습니다. 일본의 방직공장이나 군의 피복공장에 간 사람들이 있었기 때문에 그러 한 일감이라고 생각하고 응모하여 갔습니다(『從軍慰安婦悲史』, 122쪽).

한편 뉴기니에서 미군이 노획한 문서에도 여성자매의 이름들이 나와 역시 한인위안부 자매가 아닌가 생각되기도 하다. 즉 미군이 1944년 5월 27일 뉴기니 북부 해안에 위치한 Hollandia를 공략한 후 일본군의 우편통장들을 많이 노획했다.[22] 통장 중에는 다음과 같은 여성들의 이름이 서로 붙어 기록되어 있다. 즉,

---

21) 매춘업자들이 직업알선업자를 가장하여 日本警官과 같이 집집을 방문하여 속여 데리고 갔다는 증언들은 특히 일본에서의 저작에 많이 수록되어 있고 그 진실성을 부인 못할 것으로 간주된다.
千田夏光, 『從軍慰安婦悲史』, 에루무, 1976 ; 吉田淸治, 『朝鮮人慰安婦と日本人』, 新人物往来社, 1977 ; 金一勉 편저, 『戰爭と人間の記錄 軍隊慰安婦』, 現代史出版會, 1977.
22) FEC Box 4008 ATIS Southwest Pacific Area. 『Bibliographic Subject Index 6160.16.』 p.24 & p.28. Inventory No.4(m-1) 참조.

水田逸子 水田秀子 에노모도 노브꼬 에노모도 도끼미

라고 하였는데 이것은 무엇을 의미하는가. 통장에의 입금이 4월 8일까지였다. 즉 이것은 전쟁터에 이들 여성들이 존재했었다는 것을 말할 것이다. 포로가 되지 않은 것은 송환자명부에 없는 것으로 짐작된다. 필리핀의 경우 두 쌍의 한인 자매위안부가 자료에 남고 오키나와에서도 그렇다. 추측컨대 받은 화대(花代)를 이런 식으로 저축하던가, 강요당하여 본인들은 죽고 통장만 남은 것이 아닐까 한다. 혹시는 극단의 경우를 상상하면 잡혀먹힌 경우도 있었는지 모른다. 뉴기니에서의 일본병들 또는 대만병들의 식인(食人)행위에 대하여는 많은 기록이 있고 필리핀의 경우에도 그렇다.

뉴기니의 경우를 본다. 도비타(飛田忠廣), 『뉴기니아(ニユギニア)』(1949) 중의 「밀림에 상식(相食)한 죽음의 기록」은 죽은 동료의 시체를 먹은 이야기, 대만병에게 먹힌 이야기 등을 담았는데 미군의 포로심문기록을 보면 다음과 같은 것들이 있다.

1944년의 여름 이 대만인포로는 Biak섬에서 육견(肉片)이 나이프로 도려진 시체들을 많이 보았으나 현장을 목격하지 않았다고 했다. 8월 15일 그는 죽은 지 몇 시간 밖에 되지 않는 3명의 대만인 시체를 보았는데 정글의 보도에서 15 피트 쯤 떨어진 곳에 피바다에 싸여 있었고 각자 대검으로 찔려 죽었으며 허벅 다리의 육편이 도려져 있었고 그는 그중의 한사람이 자기 고향 이웃 마을 Sobun-Gun Kae-sho에 살고 있던 제2중대 노무자 Yo Sui Kichi라는 것을 알았다. 증인은 여러 경우 일본인 병사들이 멧돼지 또는 개고기라고 하면서 대만인이 발견한 야생 감자와 맞바꾸자고 제안하였으나 대만인들은 절대로 이 제안을 받아들이지 않았다는 것이다. 그 이유는 들개나 돼지는 아주 드물었으며 사격권 내에 접근 안한다는 것을 알고 있었기 때문이었다. 이 포로는 대만인들은 무장하고 있지 않으므로 쉽게 당하게 된다고 말했다.[23]

---

23) FEC ATIS South-western Pacific Area, Interrogation Report No.576 참조.

Boiken에서 성명을 알 수 없는 일본군 오장(伍長)과 6명이 Dhana Singh 을 죽이고 그의 육편을 도려내어 요리하여 먹기 시작했다. 이것을 알자 일본군 장교 이마이 중위가 권총을 들고 누가 죽였는가고 다그쳤다. 오장이 자백하자 이마이는 자결하겠는지 중위의 총으로 죽겠는지 대답하라고 했고 그는 자결하겠다고 했다. 그는 목욕하고 깨끗한 옷을 입고 한 잔의 물과 담배를 청하고 자신의 입에 총을 물고 방아쇠를 당겼다.[24]

일본군 제71보병 연대의 한 일본인 병사가 Antemok 부근에서 5월 4일 포로 가 되어 4월 12일 제3캠프 남쪽의 산에서 필리핀인의 허벅다리에서 도려내어 조리한 고기 2편을 모르고 먹었다고 말했다. 그는 사슴고기를 먹고 있었다고 생각했으나 다른 병사가 사실을 말했다고 한다. 아사히병단의 공병들이 사로잡은 15인의 필리핀인 중 3인을 도망기도죄로 죽였다는 것이다.[25]

5. 트루크 환초(環礁)에서의 한인 위안부 집단학살설

1990년 5월 8일자 『한국일보』 제12면에는 1명의 전 일본인 종군위안부가 일본패전 후 트루크 환초에서 40여 명의 한인위안부 학살사건이 있었다고 폭로했다는 기사가 있었다. 그는 트루크섬에서 40여 명의 한국인 '정신대'들과 패전을 맞이했는데 정글 속에 피신한 한국여자들을 귀국시켜주겠다고 속여 트럭에 태운 뒤 기관총으로 쏘아 죽였고 그녀들은 밤낮으로 광란적인 학대에 견디다 못해 스스로 목숨을 끊는 사람도 있었고, 13~14세의 어린 소녀부터 40세가 넘는 사람이 포함되었다고 증언하였다고 한다.

---

24) 뉴기니에서 일군과 더불어 싸운 인도독립군 장교의 증언. Information Section Report No.156 Dated 20 August 1945, CSDIC (India) Red port, Delhi. FEC문서 Box 3778.

25) United States Army Forces, Pacific, Counter Intelligence Bulletin Issue No.63. FEA문서 Box 3015.

또 한마을의 어린애와 노인을 제외하고 부녀자를 싹 쓸어가는 사냥에 걸려 끌려왔다는 이야기도 들었고 자신은 패전 후 파라오섬에서 귀국선을 탔다고 이야기한 것으로 기재되었다. 이 전 종군위안부의 '폭로'를 신문이 정확히 파악하고 또 기록했다고 우선 가정하여 고찰해 본다. 미군이 1944년 9월 사이판섬에서 노획한 남양군도의 민족별 인구를 적은 문건이 있다. 이것은 인쇄된 내무성문서 2매로서 Home Office overall census, 30 June 1942라고 번역되어 있으니 아마도 개전시에서 6개월 이내의 자료일 것이다.[26]

Legal Domiciles of Nationals 30 June 1942

Prefecture		Totals	Okinawa	Chosen (Korea)	Formosa	Karafuto
Totals		93,220	54,854	6,407	3	105
Saipan	M	14,893	10,343	877	-	2
	F	12,755	8,896	477	-	3
Tinian	M	9,030	5,611	931	-	-
	F	7,331	4,656	508	-	-
Rota	M	2,610	1,723	75	-	-
	F	2,050	1,360	31	-	-
Yap	M	1,490	594	273	-	2
	F	718	252	63	-	2
Palau	M	16,507	8,274	1,520	2	37
	F	10,224	4,841	420	-	29
Truk	M	2,946	1,973	107	1	1
	F	1,976	1,325	29	-	-
Ponape	M	6,113	3,109	648	-	15
	F	4,006	1,810	381	-	14
Jaluit	M	442	55	67	-	-
	F	210	32	-	-	-

---

[26] Translation of captured Japanese document-CINCPAC-CINCPOA Item No.10540(25 September, 1944) FEC문서 Box 2338.

이것은 일별(一瞥)하여 민간인의 통계라고 알 수 있는데 트루크섬의 경우 여성이 29명이고 남성이 107명으로 되어 있다. 그런데 전쟁종결 후 미군이 이곳에서 철수시킨 일본인의 내역은 다음과 같다.

국적	육군	해군	해군 소속 노무자	민간인	합계
일본인	5,618	2,640	2,226	311	10,795
한인	190	0	3,049	244	3,483
오키나와인	1	0	0	10	11
대만인	0	9	0	0	9
총계	5,809	2,649	5,275	565	14,296 (아직 송환 안한 4,301명 제외)

1942년의 국세조사에 의하면 오키나와인을 포함한 일본인 총수는 4,785명이고 한인 총수는 136명이었는데 일본 패전 시에는 일본 민간인은 311명으로 줄고 한인 민간인은 적어도 100여 명 늘어났다. 이 늘어난 숫자가 위안부 관계가 아닌가 생각되며 이곳에서 송환된 한인 노무자가 3,000명이 넘었고 전체 비토착인의 21% 이상이 되었으니 이들 생존자가 한국 여러 곳에 아직 살고 있을 것이며 이들에게 이상의 민간인 244명의 성분을 물어보면 어떠한 해답이 나올지 모르겠다. 이 트루크 환초는 약 100마일 길이의 삼각형 환초 안에 Moen · Dublon · Fefah · Tol 등 4대도(大島)와 30여 소서(小嶋)로 구성되어 있고 물이 깊고 잠수함의 침입을 방지하기 편한 구조임으로 일찍부터 일본해군의 요새와 연합함대의 남방기지로 사용되었었다. 미국은 이 환초를 난공불락(難攻不落, Impregnable Bastion of the Pacific)이 아닌가 조심했다. 이 섬에 미군함선이 나타나 항복조인식을 미국군함에서 거행한 것이 9월 2일이었으며 10월에 들어서서야 미군해병대가 진주했었다. 즉 이 섬은 일본이 패전했어도 한 달 이상 일본육군중장 맥창(麥倉俊三郎), 해군제독 하라(原忠一) 등이 지휘 통제하였었다.[27] 이곳은 대규모

군사시설이 있던 곳이기에 반드시 군대위안소가 존재했을 곳이다. 미 해
병대가 괌(Guam)섬을 진공했을 때 IYO Ten-joun이라는 19세의 위안부를
잡았다(1944년 11월 1일). 아마도 양점순(楊点順)같은 이름이었다고 믿어
지는데 그 심문조사서는 다음과 같이 되고 있다.[28]

> 포로는 1943년 9월 Palau섬에서 Guam섬으로 건너왔다. 동행자는 시마다라는
> 매춘업소를 경영하는 한인과 다른 6명의 한인여성이었는데 괌섬 아가나에서
> 개업하였다. 6월 11일 공습이 시작되자 포로는 정글로 도망쳤다. 그때부터 그
> 녀는 정글 중을 방황했는데 근래에 와서는 그곳과 파티갑(岬)자 부근에 숨어
> 있었다고 한다. 두 군인이 그녀가 잡히기 4, 5일 전부터 행동을 같이 했다는 것
> 이고 그 전에는 4명의 군인과 행동을 같이 했다고 말했다. 그녀는 이 부근에 일
> 본인 설비대(設備隊) 출신들이 남아있다고 했다. 근래에 와서는 삐라나 항복호
> 소 방송을 보거나 들은 적이 없다고 했다. 포로는 일본어를 거의 이해 못한다.
> 심문자 해병대 R. Sargent, Jr.

필자는 괌섬이나 사이판섬에서 포로가 된 한인여성에 관한 기록을 열심
히 찾았으나 이것밖에 아직 못 찾았다. 어떻게 보면 이 위안부는 개인경영
한인 위안소의 위안부이었기 때문에 죽음을 면했는지 알 수 없다. 군영 안
의 위안소 소속이었다면 전장 속이니 자살을 강요당하든가 총살됐을 가능
성을 배제 못하리라고 생각된다. 이 여성은 16, 17세에 남양군도로 팔려온
처녀 같다. 다시 트루크섬의 위안부 학살설로 돌아가자. 필자가 미군문서
를 보는 중 일본인 중의 한인에 관한 두 가지 사실이 머리에 떠올랐다. 하
나는 해방 직후의 남부 사할린에서 일본인에 의한 한인 대학살이 있었다

---

27) 미 해군기록보존소. F 108 AR-73-79 Truk and Carolines War Diaries. A Study of the effects of
allied warfare on the Japanese “impregnable” bastion of the Pacific, TRUK, the story of a bypassed
sentry box 등 참조.

28) 미 해병대기록보존소 소장 65A-4556 Box 73. C4-2 Guam 3rd Marine Division, Fleet Marine Force.
2 November 1944. 이 항목은 일본인 2세 연구자 YANAGIHARA Midori 여사의 귀띔으로 확인
한 것이다.

고 사할린에 사는 한인들이 미극동군사령부에 진정서를 낸 것이 있었고, 또 하나는 필리핀의 한인사병들이 많은 일본사단을 대상으로 한 미군 일일보고에 동 사단의 일본병들의 항복률이 한인사병보다 높다는데 있다. 이 사단의 한인을 동요시키려고 한글로 된 삐라를 뿌려도 효과가 그리 많지 않았다. 항복한 한인사병들의 심문조서를 보면 차별대우와 학대가 매우 심했으나 항상 감시를 받기 때문에 공포감으로 도망 나올 확률이 작다는 것이었다. 이러한 시각에서 고찰한다면 그리 크지 않은 섬에 비하여 수많은 일본군인들이 접전 한 번 못하고 항복하여야 된다는 울분감, 자기들의 미래에 대한 불안감, 이에 비해 자기들의 '성적 노예들'이 독립을 찾아 귀국하면 또는 귀국하기 전에 미군이 들어와 폭로하면 등등 생각이 많아, 밀림으로 도망간 한인여성들을 학살했다는 추리를 해보아 안될 이유가 없다. 근래에 미국 국가기록보존소에서 이 섬의 미군 행정문서를 대량 해금(解禁)했으니 장차 문서상으로 또는 현지를 답사하여 어떠한 단서가 잡힐 가능성이 없지 않다. 문제는 꾸준한 추적이 가능한가에 있다고 생각된다. 구 일본 위임통치지역인 남양군도의 각 섬들을 요새화하기 위하여 일본은 한인 노무자들을 무더기로 투입했었다. Marshall 군도의 Milne섬의 경우 미군은 3,000명의 일본군과 2,000명의 한인 노무자집단을 상정했었다. Tarawa섬의 경우는 4,836명의 병력 중 한인 노무자들은 가네다·도모다·마즈야마·도꾸야마라는 한인 보스들 밑에 800여 명이 일했다. Makin섬의 경우는 798명의 병력 중 한인 노무자 200명이 제4건설대에 소속했고 이 섬이 점령당했을 때 포로가 105명이고 나머지는 죽었으니[29] 이러한 섬 중에 한인위안부들이 있었으면 십중팔구 전쟁에 죽어갔을 것으로 생각된다. 좀 더 자세한 전사(戰史)의 발굴이 시급하다.

---

[29] Joint Intelligence Center, Pacific Ocean Area, Japanese in the Gilbert Islands) JICPOA Bulletin No.8-44. 또 Philip A. Crowl and Edward G. Love, 『Seizure of the Gilberts and Marshalls』(U.S. Army in World War II Series) 참조.

6. 버마 전선(前線)에서의 한인 종군위안부

『조선일보』의 로스엔젤레스 특파원 김윤수가 쓴 「정신대(挺身隊)」라는 컬럼이 있다. L.A.의 공영 교육방송인 KQED TV가 「World at War」이라는 제2차 대전 시의 특집 프로그램을 방영했는데 전 일본군 장교 출신이 나와 불쑥 '종군위안부'에 관한 얘기를 꺼냈다고 했다. 그의 글의 내용은 다음과 같다.

　　특히 한국인 정신대원들은 일본제국의 위대한 승리를 위해 목숨을 걸고 전투지역에까지 자원해서 들어와 사병들을 위안하고 잠자리를 같이 했습니다… 바로 내일 죽을지도 모르는 병사들에게 정신대의 봉사는 가장 큰 사기앙양이었다 하며 한국여성이 아니면 누가 기꺼이 이 험악한 정글의 전쟁터까지 나와 젊은이들을 위로할 수 있었겠느냐고 어깨를 들썩거리며 반문까지 했다. 그러나 자신을 비롯한 장교들은 품위유지 관계로 주로 동경에서 온 게이샤들과 술자리 등을 같이 했노라는 얘기를 덧붙이면서 그는 얘기를 끝냈다.[30]

이 글의 신빙성을 확인하기 위하여 이 프로그램의 비디오를 돌려보았다. 이 프로그램은 영국의 Themes Television사에서 제2차 대전사 26부를 제작한 중에 제14편 버마전선 「It's a Lovely Day Tomorrow Burma, 1942-1944」라는 프로그램 전편에 들어 있고 이 기자는 거의 정확히 오까다라는 장교의 말을 활자화했다. 그의 회화의 일부를 영어 그대로 적으면 다음과 같다.

　　The most of the comfort girls were from Korea…tne enlisted men came out fresh like a new man. I must say I respect all of them very much, because who else give us the last entertainment for many of us.

---

[30] 『조선일보』, 1988년 5월 26일(미주판), 「기자수첩」란 참조.

이 프로그램은 1986년경에 완성되어 구라파·미주·동남아 각처에서 몇 천만 명이 이미 그의 방언(放言)을 들었을 것이며 암묵리에 그의 영향을 받은 사람들도 많을 것으로 짐작된다. 또 이 프로그램의 비디오테이프가 웬만한 도서관에 모두 비치되고 있으므로써 구미권에 상당한 영향을 끼쳤음을 의미한다. 한국은 구미권에 이 문제로 논문 한편 책 한권 내어 놓지 못했는데 "damage was already done by this clever officer"라고 말할 수밖에 없다. 버마전선에서 잡힌 20명의 한인 종군위안부의 사적은 꽤 알려져 있다. 이 문건은 미국 국가기록보존소 안의 여러 다른 자료당(資料檔)에 복사되어 소장되고 있는 것인데 현재 일본과 한국에 유포되고 있는 것은 미국 전시정보국(Office of War Information) 자료상자들에서 나온 것으로 완전한 것이 아니다.[31] 이들 20명의 명단까지 붙은 자료는 OSS자료당 Entry 139와 190자료분군(分群) 중에서 찾을 수 있다.[32] 일본인 2세인 통역관 요리치가 심문을 담당한 심문보고는 다음과 같다. (어떤 항목은 필자의 요약과 소견을 아울러 실었다는 것을 밝혀둔다.)

머리말 이 보고는 1944년 8월 10일경 버마 Myitkyina가 함락된 후의 소탕작전 과정에서 사로잡은 2명의 일본인 민간인과 20명의 한인 위안부의 심문에서 얻어낸 정보에 기초하고 있다. 이 보고는 어떻게 일본인들이 그들 한인위안부를 고용했으며, 어떤 상황하에서 저들이 생활하고 일했으며, 저들과 일본병사들과의 관계 및 반응, 또 그들이 어떻게 군사정황을 이해하고 있었는지 말해주고 있다.

'위안부'라는 것은 병사들을 위하여 일본군에 배속된 창녀 또는 군대를 따라

---

[31] 7년 전 필자가 찾고 이것만 기록보존소 직원에게 알려 주었으므로 그들은 외부 연구자에 이것만 소개할 수 있는 것이다.

[32] Entry 139 Box 141 외 예를 들면 ll/Sec-3 Women File 「Report on role of women in Japanese war effort-Interrogation of captured Korean women」(Japanese prisoner of war interrogation report No.49). Psychological Warfare Team attached to U.S. Army Forces India-Burma, United States Office of War Information. 1 October, 1944, reported by T/3 Alex Yorichi.

다니는 직업여성을 말한다. '위안부'라는 말은 일본군에 국한한 특수한 용어이다. 다른 보고들은 '위안부'는 일본군이 필요에 의하여 싸우는 어느 곳에서나 발견되고 있는 것으로 보여주고 있다. 그런데 이 보고는 오로지 일본인이 모집했고 버마에 주둔하고 있는 일본육군에 배속되고 있는 한인위안부에 국한하기로 한다. 1942년에 일본인들은 버마에 703명의 위안부를 데려갔다고 전한다.

모집과정 1942년 5월 초 일본이 새로 정복한 동남아에서의 '위안서비스'를 위하여 한인 위안부를 모집하려고 일본인 주선인들이 한국에 도착했다. 이 '서비스'의 성격을 구체적으로 이야기 안 했고 병원에 수용된 상병(傷兵)들을 방문하는 것에 관련된 일들, 예를 들면 붕대를 감아준다는 등 군인들을 일반적으로 즐겁게 하는 일들에 관련됐다고 생각하게끔 하였다. 이들 주선인이 사용한 유혹 수단은 많은 돈, 가족의 부채를 없이하는 기회, 쉬운 일, 그리고 새로운 땅 싱가폴에서의 새 생활의 전망에 관한 것들이었다. 이러한 거짓 제시(提示)에 현혹되어 많은 계집들이 해외모집에 응했고 기백 엔의 착수금을 받았다.

그 중의 몇은 "이 지구상의 가장 오래된 직업"과 관련되어 있었지만 대다수는 무지하고 교육 못 받은 계집들이었다. 이들이 날인한 계약서는 군대규칙에 구속시켰을 뿐 아니라 그들이 사전에 받은 가족의 빚을 위한 착수금의 다과에 따라서 6개월 내지 일 년 동안 '업자주인'을 위하여 일하게끔 되었다. 약 800명이 이런 식으로 모집되었고 1942년 8월 20일경 일본인 업자주인과 같이 랑군에 상륙하였다. 저들은 8명에서 22명씩 한조가 되어 도착했다. 이곳에서 그들은 버마 각지에 분배되었는데 통상 일본군영이 부근에 주둔하는 작지않은 규모의 도시에 갔다. 드디어 이들 중의 4조 즉『교에이』,『긴수이』,『바끄신로』,『모모야』가 미이트키이나 근방에 정착했다.

『교에이』위안소는 원래 '마루야마 구락부'라고 불리웠는데 미치나에 도착하자 당지 수비대 사령관 마루야마 대좌가 자기 이름과 같아 반대하였으므로 이름을 바꾸었다.

성격 (생략)

생활 및 작업환경 미치나에서 그들은 각각 방 하나씩 딸린 큰 2층집에 살았다(통상 학교건물). 그 방에서 계집들은 살고 자고 직업행위를 가졌다. 미치나에서는 일본군의 군량을 받지 않았으므로 그들의 식사는 업주가 준비했고 저들이 값을 지불했다. 다른 곳에 비하면 버마에서의 그들의 생활은 사치에 가까운 것이었다. 특히 버마에서의 둘째 해가 그랬다. 그 이유는 그들의 식품은 배급제한되지 않았고 돈이 있어 원하는 것을 살 수 있었기 때문이었다. 그들은 위문대(慰問袋)를 받은 병사들에게서 선물도 받았고 옷·신·담배·화장품들을 살 수 있었다. 버마에 있는 기간 동안 그들은 장교들 또 사병들과 운동행사에 참여했고 야유회·오락회·연회 등에 참석했다. 그들은 한 대의 축음기를 가졌고 물건 사러 나갈 수 있었다.

화대(花代) 그들의 직업행위의 가격조정은 군의 규제를 받았다. 군인인구가 과밀한 지역에서는 규칙이 엄격하게 다스려졌다. 군인이 많은 지역에서는 각 지역의 각 부대들을 위하여 가격, 우선순위, 시일배당의 제도를 만들었다. 심문 결과 일반적인 규정은 다음과 같았다.

1. 병사   오전 10시부터 오후 5시까지   1엔 50전   20~30분
2. 하사관   오후 5시에서 9시까지   3엔   30~40분
3. 장교   오후 9시부터 자정까지   5엔   30~40분

이 기준은 중부 버마에서 일반적으로 행해진 것이다. 장교는 20엔을 내고 하룻밤 독점할 수 있었다. 미치나에서는 마루야마대좌가 가격을 거의 절반정도로 내리게 했다.

날짜할당 병사들은 빈번히 위안소가 너무 혼잡하다고 불평을 하였다. 많은 경우 그들은 서비스를 받지 못하고 떠나야 됐는데 그 이유는 군의 외출규칙이 매우 까다로웠기 때문이 다. 이 문제를 해결하기 위하여 군은 모일은 모부대에 할당하게끔 정했다. 보통 할당일에 그 부대에서 2명이 파견 나와 위안소에 주재하면서 확인작업을 하였다. 헌병도 수시로 출동하여 질서를 잡았다. 다음은 『교에이』위안소가 Maymyo에 있을 때 18사단의 각 부대에 할당한 일정표이다.

일요일⋯⋯⋯18사단 사령부   목요일⋯⋯⋯위생병
월요일⋯⋯⋯기병대   금요일⋯⋯⋯산포대(山砲隊)
화요일⋯⋯⋯공병대   토요일⋯⋯⋯치중대(輜重隊, 운수대)
수요일⋯⋯⋯매주의 검진예휴일(檢診例休日)

장교들은 한주일 7야(夜) 모두 방문할 수 있었다. 이러한 일정표가 있어도 혼잡함이 매우 심했기 때문에 방문자들을 모두 상대할 수 없었으며 따라서 병사 간에 많은 악감정이 생겼다고 위안부들은 불평했다. 병사들은 위안소에 들어와서 값을 지불하고 마분지로 만든 2인치 방형(方形)의 티켓을 받았는데 이

일면에는 왼편에 가격이 인쇄되어 있고 오른편에 위안소 이름이 적혀 있었다. 다음 각자의 소속 위계를 제시(提示)하고 '자기 차례'를 치렀다. 위안부들은 손님을 거절할 특권이 있었는데 흔히 술에 만취됐을 경우가 그랬다.

급료와 생활환경 업주는 계집들이 계약서에 날인할 때 졌던 부채액수의 다과(多寡)에 따라 50%에서 60%의 화대를 챙겼다. 이것은 평균적으로 한 위안부가 1,500엔을 벌어서 750엔을 업주에게 바친다는 것을 의미한다. 업주들은 식비와 물품비를 과다하게 높이 책정하여 위안부들의 생활을 어렵게 하였다.

1943년 후반기 군은 명령을 내려 부채를 청산한 약간의 위안부들을 귀향할 수 있도록 하였다. 그래서 어떤 위안부들은 한국에 귀향할 허가를 얻었다. 계속되는 심문에서는 이들의 건강이 적절히 유지되었음을 보였다. 이들은 모든 종류의 피임구를 공급받았으며 병사들도 군에서 지급한 피임구를 휴대하여 방문했다. 이들은 자신들과 상대자들의 위생면을 각별히 중시하는 훈련을 잘 받았다. 일본군의 군의가 한 주일에 한번 방문 검진했으며 병에 걸린 자를 발견하면 치료하든가 격리 또는 병원에 보냈다. 군에서도 같은 절차가 행하여졌는데 흥미로운 것은 격리 수용된 병사가 그 기간의 급료를 계속 받을 수 있다는 점이다.

일본군인에 대한 반응 내용에 대한 필자의 소견. 이 항목에서는 미치나 수비대장인 마루야마 대좌와 응원부대의 미즈가미 소장(少將)을 대비하여 전자를 위안소에 무상출입하며 부하에 인망이 없는 이기적이고 감정의 기복이 심한 인물로 묘사한 반면 후자는 모든 군인들이 좋아하는 덕장으로 묘사했다. 미즈가미가 자결한 반면 마루야마는 위안부들을 데리고 도망갔다. 도중에 이들 위안부들은 버려지지만 이들 위안부들에게 자결을 강요하지 않고 또 도망 중 처단하지도 않고 방치했다는 점에서 시각에 따라서는 달리 평가받을 수도 있지 않나 생각된다. 이들 위안부들과 다른 포로들의 입으로 마루야마의 도망을 안 연합군은 때를 놓칠 새라 곧 마루야마 대좌를 야유(揶揄)하는 삐라를 실포하였다. 삐라는 다른 미군이 제작한 삐라에 비하면 세련된 편으로 다음과 같은 구절을 수용하고 있다. "그는 7월 하순—미치나 함락 일주일전— 방위전이 불리하다고 보자 보행 가능한 병상환자를 전선에 보내고 걷지 못하는 자를 버리고 자신의 목숨을 살리려고 건장한 부하 약간을 데리고 이라와지강을 건너 남쪽 정글로 도주하였다. 더욱이 귀중한 부하대신 위안부까지 대동했지만 연합군의

추격이 급해지자 이들도 방치하고… 운남성까지 도망쳤다." 이 삐라의 제작에
광복군 제1지대 산하의 인도 파견대가 간여했을 가능성을 배제못한다. 그래서
여기에 이 삐라를 전재(轉載)한다(부도 1 생략).

병사들의 반응 평균적인 일본군인은 위안소에서 남의 눈에 띄는 것을 부끄
럽게 생각한다고 한 위안부가 말했다. 위안소가 만원인 경우 줄을 서서 대기할
때 더욱 그렇다는 것이다. 그렇지만 위안부에 결혼 제의를 하는 경우도 적지
않았고 결혼이 성립한 경우도 있다고 했다. 가장 불유쾌한 장교나 사병은 다음
날 전선으로 출발하는 만취된 방문자라는 것을 모든 위안부들이 동의했다. 그
렇지만 일본군인은 만취됐어도 군사상 화제나 비밀은 절대 입밖에 내지 않는
다고 모두 말했다(하략).

군사상황에 대한 반응 (생략) 그들이 일치하여 동의하는 점은 연합군의 폭격
이 치열했고 무서웠다는 것이다. 그래서 마지막 나날의 대부분은 개인용 전호
(戰壕)에서 지냈는데 그들 중 한두 명은 그 안에서까지 일을 치렀다고 했다. 위
안소는 폭격 맞고 위안부 몇이 죽거나 부상했다는 것이다.

퇴각과 사로잡힘 7월 31일에 3개의 위안소의 여자들을 포함한 63명이 이라
와지강을 건너가 8월 7일에 적과 조우전을 벌였으며 여기서 갈라져 그들은 3시
간의 거리를 두고 군인 뒤를 쫓으라는 분부를 받았는데 따라가도 만나지 못하
여 10일까지 그곳에 유하다가 한 명의 영국인 장교가 인솔하는 카친병사들에게
포로가 되었다는 내용을 필자가 이상에서 요약했다.

선전 약함.

그들의 요구 …그들은 위안부를 잡았다는 내용의 삐라를 뿌리지 않을 것을
요청하였다. 그 이유는 만일 일본군이 이들이 잡힌 것을 알면 다른 종군위안부
들의 생명이 위태하다는 것이다. 그러나 한국에 이들이 잡혔다는 사실을 삐라
로 알리는 것은 좋은 생각이라고 말했다.

부록에는 20명의 성명과 연령 그리고 출신지를 적은 것이 있어 고향은
출신도만 옮기고 딴 사항은 그대로 적었다. 이 정도로는 신분이 노출되지
않을 것이다.

1. Shin Jyun Nimi	21	경남	2. Kak Yonje	26	경남
3. Pan Yonje	26	경남	4. Chinga Chunto	21	경북
5. Chun Yonja	27	경남	6. Kim Wanju	25	경북
7. Kim Yonja	19	경북	8. Kim kenja	25	경남
9. Kim Senni	21	경남	10. Kim Kun Sun	22	경북
11. Kim Chongi	26	경북	12. Pa Kija	27	경남
13. Chun Punyi	21	경남	14. Koko Sunyi	21	경남
15. Yon Muji	31	평남	16. Opu Ni	20	평남
17. Kin Tonhi	20	경기	18. Ha Tonye	21	경기
19. Oki Song	20	경북	20. Kim Guptoge	21	전남

이상 20인의 신원을 보면 대부분이 경상도에서 데려갔으며 소화 44년의 평균연령은 23세이고 한국을 떠날 때가 평균 22세, 31세의 평남 여인을 제하면 한국을 출발할 때의 연령이 평균 21세가 된다. 이들의 집단 사진은 미국 국가기록보존소에 보존되고 있으며 일본에서 한국으로 건너가 뉴스 매체에 복사되었는데 그리 바람직스럽지 못한 행위다. 위의 자료에 의하여 몇 가지 제기될 수 있는 문제점에 다음과 같은 것이 있을 것이다.

1) 평상 평균 22명을 상대로 했으며 10시에서 21시까지 1인당 20분으로 할당하면 33명, 자정까지 일한다 치면 더 많다. 일본 책들에 밥 먹을 겨를도 없어 행위 중 먹었다는 이야기가 과장만은 아닐 것 같다.

2) 다음 이들은 새로운 환경에 처한 자신들의 인격적 자존심을 위하여 자신들의 위안소 생활을 지나치게 비참하게 묘사하는 것을 꺼렸다는 느낌이 있다. 성적 노예로만 자신들을 묘사하기에는 자존심이 허락하지 않았을 것이다.

3) 70년대의 스웨덴에서 탈옥수였던 은행강도 2인이 은행금고에 여자직원 2명을 감금해놓고 강제 성관계를 가지면서 며칠 동안 버틴 일이 있었다. 끝내 이들이 붙잡혔을 때 구출된 여직원들은 범인에게 매우 동정적이고 우호적인 태도를 취했다고 하여 패트리시아 허스트 납치

사건 때도 이들의 심리가 여러 면에서 분석된 일이 있다. 어떤 의미
에서는 개중 한인위안부와 일본군인 간의 관계는 이와 비슷하게 전
개될 가능성도 있었다고 생각된다.

4) 이 보고만을 보며 이곳에서의 위안부의 나병율은 중국에서의 경우와
비교하여 훨씬 좋았던 것 같다. OSS의 한 보고는 중국 모지방(某地
方)의 일본 위안소에는 30명의 일인위안부와 120명의 한인위안부가
있는데 거의 모두 임질 아니면 매독에 걸리고 있다고 보고하였었
다.[33]

그러나 영국군의 「Information Section Report No.63」에 담긴 미치나에서
의 보고에 의하면 이곳의 미국 침례교 학교에 수용되고 있는 40명의 위안
부의 75%가 성병을 앓고 있는데 일본 군인들은 콘돔과 Calomel cream을 사
용하고 있다고 하였다.[34] 어느 쪽이 맞는지 모르겠다.

이 22명의 한인 위안부에 관한 자료는 OWI 심리전부대의 주의를 끌었
던지 이 자료 겉장에 "이것은 심리전의 기초자료로서 매우 우수하다. 이
자료는 코리아철에 집어넣지 말고 일본전쟁정책에 있어서의 여성이나 창
녀의 복지라는 철을 만들어 집어넣어라"는 육필 메모가 달렸다. 이들 20명
의 한인여성과 같이 1명의 한인 간호원이 잡혔다.[35] 이 여성의 일본 이름
은 미야모도 기꾸에라고 했으며 출생은 만주이며 1944년 8월 포로가 됐을
때 28세라고 했다. 교육은 소학교 6년제를 졸업하고 평양의 간호부 양성소
를 1년 다녔고 독신이라고 했다. 국가기록보존소에 보존되고 있는 이 여인
의 사진을 보면 꽤 미모이다.[36] 처음에는 위안부로 인정됐으나 나중에는

33) National Archives Modern Military Branch 소장 기록카드 #30603호 "venereal conditions, Japanese army"
34) 이 보고는 1944년 8월 18일 자인데 이때는 미치나가 함락되고 있다. 이 보고는 각지 정보 요약임으로 정보수집일자와 작성일자의 차이는 물론 있다. FEC자료당 Box 3778.
35) OSS자료당. Entry 154 Box 101. U.S. Office of War Information, psychological Warfare Team, attached to U.S. Army forces C-B-I. Japanese Prisoner of War JPO W #48(September 4, 1944). 심문자 Akune Kenjiro.

병원에서 일하는 간호원으로 식별됐다. 이 여인의 증언은 다음과 같다.

군인들은 나를 개같이 취급하고 짐승같이 부려먹었다. 같이 일하던 일본간
호부들은 후방 안전한 곳으로 철수시켰으나 그들은 나는 마지막까지 남겨 병
사들과 같이 죽어야 한다고 말했다. 한번은 말라리아에 걸려 침대에 누워있었
는데 일본간호부가 군의에게 주사와 약을 지어 달라고 요청했으나 군의는 내
가 단지 게을러서 놀고 먹으려 한다고 물을 끼얹고 깨워 열로 오한이 있는데도
평상시와 같이 일하게 하였다. 다른 간호원들에게는 간호일을 맡기고 나에게는
더러운 붕대와 옷의 세탁을 시켰다. 나의 봉급도 달랐다. 일본 간호부들은 약
150엔을 받았으나 나는 100엔 미만을 받았다.···한 번은 의사는 수면할 시간을
가지면서 나는 3일 동안 눈을 붙이지 못했다. 일이 너무 많았기 때문이었다. 내
가 졸려 눈을 붙이기만 하면 나를 깨웠다.···일 년에 두 번 모두 보너스를 받았
으나 한때 나만 못 받았다. 내가 한국인이기 때문이었다.··· 만일 일본이 이 전
쟁에 이기면 한국과 기타 나라는 정말로 형편없이 될 것이다. 나는 저들이 완
전패배하기를 원한다. 앞에서 말한 바와 같이 한국에는 많은 대인물들이 어딘
가 숨어 있어 한국의 해방을 기다리고 있다. 나는 지금 고향에 돌아가 이들에
합류하여야 될 것으로 생각한다. 한인경찰관은 일본경찰관보다 더 악질이다.
저들은 일본인과 똑같거나 더 하다고 하는 것을 보이고 싶어한다. 이렇게 하여
서 일본에 대한 충성심을 보이려 하는 것이다.

앞의 20명 위안부의 심문자가 묻지 못한 말들을 이곳의 심문자는 분명
히 뽑아내고 있다. 이 여인의 세상을 보는 눈은 상당한 수준에 있는 것을
쉽게 짐작한다. 이곳에서의 일본인과 한인 간의 관계는 이 간호원의 증언
이 말하는 대로였을 것이다. 버마에 있어서의 영국군의 일본 포로심문이

---

36) 미 국가기록보존소 본관 18층에 소재한 Still Picture Division에 가면 일본이나 한국에서의 연
구자들이 너무 종군위안부의 사진들을 찾기 때문에 이들 버마 전선에서 잡힌 포로들의 사진
들은 일괄 보존하고 있다. 그중 SC-262578호 사진은 원래 '종군위안부'였던 '김'을 일본인 2세
Yoneda가 심문하고 있다. 그녀는 미치나에서 간호보조원으로 일하고 있었다(1944년 8월 3
일)라는 설명이 붙어 있다.

태평양지역에서의 미군의 심문과 좀 다른 점은 영국군의 심문에는 일본군
인의 성에 관한 질문이 들어 있는데 있다. 이것은 호주군인들의 심문기록
에서도 흔히 볼 수 있다. 지금 버마에서의 영국군 심문기록 중 관계되는
부분 몇을 소개 한다.

1) 군인들의 오락면에서는 위문연예단이 있는데 이들은 랑군시 밖에는 오지 않
   는다. Akyab에는 일본인과 한국인의 위안부가 있으며 Hparabyin에서 Alethangyaw
   에 이르기까지 데리고 왔다, 그러나 그들은 장교 상대로만 엄격히 유보되고
   있음으로 일반 사병들을 크게 노엽게 하고 있다.[37]

2) 포로 M-15호는 격렬하게 자신은 위안소에 한번도 들어가 본 적이 없다고 부
   인하지만 그는 위안소의 조직에 대하여 잘 알고 있는 것으로 보였다. 이하는
   그의 진술이다. 매 사단마다 5~6개의 위안소가 있다. 한인과 일본인 위안부
   로 충원됐다. 한시간당 요금은 장교 5엔, 하사관 4엔, 그리고 사병은 3엔이
   다. 피임구를 강제적으로 착용시키며 위안부들은 정기적으로 진단을 받고
   있다. 포로는 자기 부대에 성병이 전혀 존재하지 않는다고 말한다.[38]

3) 사병들은 보통 휴일인 일요일에 위안소를 방문하지만 장교들은 한주일 7일
   동안 수시로 출입할 수 있다. 그러나 보통 장교용과 사병용의 위안소는 구
   분되어 있다. 장교용에는 가끔 일본인 위안부가 존재한다고 하나 사병용은
   전적으로 한인위안부로 충원되었다. 통제된 위안소 안에서는 음식물을 제공
   하지 않으며 한 시간당 2엔을 지불하고 피임구를 받는데 청구하면 군에서도
   지급했다.[39]

참고로 인도네시아와 말레이반도에서의 위안소 정보를 보면 인도네시
아인, 화란인, 중국 화교들도 잡히고 있다.

1) 말레이반도. 상당한 집안의 젊은 여성들도 강제적으로 그들의 집에서

---

37) Consolidated Report No.27(15 April, 1944). C.S.D.I.C. (India) Red Port, Delhi. FEC자료당 Box
   3650.
38) 위와 같음 No.26(13 April, 1944). FEC Box 3650.
39) 위와 같음 No.28(20 April, 1944). FEC Box 3650.

징발하여 일본군 장교들의 위안소에서 일하게 한다고 한다. 이들 여성은 무자비하게 다루어지며 장시간 동안 일하여야 된다는 것이다.[40]

2) 자바·자바 마랑에 1943년 11월에 체류했었다는 정보제공자는 17세에서 30세 되는 많은 유라시안 혼혈여성, 자바와 세레베스 매나도의 여성들을 그들의 집에서 끌어내어 검진을 한 후 Hotel Sprendid, Place Hotel 그리고 Samaanweg에 있는 백인 집들에 개설한 위안소로 보냈다는 것이다. 마랑에서 온 다른 정보제공자는 한 구라파 여성과 5명의 자바여성이 한 아랍음식점에서 접대부로 일하는데 일본인 의사가 정기적으로 검사한다고 했다.[41]

미국 국가기록보존소에 보존된 SE4450/LA 번호 사진은 Burma Penwecon 지구에서 잡힌 4명의 중국위안부 소녀들의 모습이 보인다. 뒷면 설명에는 중국 광동에서 붙잡혀 강제적으로 위안소에서 일하게 만들었다고 적혀 있다.[42] 중국인 위안부의 다른 사진들과 이들을 찍은 영상기록뉴스(SE 4522/LA)도 있으나 이들은 소녀들이 아니다.

한편 중국 국부군을 지원하기 위한 운남성(雲南省)과 버마를 연결, 군수물자를 수송하는 이른바 Burma Road의 차단을 위하여 버마주둔 일본군은 운남성에 침입했었으나 1944년 봄 이후 중국군은 미군 고문단의 도움을 받으면서 납맹(拉孟)·등월(騰越)을 공격하기 시작하여 치열한 공방전이

40) 위와 같음 No.72(30 August, 1944). FEC Box 3778. 마래반도의 화교들에 대한 일본군의 만행은 일본포로들의 입에서도 많이 나왔다. 한명의 일본인 군속은 중국에서 건너온 일본 군인들이 특히 화교들에 심하게 굴었고 중국인의 여성은 능욕을 가하기 위한 존재들인 것처럼 방약무도하게 만행을 저질렀다는 증언도 보인다.

41) Netherlands Forces Intelligence Service(NEFIS) Interrogation Reports No.455~469(11, 1944) FEC Box 4065. 비슷한 내용은 NEFIS Interrogation Report(1944.5.25) FEC Box 4064. 또 SINCPOC-CINCPOA Translations(19 Nov. 1944) Item #12, 191 (Box 3609)인 일본인 사병의 일기 등에 위안소 언급 등이 있다.

42) 사진의 설명 : Picture shows―With the prisoners captured in the Penwecon area along the Toungoo-Pegu Road, were Chinese girls taken into captivity at Canton and forced to act as a "Comfort Corps" to Japanese soldiers.

벌어지고 종군위안부들도 일본인이건 한인이건 간에 모두 탄약을 나르고 수류탄을 던지고 굶고 같이 죽는 지옥상을 연출하였다. 이에 관한 일본 측 기록이 많으므로 여기에서 취급될 문제가 안 되나 이 일대에서 중국군에 포로가 된 4명의 한인위안부의 사진이 남아 있어 소개되고 있다.

SC-230148 Sung Shan Hill에서 동굴에 들어가 저항하는 일본병들을 모두 죽이고 굴속에 들어간 중국군은 일명의 한인 위안부가 구석에 숨어 있는 것을 발견하여 데리고 나와 본부에 전화연락 하고 있다는 광경 (1944년 9월).

SC-230147 같은 지역에서 포로가 된 4명의 한인 종군위안부 1명은 임신하여 배가 불러 있으며 다른 1명은 굴에서 찾아 낸 앞 사진의 여성.

SC-347386 위의 4명의 한인여성을 심문하고 있는 광경.

이 4명의 여성들은 곤명(崑明)의 포로수용소에 수용된 것으로 생각된다. 김우전(金祐銓) 씨의 『광복군일기(光復軍日記)』 1945년 4월 27일분에 "오후에는 포로수용소에 가서 조선동포들을 찾아보고 위로를 하였다"라는 글귀가 보이고 그의 주석(註釋)에 "버마작전지구 일본군에 있던 한국동포들인데 대부분 여자들이었다. 나중에 중경으로 호송되었다"고 되어 있다.[43] 일본이 항복한 후 9월 7일의 OSS 집계를 보면 태국에는 일본군 안의 한인 사병 5,000명과 연합군포로수용소에서 일하던 한인 900명, 그리고 한인위안부 1,500명 도합 7,400명가량이 있었다.[44] 이 1,500명 중에는 버마에서 철수해 온 위안부도 얼마쯤 들어가 있다고 추산된다 해도 그 숫자는 많은 편이다. 이곳에서는 1944년 이후의 군대위안부의 공급이 수송의 곤란으로 많이 끊겼다고 생각되니 1944년 이후에 한국 내에서 강제 조달된 위안부는 주로 만주와 중국으로 향했을 것으로 생각된다. 동남아로 끌려간 한인

---

43) 김우전, 「광복군일기」, 『한국독립운동사연구』 제3집, 독립기념관 한국독립운동사연구소, 1989, 698쪽 참조.

44) OSS자료 카드 XL20581호 1945년 9월 7일 보고 발송 Siam—Korean organization 참조.

여성들이 잡혔을 때 1944년에 출국했다는 공술서가 없음도 하나의 방증이다. 중국 만주방면의 한인위안부에 관한 미국 측 자료는 지역상 관계로 거의 없는 것 같다. 그렇지만 일본 측의 암호전보 해독문서가 방대함으로 이 방면에 유의하면 약간의 소득이 있을지 모르겠다.

7. 무선암호에 나타난 내몽고 주둔군의 위안부 수입 요청

미국 워싱턴의 국가기록보존소에 가서 제13층 창고에 들어가면 미국이 해독한 일본육해군 및 외교전보의 해독문서상자가 즐비하게 줄을 잇고 있음에 놀랄 것이다. 그 상자들을 한 줄로 나열한다면 운동장의 길이만큼 된다는 이야기이다. 필자는 이들 해독문서 중에서 종군위안부에 관한 문서를 찾아내어 보려고 노력했으나 1건밖에는 찾지 못했다. 그러나 계속 찾으면 나올 가능성을 배제 못한다. 이 암호 해독문서는 S-Series(SJM)의 S-11414호와 S-12382호로 성립되고 있다. 이 암호 해독문은 TOP SECRET ULTRA라고 찍힌 용지를 사용하고 있는데 일본이 패전할 무렵인 1945년 6월 4일의 암호는 다음과 같이 번역된다.

S-11414 (1945년 6월 15일)
張家口—京城　　　　　WS 13674 1945.6.4.
013 우선사항
軍은 慰安婦수입을 위한 자금 즉 5월 1일 下記한 바와 같은 귀처에 보냈던 돈을 긴급하게 요구했다. 선처를 바라며 전액의 지불을 요청함.
송금자 오까모도 시게지
수금자 동상
금액 76,000엔(?)
인출은행 蒙疆銀行

수취인 京城內國銀行(?)

S-12382 (1945년 6월 29일)
京城—張家口　　　　　　WS 15211 1945.6.13.
003
　귀하의 13호에 관하여, 財務局長에서부터, 慰安婦의 雇傭을 위한 자금에 관하여, 大藏省의 규정상 그 자금의 송금은 곤란하나 노력 중임.

　이 2통의 전보가 보여주고 있는 것은 다음과 같은 내용일 것이다. 1945년 5월 1일 군의 요청에 의하여 장가구(張家口)의 몽강은행(蒙疆銀行)에서는 서울 내국은행에 한인위안부 수입을 위하여 7만 6천 엔을 기탁한 모양이다. 그런데 시국이 급변하는 상황에서 군은 마음을 변하여 송금한 돈을 급히 찾으려 하였다. 여기에 대하여 총독부 재무국장이 대장성(大藏省)의 규정상 예치된 돈을(또는 벌써 쓰기 시작한) 다시 보내는 것은 곤란하나 노력을 경주하고 있다.

　일본 패전직전의 7만 6천 엔이 얼마만큼의 가치를 지녔는지 확실하지 않으나 일본군은 이 돈으로 한인여성을 내몽고로 수입하려 하였으며 여기에는 분명히 은행을 매개(媒介)로 하여 총독부가 관여하고 있었다고 보여진다. 이때가 되면 대륙 각처의 일본군 부대에서 위안부의 수요가 급증하였다. 왜냐하면 한국 내에서 체면이고 뭐고 없이 부녀자 약탈행위와 강제연행이 사기수단을 대행하여 판을 쳤고 이 과정을 요시다(吉田淸治) 씨의 기술이 명료하게 보여주고 있기 때문이다. 여기 인용한 전보 2통은 미군이 작성한 문서가 아니라 일본 측의 문서라는데 그 가치와 의미가 있다(부도 2 생략).

8. 일본군에서의 위락제상(慰樂諸像)

일본의 패전이 가까워질 무렵인 1945년 2월 16일 미국군 태평양 서남방면군의 번역통역부(ATIS)에서는 「Amenities in the Japanese Armed Forces」라는 장문의 연구문서를 완성하였다(No.120). 이것은 본문이 18페이지의 타자문서이었지만 일본이 항복한 후인 11월 15일에 도표·부록 등으로 확충시켜 본문 27페이지, 부록 36페이지의 소문자 인쇄문서를 만들어 냈다. 물론 이들은 Confidential이나 Restricted라는 표지가 붙어 있었다.[45] 이 연구논문은 미군이 붙잡은 포로와 노획한 문서에 기초하여 만들어진 것이다. 이 안에는 자세한 일본 군대위안소에 관한 부분이 있어 미군이 일본의 군대위안소와 종군위안부에 대하여 얼마만큼 알고 있었는지 하나의 총결을 이룰 것으로 생각되어 이 논문의 마지막에 소개하고 검토해 본다.

이 논문은 군매점(軍賣店: 酒保), 무료배급·하사(下賜), 위문대(慰問袋), 운동경기, 영화, 연예위문단, 위안소, 신문·라디오, 편지 등을 6장에 나누어 다루었고 위안소는 제2장 오락에 들어가 있으며 부록으로 마닐라에서 노획한 위안소문서의 번역이 붙었다. 이하 소개로 들어간다.

제2장의 오락편 서론에서 편집자는 일본군이 점령지역을 확장하고 전선이 앞으로 밀어 나가는 것과 보조를 같이하여 위안소도 전진하는 것으로 이해했으며 이 위안소를 경영하는 주체가 업자인지 군인지 일본 군인들도 의견이 둘로 나누어져 있다고 했다. 이 논문에 부록 B에 수록되어 있는 것은 필리핀 마닐라시의 일본경찰에서 1944년 2월 시내의 20개 처 위안소와 4개 처의 특수업소(레스토랑 클럽과 게이샤들 접대부가 결합된 특수 위안소)의 위생검사 기록이다. 특수업소의 위안부들은 기재되고 있지 않지만 20개 처의 위안소는 검진한 위안부 수와 나병 위안부 수를 기록하고 침

---

[45] 이들 두 가지 판의 논문들은 FEC자료당 Box 4045를 비롯하여 여러 곳에서 찾을 수 있다.

구·변소 등의 청결여부에 등급을 주고 있다. 이들 20개소에서 검진을 받은 위안부는 총수 1,183명이고 병을 앓고 있는 위안부가 69명으로 나타나고 있다. 즉 6% 정도가 병이 있다는 것이 된다. 매니저라고 기입된 항목은 업주 또는 군의 대리 경영자의 이름을 적고 있는데 한인 또는 대만인으로 추측되는 이름이 3명이고 일본이름을 가졌을 수 있으니 최저 3명이라고 생각하는 것이 옳다. 이렇게 마닐라에서는 1,200명 정도와 위안부가 있었고 필리핀 각지까지 합산하면 최소한 배는 될 공산이 크다. 이 마닐라시의 위안소는 문서상에서 보건대 군의 통제하에 있었다. 1943년 2월 마닐라시의 해당 사무관리자 오니시(大西) 중좌 이름으로 발행된 책자『마닐라 지정요정(指定料亭)과 위안소의 규정』이라는 책자에는 다음과 같은 규정이 있다고 한다.

- 위안소는 군사령장관이 재가하고 마닐라지구 담당 책임장교가 지정한 접대부(게이샤나 여급)를 두고 군인과 군속을 환대하는 목적을 가진 장소를 말함.
- 지배인은 상기 업소를 마닐라지구 담당 책임장교의 허가없이 폐쇄 못함.
- 지배인들이 어려운 처경에 놓였을 경우 마닐라지구 담당 책임장교는 업소를 폐쇄하든가 영업 일시정지를 명령할 수 있다. 이런 경우 지배인은 손해와 곤란을 이유로 보상을 위한 서류를 제출할 것.
- 지정된 음식점과 위안소는 군인과 군속만이 이용할 수 있다.
- 지배인이 그 시설의 종업원을 교체하려면 마닐라지구 담당 책임장교의 허가가 필요함. 접대부가 그 시설을 떠날 것을 원하면 신청서를 제출하여야 한다.[46]
- 업소의 장소선택은 마닐라지구 담당 책임장교의 사전승락이 필요함.
- 접대부의 수입의 반은 업소에 배당함.

---

[46] 부록 A. 소정 신청용지 6에 나타난 위안부의 전출신청서에는 업소 지배인의 날인이 필요했다. 그래서 지배인의 동의가 없으면 부채가 없어도 자유로이 떠날 수 있는 형편이 아니었는가 한다.

◦ 접대부는 위안소 밖에서 성교를 못함. 위안소 밖의 군인이나 군속의 연희 등에 참석하려면 담당장교의 허락이 필요함.

이 연구논문에 인용된 규정은 위에 발췌하여 인용한 규정의 수십 배가 되지만 이곳에서는 한인 종군위안부의 성격과 환경이해에 도움이 될 가능성이 있는 부분만 인용하였다. 참고로 일인의 저작에 인용된 이곳의 화대는 조선인 3.50엔, 일본인 5.50엔, 스페인계 11.00엔, 미국인 13.00엔이었다.[47]
다음으로 「Tacloban지구 위안소 규정」이라는 마쯔나가부대 발행 등사서류철이 있는데 규정 내용도 마닐라지구 것과 대동소이한 것 같다. 이곳에서는 가격표가 사병 1.50엔, 하사관 2엔, 장교 3엔이고 1인당 점유허가시간이 한 시간이다. 또 월·수·금요일은 병사가 이용하고 화·목요일은 하사관이 이용하고 일요일은 17시까지 사병이, 17시에서 20시까지는 하사관이 이용하게 규정하였다. 4명의 종업원 이름이 인용되고 있는데 한인이 2명, 중국인이 1명, 일본인이 1명이었다. 한인은 1명이 1919년생 경남 출신 전위안부 출신이며 현재 '내연의 처'로 되어있으며, 다른 한명은 1913년생 경기도 출생 취사부 출신으로 접수일을 맡고 있으며, 1926년생 19세난 리코란이 위안부이고 그리고 업소주인이 1905년생의 야마가와 리요시로 되고 있다.
다음으로 「Burauen위안소」의 제 규정도 등사되고 있다는데 1944년 8월 발행하였다. 이 위안소는 항공대에 관련된 군인과 군속에게만 출입허용되는 것이나 지상부대도 신청하면 서류 심사하여 이용시킨다는 항목이 있고 이 위안소의 운영은 다음 장교들이 맡고 있다.

관리자　　　Tacloban 항공지구사령
위원장　　　제98비행장 수비대장 아라끼 다까시

47) 廣田和子, 『證言記錄從軍慰安婦看護婦』, 新人物往来社, 1975, 39쪽.

위원   6명 (위계와 성명도 자세하나 약함)

다음「Rabaul 소재 해군위안소에 관한 지시」라는 문서를 이 논문이 드문 드문 인용하고 있는데 이곳의 해군위안소는 6개 처로(Higashi Rashunso, Takeishi unit, Kita Rashunso, 제1 Tokiwaso, 제2 Tokiwaso, 제3 Tokiwaso) 계급에 따라 가는 곳이 정해져 있었다. 노무자는 제3 Tokiwaso와 Kita Rashunso 만 이용할 수 있다. 가격을 예로 들면 다음과 같다.

위안소	계급	30분 일인	30분 한인	1시간 일인	1시간 한인	하룻밤(22:00~06:00) 일인	한인
다께이시 위안소	하사관·장교	2.50	2.00	4.00	3.50	10.00 장교에 국한	10.00
노끼와 莊	水兵	2.00	1.50	3.50	3.00		

다음 이 논문은 버마를 서술하면서 필자가 찾지 못한 20명의 한인 위안부를 거느린 업주심문기를 인용하고 있어 20명의 심문과 비교 고찰되는 계기를 마련한다. 이 업주인 기다무라 부부는 서울에서 음식점을 경영하면서 돈을 좀 벌었으나 사업이 점점 힘들어지므로 큰돈을 벌고 싶어 서울의 조선군사령부(朝鮮軍司令部)에 한인위안부를 버마로 데려갈 허가를 신청했다는 것이다. 단 이 제안은 원래 조선군사령부에서 생기고 한국 내의 몇몇 사업가들에게 타진한 것이라고 했다. 이 업주는 22명의 여성을 한 가족 당 300엔에서 1000엔까지 주고 샀는데 그 기준은 성품·생김새 그리고 나이였다고 했다. 이들은 그의 완전한 소유물이 됐는데 나이는 19세에서 31세까지였다. 조선군사령부에서는 그를 위하여 각지의 일본군사령부에게 교통·배급·의료 등 가능한 모든 조력을 주도록 요청하는 소개 편지를 썼다는 것이다. 드디어 기다무라 부부는 1942년 7월 10일 부산을 22명의 여성들과 함께 떠났는데 이 배에는 모두 703명의 한인여성이 탔으며 90인의

일본인 남녀가 자기와 같은 업주로 탔다는 것이다. 이 배는 4,000톤짜리로
7척이 선단을 이루었다. 사령부는 무료 승선티켓을 발부해 주었으나 음식
은 자기가 냈다고 했다. 대만에서 다시 싱가폴로 가는 22명의 여자를 태우
고 싱가폴에서 딴 배를 바꾸어 타고 랑군에 도착한 것이 1942년 8월 20일
이라고 했다. 랑군에서 이 업주의 그룹은 114보병연대에 배속됐다. 이들은
Goungoo, Meiktila, Maymyo에서 개업하고 다음 미치나에 도착했다(1943년
1월). 이들이 이곳에 와 보니 벌써 두 위안소가 있었다. 전부 63명의 위안
부가 있었는데 이 포로의 Kyoei위안소(한인 22명) · Kinsui위안소(한인 20명)
그리고 Momoya(중국인 21명) 합쳐서 3위안소였다.

중국인 위안부는 캔톤에서 사왔고 일본인 위안부는 안전한 후방 예컨대
Maymyo에 배치됐다. 위안부는 벌어들인 50%를 가지고 의료 · 교통 그리고
식사가 무료였다. 교통과 의료는 군에서 해결했고 식사는 업소에서 군의
도움으로 해결했다. 업주는 위안부들에게 필수품 · 옷 · 사치품을 비싸게
팔아 이익을 남겼다. 만일 위안부가 그 가족에 준 돈과 그 이자를 청산할
수 있다면 이론상으로 그녀는 고향까지 무료로 갈 수 있고 자유인으로 간
주되는 것인데 전쟁상태 때문에 업주의 그룹에서는 누구도 돌아갈 허가를
받지 못했다는 것이다. 1943년 6월 15일 당시 군사령부에서는 부채가 없는
위안부를 돌려보낼 수 있게 했고 한 위안부가 이 조건에 부합했고 한국에
돌아가기를 원했으나 쉽게 설득당해 남게 되었다. 이 업주의 위안소에서
는 한 위안부가 한 달에 벌어들일 수 있었던 최고 액수가 1,500엔이고 최
하가 300엔이었는데 규칙에 의하여 위안부는 한달에 최소 150엔을 업소에
주어야 되기 때문에 벌이가 적으면 부채를 지게 됐다. 그의 업소에서는 병
사들의 방문시간은 10:00~15:00시에 1.5엔이었고, 하사관은 15:00~17:00시
에 3엔, 장교는 21:00~23:59시에 5엔, 장교 하룻밤은 23:59시부터 아침까지
20엔이었다. 그런데 마루야마대좌가 명령을 내려 병사는 같은 값이지만
하사관 2엔, 장교 5엔, 장교 하룻밤 10엔으로 내리게 했다. 이 위안소는

114연대가 감독했는데 나가수에 대위가 책임자였다. 평균적으로 이 포로의 업소는 하루에 하사관과 사병이 80~90명, 장교가 10~15명 방문했다고 말했다.

7월 31일 밤 12시경 3위안소의 63명의 위안부와 업주들은 군복을 입고 철수하기 시작했다. 10척의 작은 배를 타고 이라와지 강을 건넜는데 대부분의 수비대는 이미 떠났고 남은 것은 움직이기 힘든 부상병들이었다. 63명 중에서 4명이 행진 도중 죽고, 2명이 일본군으로 오인되어 총격을 받고 죽었다. 20명의 중국위안부는 정글에 남았다가 중국군 손에 들어갔다. 이것이 위안소를 서술한 연구논문에서 다시 요약 인용한 내용이다.

9. 총결

이 글에서는 필자가 미국에서 틈틈이 14년 동안 모아온 노무자, 종군위안부에 관한 자료 중 종군위안부에 관한 것을 골라 발표했다. 구 일본군이 젊은 한인여성을 일본 군인들의 성적 도구로 이용하고 제도화된 군대위안소의 중핵으로 삼으려 한 구상은 1930년대의 중기부터 구체화되는 것이 아닌가 한다. 한 국내의 일본 통치자들이 브로커를 시켜 사기수단으로 빈한화시킨 한인가정에서 젊은 여성을 뽑아 가는 과정을 언더우드박사가 잘 관찰했고 자기 정부에 글로 남겼다.

이 글로 인하여 미국인이 소위 'Comfort girl' 문제를 생각할 때 일본의 일부 우익의 거짓말에 냉정히 대처하고 한인위안부 성립의 전개과정을 살펴볼 수 있는 바탕을 제공할 수 있었다는 점에서 공헌이 많다. 따라서 이 글의 가치는 중천금일 것으로 생각된다.

다음으로 필자는 일본포로 송환자명단에 따른 각 개인 포로의 조사서 중 한인의 것은 일본정부에게서 자료로 제공받아야 된다는 것을 강조했다. 이미 반환받았으면 학자들에게 연구대상으로 제공하여야 될 것이다.

다음 한인위안부가 형제인 경우가 많은 것에 주의를 돌려 이것이야말로 사기수단으로 군대위안부를 만드는 비인간성의 상징이라는 관점에서 부각시켰다.

다음 트루크 환초에서의 한인위안부 집단학살설을 상기시켜 접전과정은 물론 일본패전 후의 학살가능성의 철저한 조사가 필요하다는 것을 강조하였다. 일인들은 전후 태평양 각 섬들을 돌며 자기 군인들의 백골 수집에 열을 올렸었다. 한국도 최소한 학살가능성이 있는 고장들을 답사하는 태도를 가지는 것이 중요하다고 생각된다.

다음 버마전선에서의 한인위안부는 그래도 가장 풍부한 자료가 있기 때문에 20명의 한인위안부의 「증언」을 통한 위안소의 실태를 소개하려고 했다. 여기서 또한 중요한 것은 심문관의 선입관, 인터뷰 기술이 조사서라는 산물(産物)이 된다는 것에 주의를 환기시키려 했다. 또 심문에 응하는 피심문자의 심리문제도 꽤 중요하다는 것을 전달하려고 했다. 위안부들과 같이 포로가 된 한인 간호원의 일본에 대한 증오심, 또 그 한인 앞잡이들에 대한 증오심은 위안부의 심문내용과 대조가 되어 흥미를 끄는 것이기에 소개했다.

다음 무선암호에 나타난 내몽고 주둔 일본군이 한인 위안부를 수입하려고 서울에 자금을 보냈고 여기에 총독부 재무국장 차원에서 회답을 하고 있는 암호문서의 소개에서 일본군이 능동적으로 얼마나 한인위안부의 확보에 부심했는가의 자신들의 문서상의 증거를 보일 수 있었다는 의미에서 중요성을 지녔다고 생각한다. 차후로 일본암호 해독문서를 더 파고 들어가면 위안부에 관한 자료가 더 나올 가능성이 없지 않다는 것을 말해둔다.

마지막으로 필자는 미국이 의도적으로 수집한 일본군의 군대유곽과 종군위안부 문제의 집대성이 되는 연구논문을 소개하여 자료소개를 맺었다. 이 논문은 유감없이 일본군내의 성문제 처리장으로서의 위안소의 실태를

잘 파헤치고 있다. 또 이것이 미국에서의 일본 종군위안부연구의 한계성
이라는 것도 잘 보여주고 있다. 여기서는 특별히 업주의 증언을 통하여 어
떻게 일제의 조선군사령부가 한인위안부의 사기 모집에 직접책임이 있는
가를 생생히 보여주고 있다. 일본의 조선군사령부야말로 나치스의 유태인
학살에 비견되는 전쟁범죄자들의 소굴이었다는 것을 한국인들은 명심하
여야 될 것이다. 한인위안부를 속박하는 근거를 제공하는 부채라는 것도
알고 보면 한인이 기껏 한두 달에 버는 돈을 주고(아마 착수금조로) 이자
를 부풀려서 성의 노예로 속박하는 인육(人肉)장사들의 면모를 잘 보여 주
고 있다. 필자는 이 자료를 소개할 수 있었는데 대하여 사학도로서의 만족
감을 느낀다.

일제는 말기에 다다르자 완전히 지성을 잃고 길바닥에서 논에서 빨래터
에서 여성들을 강제연행했다. 이런 상황에 대하여 꾸준히 고발하며 성찰
한 사람들이 다름 아닌 일본인이라는 것도 잊어서는 안 될 것이다. 이들의
글들이 없었다면 어떠하였을까를 생각하면 감사하다는 말이 안 나올 수
없다.[48] 한국은 우선 일제통치시대의 역사부터 정리를 잘 해 놓아야 호국
(護國)의 방파제(防波堤)가 된다는 것을 알아야 될 것이다.

❖ 『國史館論叢』 제79집, 국사편찬위원회, 1992

---

48) 필자는 한일 간의 친선관계가 현 국제정세하에서 매우 중요하다고 생각하는 사람이나 이
문제에 대하여 악의로서 훼방하고 "한인여성의 강제연행이 없었다, 있었어도 잘못한 것이
없다"고 우기는 간행물이나 저자는 마땅히 국제기구를 통하여 제소하여 응징하여야 될 것
이라고 생각한다. 일본정부의 "합방조약" 합법설은 기어코 분쇄하여야 된다고 생각한다. 그
렇지만 무턱대고 반일을 부르짖고 현하 전진적인 견해를 가진 일본의 상징적인 인물까지
공개 매도하는 따위는 마땅히 삼가하여야 할 것으로 愚攷한다. 일본인으로 한국 내에 인도의
타지마할 버금가는 아름다운 건물을 기증하여 위령소를 삼고 일제 시대의 고난과 증언의
발굴작업에 기금을 제공하여 방대한 수천 권의 증언집을 만들어 한민족 수호의 방파제적
구실을 하게 하는 것이 배상금을 받는 것보다 낫다고 생각한다. 강제연행되거나 사지로 끌
려간 군대위안부를 위하여는 대한민국정부가 보상하는 것이 훨씬 현명하다고 말하고 싶다
(이 글의 작성에는 예비역 육군준장 장창호 선생의 도움이 컸으므로 감사의 뜻을 표한다).

일본군 '위안부'의 귀환

중간보고

1. 왜 중간보고인가?

필자가 1992년 연초 국사관에 보낸 「미국 자료에 나타난 한인 〈종군위안부〉의 고찰」이란 글[1]은 이 방면의 연구에 있어서 하나의 기초적인 참고재료가 되었다고 믿어진다. 그러나 그중에는 적지 않게 수정하고 보충하여야 될 부분이 있었다. 그러는 중 '한국 정신대문제대책협의회 진상연구위원회'에서 본 논고의 제목을 배당받은 기회를 활용하여 앞의 글에서 일부분을 사용, 또 보충작업을 거쳐 원고를 작성 우송한 것이 1994년 여름이었다고 생각된다. 그런데 일본 우익교수 - 언론인들이 계속적으로 이 문제의 본질을 오도(誤導)하는 글들을 우익잡지에 범람시키는 상황하에서 필자도 좀 더 분발하여 자료 발굴에 노력하여야 되겠다는 책임감 같은 것이거듭 이 문제를 위하여 자료를 찾는 발동력이 되었다. 한 달 동안 자료발굴에 전념하여 다시 몇 가지 자료를 적축하였다. 그러나 미국에 있어서의 위안부자료의 발굴이란 시간관념을 초월하고 끈기가 있어야 가능한 것이다. 미 국가기록보존소에서 찾는다는 것도 바다 모래사장에서 떨어트린 보리알을 찾는 것 같은 인내성과 시간이 필요한 것이다. 무한정으로 자신

---

1) 방선주, 『국사관논총』 제37집, 국사편찬위원회, 1992, 215~246쪽.

의 시간을 희생하여 여기에 사용하기란 불가능한 것이므로 여기서 일단 끊고 '중간보고'라 이름 지은 것이다. 또 장차 얼마든지 좋은 자료들이 보충될 수 있다는 뜻도 내포된다. 지금까지 미국에서 발굴된 군위안부 심문보고는 모두 세 개에 지나지 않으며 그중 필자가 둘 찾은 것이다. 미군이 포로심문하는 목적은 우선순위로 작전수행에 유익한 자료를 획득하려는 것이니 군 작전에 직접적인 관련이 없는 위안부의 심문은 등한시되기 쉬운 것이다. 따라서 장래 출현할 위안부 심문보고들은 각 일선부대가 전투 중 수행한 임시/제일차 심문보고(Preliminary Interrogation Reports)에 들어가 있을 것이다. 예를 들면 Leyte, Luzon, Okinawa, Guam, Saipan 기타 격전지에서의 각급 부대의 일차심문보고를 찾아야 된다는 것이다. 이러한 작업은 어느 때 자료가 나올지 기약이 없는 작업이지만 반드시 무엇이 나올 가능성이 있는 부분이다. 또 일본 육해군이나 외교부문의 암호해독문서도 필자가 대충 소화한 것이 약 2만 건의 전문(電文)에 지나지 않는다. 이것은 빙산의 일각에 지나지 않으며 장차 나올 가능성이 있는 부문은 일본 육군의 전문 중 특요원(特要員)으로 적혔을 것으로 추측되는 위안부의 동태들이다. 버마-운남성(雲南省) 경계선상에 위치한 등충(騰衝: 일분군은 騰越로 표시)의 공방전에서 일본군 수비대는 매일 수시로 전투상황과 지시요청 전문을 상부에 보냈었고 많은 전문이 아직도 일본 방위성에 보존되어 있다. 이곳에서 다수의 한인 위안부와 아기가 처형되고 있는데 상황이 급박해지기 전에 상부에 이들에 대한 처치를 묻는 전문이 있을 가능성이 있고, 이 전문을 미군, 국부군 또는 영국군에서 방수(傍受)했을 가능성도 배제 못한다. 이러한 자료는 장차 계속해서 나올 수 있는 것들이다. 그래서 우선 중간보고라고 부제(副題)를 달았다.

2. 왜 군위안부의 귀향문서가 희한한가?

한인 군위안부의 귀환문제를 다루는데 있어서 매우 중요한 원초 자료는
논리상 군위안부 출신들이 귀환하여 바로 쓴 수기 증언 또는 조사서류의
발굴일 것은 더 말할 나위가 없겠다. 그렇지만 당시의 사회환경으로서는
피해 당사자 여성들이 그런 증언을 할 가능성은 만의 하나도 없는 것이었
다. 유사한 사례로 1971년의 방글라데시 독립전쟁 당시 파키스탄군에 약
탈 징발된 약 10~20만 명으로 추정된 여성들의 대다수는 독립 쟁취 후에도
고향에 귀환할 수 없었다. 워낙 보수적인 회교사회 아래라서 강제적 피해
자였지만 정조를 잃은 여성들이라는 이유로 백안시당하였던 것이다. 도시
로 집중한 이들의 재생교육으로 새 정부는 골치를 앓았으며 이들의 많은
이들이 다시 인근 인도 대도시 매음업소로 흘러 들어갔던 것은 당시의 신
문잡지나 정부의 간행물들로 그 대략을 짐작하게 한다. 해방된 한국에서
는 심지어 강제 징용된 노무자들의 귀향증언조차 희귀한 처지임을 감안하
면 귀환한 군위안부의 당대의 증언문헌을 찾는다는 것이 우선 허망한 것
이라고 할 수 있다. 피해자들이 입이 있어도 그 특수사정―즉 수치감에 연
유하여 지금껏 입을 열지 못하고 이 세상을 떴고 떠나고 있다.

그런데 여기에 당시의 나이 어린 강제징용자의 증언사례가 나왔음으로
나이 어린 여성들의 징발과 귀환을 상상해 볼 수는 있다. 이하 13세에 강
제 징용된 강원도 출신 소년이 5년 후 쓴 증언이다(원문 그대로 이며 수정
없음).[2]

본인은 1929년 5월 12일 빈농가의 가정에서 탄생하여 탄생 당시 부모의 생활

---

[2] 인민군전사 유X현 자서전 중에서. 1950년 6월 6일 작성. 신노획문서 제203945호. 제120상자
포함. 이 자서전에 나오는 인물들의 가운데 글자는 본인, 친척 또는 피살자의 가족들이 아
직 생존하고 있을 가능성을 고려하여 X로 표시함.

이 곤란하엿으며〈중략〉 어머니는 노력끝 일하며 고상하시고 아버지는 그때부
터 돈을 부얼러 발끝이 가는 방향으로 단이다가 아버지도 농촌의 지주의 가정
에서 일을 하며 고생하고 (중략) 1936년 1월에 보적지(필자-본적지)에 도라와
서 강원도 화천군 상서면 마현리에서 친척 백부에게서 집을 구하여 주어서 화
전민으로 농업에 종사하게 되엇으며 본인은 부모의 고생하면서 저를 자리윗다
는 말슴을 본인에게 알려 줄대에 나는 그때 8세때 나는 부모의 자식으로서 부
모님들이 이럭케 고상하며 자식을 자리윗다는 말슴을 듯고 자식으로서 빨리
자라나서 부모의 이 은혜을 백분지일 이라도 갑기 위하여 나의 힘끝 농업에 노
력할 것을 결심하고 농업에 종사하기 시작하엿다.〈중략〉

본인은 13세에 낫을 때에 일본에 보국대로 가라고 하기 때문에 본인은 연령
이 적고 어린 마음으로서 부모를 떠러지기 실고 보국대에 가면 고생한다는 것
을 알기 때문에 보국대에 가기 시러서 집에서 부모님에게 말하고 도망하였다.
그 후에 면에서는 본인을 체포하려 집에 와서 부모님들에게 당신의 자식이 일
본 보국대에 가게 되엇으니 빨리 자식을 차저노라고 부모들을 매로서 진압하
엿다. 부모님들은 매를 마지면서도 자식이 가 잇는 곳을 알려 주지 안엇다. 보
국대가가리와 구장은 삼일동안에 자식을 차저노라고 하며 도라갓다. 그 후에도
가지 안기대문에 체포하려 또다시 집에 와서 본인이 없는 관게로서 부모님들
을 감옥에다가 가두며 너에 자식을 차저노아야 감옥에서 내 논는다고 하엿다.
본인은 이것을 알고서 감옥에 차저가서 본인이 보국대에 가겟으니 부모님들을
감옥에서 꺼내 달라고 하여서 부친들을 감옥에서 집으로 돌려보내고 그 자리
에서 바로 일본 보국대로 가다가 함경북도 원산에 와서 기차가 떠날대에 도주
하엿다. 도주하면서 집으로 도라오다가 원산시에서 순사에게 체포되어서 원산
시 우동 오하시구머 공사에 가서 로동을 삼년간 하라는 지령을 받고[3] 공작을
시작한지 15일만에 현장에서 도주하여 집으로 도라오다가 장질부사에 걸리어

---

[3] 일제 말기에 들어서면 노동력이 얼마나 부족하던지 부두노동자의 확보에 안달하는 일본 港
灣運營會 港務局과 한국 각 항구의 荷役인원조달에 관한 암호전문들이 많이 존재하여 참고
가 된다. 원산항 1945년 5월 17일의 보고는 해군에 206명 육군에 414명을 확보했다고 했으
며(S-12742), 진남포항 6월 15일의 보고는 "막노동자 30명, (해독 불능)... 208명, 臨時挺身隊
80명, 죄수 100명, 합계 458명 모두 한인"이라고 되어 있으며(S-12051), 나진항 6월 14일의 보
고는 6월 10일까지 확보한 하역인원은 滿洲人苦力 2438명, Kouan苦力 X명, 勤勞奉仕隊 X명,
한인苦力 X명, 愛國勤勞隊 980명이라고 되어 있다(S-12047). RG 457 Records of the NSA/Central
Security Service. Historic Cryptographic Collection, Pre-WW I through WW II Box 900.

서 강원도 안변에서 고생하다가 1945년 8월 15일 해방을 만나서 음력 8월 13일
에 집에 도라왓다. 해방후 집에 도라와서 본인이 어릴 적에 형님 아우하면서
자라든 한X선 동무와 같이 부락청년들을 동원시키어서 면소재지 경찰서와 청
년들을 보국대에 보내든 면 보국대가가리들을 처부시기 시작하엿다. 리면에서
일제을 방조하기 위한 사업에 일하든 책임자들 리에 구장 면에 보국가가리 경
찰소 순사부장 순사 등을 따려주겻다.

이 소년이 강제징용으로 일본에 끌려가게 되는 해는 1942년, 만 13세가
되는 때이었다고 보여지며 귀향은 만 16세 되는 해이었다. 왜 그러냐 하면
이 서술자는 1950년에 자신의 나이를 21세로 규정하고 있기 때문이다. 이
만 16세의 소년은 귀향하여 옳고 그르고 간에 자신의 분노감을 행동으로
발산시킬 기회가 있었으나 절대다수의 군위안부 출신들은 분노감을 내공
(內攻)시킬 뿐 한으로 일생을 다 하였고 다하고 있는 것으로 추정(推定)할
수 있다. 위에서 서술한 소년과 동갑인 소녀이었던 강덕경의 증언을 들어
보면 여자정신대로 일본으로 송출된 후 군위안부로 납치되고 1년만인 만
16세에 임신하고 귀국하였으나 귀향도 못하고 타향에서 죽을 고생을 하다
가 만년에 가서야 입을 연 사례가 있기는 하다.[4] 근래 일본우익들의 주장
을 간추려서 들어보면 즉 당시의 일본은 매춘시설이 합법이었고 전지위안
소(戰地慰安所)는 업소가 군의 보호와 승인하에서 영업한 것이고 강제연
행이란 증거가 단 일 건도 없었고 한국에서는 이조시대에 기생제도가 있
었고 1930년 초에는 한반도에 한국인 창기(娼妓)가 1,385명(일인 1,900명)
업소수가 216처(일본업소는 312처)가 있었지 않았는가 등등이 그 요지이
다.[5] 한인출신 군위안부가 높은 보수를 탐내고 자진 투입한 상행위자(商

4) 한국정신대문제대책협의회 정신대연구회편,『강제로 끌려간 조선인 군위안부들』, 한울사,
1993, 271~284쪽 참조.
5) 일본 東京大學 교수 藤岡信勝,「汚辱의 近現代史」,『サンサーラ』1969년 9월호 ; 忍 甲一,「朝
鮮半島의 遊廓事情과 慰安婦問題」,『正論』1996년 10월호 등 참조.

行爲者)이었다면 그들의 귀향문제를 다룰 의미가 훨씬 줄어들고 만다. 그 래서 우선 창녀에 관한 한인과 일인 간의 전통적인 시각차부터 살펴볼 필 요가 있다.

3. 유곽에 대한 한국 전통사회의 인식

일본인 중에는 한국 전통사회의 기생제도와 일본의 유곽을 비교하는 사 람도 있으나 양자는 그 성격상 많이 다르다. 우선 일본은 에도(江戸)시대 부터 발달한 상업과 상인사회를 구비하고 있었고 그 유곽제도는 인신매매, 고문, 착취 등 잔혹면이 갖출 대로 갖추어진 제도이었다. 그뿐 아니라 한 국과 같이 엄격한 유교적인 전통이 없어 궁핍에 허덕이는 여성들의 자가 영업도 흔했으며 일본의 개국과 더불어 해외에 진출하는 매춘여성의 수는 수만을 헤아렸다고도 했다. 개항 당시 일본 유곽과 창녀의 한반도와 그 주 변지방에의 진출사를 보려면 일본 메이지(明治)시대 초기의 어떤 신문이 든 간에 꾸준히 발행됐던 신문 하나를 선정하고 이 신문을 날짜별로 보아 나가면 족한 것이다. 본고를 위하여 필자는『우편보지신문(郵便報知新聞)』 을 선정하여 그 약간을 나열하여 본다.

> 1879. 7. 29. 지난 14일발 在朝鮮 釜山浦 某서신에서 발취. 현금 在館의 노유남
> 녀 합하여 천 명 정도이고 그중 娼妓 95~6명 된다.
> 1879. 8. 2. 이 항구에 재류하는 우리 요리점들은 많은 여인을 사용하면서 給仕
> 人이라고 부르고 있지만 그 실은 요시와라(吉原) 유곽 中米樓의 지점 등
> 으로 娼妓의 업을 삼고 있다.
> 1880. 3. 23. 〈부산포에서의 來信〉 거류인구는 남자 973명 여자 489명 그중의
> 112명은 藝娼女인 바 이들의 번창함은 실로 놀랄만 하다. 게이샤의 화대
> 는 한 시간당 60전 동침은 최초 5원이며 하룻밤 1원 50전 가산됨. 또 창

녀는 한 시간 50전으로 하룻밤 1원 20전이다.

1882. 10. 18. 현재 경성(서울)에 사는 한인기생은 약 70명으로 그중에 佳人의 명칭을 얻은 자는 4~5명이다. 그 값은 하룻밤 한국돈 백냥(우리 30엔)을 내려가지 않고 이것은 소위 화대로 술상과 음악을 가하면 우리나라 100 엔에 이른다고 한다. 따라서 한인 중에서도 紳商富人이 아니면 하루 저 녁을 즐길 수 없다.

1883. 8. 28. 『朝鮮通信』 인천에서 들어온 통신에 의하면....(일본) 매음부들이 속속 들어오고 있는 것은 할 수 없다 치고 이들 여인들은 행로 왕래가 있 는 것도 부끄러워하지 않고 태연히 목욕을 하므로 한인들은 놀라서 일본 여인은 하부를 가릴 줄도 모르는 야만인들이라고 비웃는다. 실로 일본인 의 나체를 부끄러워하지 않는 습관은 외국인에게 부끄러울 따름이다.

1883. 9. 19. 『朝鮮通信』 인천항은 新開地인 바...... 나가사끼 출신의 매음부들 이 호굴에 들어가 범새끼를 얻고자 하여 그 몸을 수십 엔에 팔아 기둥서 방과 같이 이 항구에 건너왔지만 창녀업이 허용되지 않아 배를 기다려 귀국하는 자도 있지만 여비 배삯을 지불 못하고 자기 몸을 노예와 같이 洋人에 파는 자 생기고 그것도 못하는 못생긴 여인들은 남몰래 2원씩으 로 매음하다가 순사에 잡혀 어렵게 번 돈을 벌금으로 내어 놓게 될 뿐 아 니라 구류 10일에 처하여져 경찰서와 영사관을 번거롭게만 하고 있다.

1884. 5. 6. 〈시베리아 블라디보스토크 항〉 작금 이 항구에 거류하는 일본인은 거의 4백 명에 이른다. 그 5분의 1은 남자이고 5분의 4는 여자이다. 여인 들은 창녀가 아니면 외국인의 보모 아니면 만주인의 계집이다.... 시가지 에서 낮과 밤을 가리지 않고 너절한 여인들이 대문 밖에 넘쳐흘러 길 옆 에서 고성을 지르고 술 취한 선원이나 만주인과 서로 희롱하고 서로 욕 질하며 떠들썩 추태를 부리는 자 모두 일본인 창녀이다.

재언하지만 일본은 원래 유곽제도나 유곽문화가 발달하여 그들의 문학 에서도 유곽과 예기(藝妓)를 중심으로 한 장면들이 큰 비율을 점령했었고 일본의 패전과 미군의 진주(進駐)가 없었다면 자력으로 이 방면의 개혁이 있었는지 의문시 될 만큼6) 이러한 전통에 중독되어 있었다고 본다. 인신매매중개인 즉 '제겐'(女衒)이라고 불리는 족속들이 방방곡곡을 누비며 상품화할 수 있을 대상을 물색했고 천재지변이 있는 해이면 빚에 시달린 빈곤층은 그들의 처자들을 팔아먹는 행위가 예년행사처럼 벌어졌다. 그래서 바로 이면에서 일본인은 한인보다 한층 부도덕하다고 1905년 미국인 헐버트는 관찰한 바 있었다.

　내가 이 글을 쓰고 있는 이 시각에서 조차 일본신문들은 유곽의 매매꾼들이 기근에 시달리는 일본 북부지방에서 수백 명씩 무더기로 젊은 여성들을 그들의 부모에게서 사들이고 있다고 전하고 있다. 이러한 짓은 한국에서는 불가능한 것이다. 부모가 친자식을 이렇게 취급했다가는 주변사회에서 직각적으로 거센 비난이 일어날 것이며 정부는 심한 벌을 내릴 것이다.[7]

1910년 일본의 한반도 병탄 이후 본격화되기 시작한 한반도 내의 유곽과 공창의 제도화는 한인의 큰 반발을 샀다는 것이 미국 대통령에게까지 보고되고 있다. 즉 1919년 3·1독립운동 당시 미국 군부에서 분석한 한인의 분노 10가지의 하나로 이 문제가 들어 있었다.[8] 1930년대 이후 일본 군부는 한인여성의 군위안부화에 눈을 돌리고 교묘한 사기수단으로 인신매매업자들을 앞에 내세워 직업알선을 빙자하여 조직적으로 젊은 여성들을 군위안부로 전락시켜갔다. 태평양전쟁이 일어나고 한국에 재류하던 미국 선교사 영사관직원들이 1942년 귀국송환선을 타고 귀국 도중 미국 서울영사관이 국무부에 보고서를 제출하였다. 그중에서 언더우드는 다음과 같이 증언했다.

---

6) 이 문제에 대하여 필자는 일본인 학자를 만날 때마다 의견을 들어왔다. 물론 요새 일본 우익 논조경향성은 미군도 구일본군과 같이 性해결책에서는 근본적으로 다를 바 없었다는 쪽으로 국민을 인식시키고 미국을 설득하려 노력하는 형세이다.

7) *Korea Review*(1905 合本) pp.203~217. "Kennan and Korea" 기사 중 제211면 참조.

8) 미 육군참모본부, *Weekly Intelligence Summary 1919* No.59, March 16~22 참조.

수많은 한인처녀들을 여러 가지 다양한 방법으로 조달하여 중국과 만주의 유곽으로 보내고 있는 것에 대하여 한국인들에게 심대한 원한심을 심어주고 있다. 많은 경우 당한 가족은 이를 알리기를 꺼려하며 당하지 않은 가족들은 이에 대하여 아무것도 모르고 있다. 그러나 이러한 상황은 전국적으로 일어나고 있으며 대일증오심(對日憎惡心)의 비옥한 토양을 제공하고 있다.[9]

언더우드 일가(一家)는 한국에서 반세기이상 선교하던 집안으로 당시의 한국사회사정에 정통하였던 것이다. 언더우드의 증언을 김일면(金一勉)의 조사서술과 겹쳐서 읽으면 더욱 생생한 윤곽이 잡힐 것이다.

조선에서는 여자 긁어모으는 데는 속임수, 공갈, 부추김의 3박자가 갖추어져 그 루트도 정해지고 있었다. 관동군에서 "여자의 공출"을 의뢰받는 조선 총독부는 예사로서 도지사에 명령하고 도지사는 각 군수에 전달하고 군수는 면장에 할당하여 간다. 그리하여 명령의 집행상에서 대검(帶劍)의 효과를 보이려고 각 도경찰부─각 경찰서─순사주재소 순으로 하달되어 간다.……이러하여 말단의 면장과 순사는 지령된 바와 같은 새빨간 거짓말을 지껄이면서 생처녀를 모으는 것이다. 그 어구도 정해져 있었다. "나라를 위한 일이다"라고 반은 권면하고 반은 강제했다. 만일 처녀들이 이것을 피하려고 도망친다면 부담하기 힘든 과혹한 곡물공출의 할당을 주어 보복했다.[10]

이 서술을 보국대에 끌려가기 싫어 숨은 13세 소년의 화전민 부모가 매를 맞고 감옥에 감금되는 상술한 장면을 연상하면서 읽으면 더욱 실감날 것이다. 이 13세 소년이 16세에 귀향하여 마을 청년들과 더불어 면장과 순사를 타살하여 분풀이를 했다고 하였는데 여기에는 분명히 군위안부나 정신대로 끌려간 마을의 소녀들을 위한 공분(公憤)도 들어 있었을 것이다.

---

[9] 1942년도 국무부문서 895.01/162 PS/ET "Survey of Current Political Thought and Temper of the Korean People" 수록.

[10] 金一勉 편, 『軍隊慰安婦』, 現代史出版會, 1977, 96~87쪽 참조.

1944년 8월 23일 여자정신근로령(女子挺身勤勞令)이 공포되어 기존하던 여자근로정신대 조직에 법적 근거를 부여하고 만 12세에서 40세 미만의 여자를 강제 징발할 수 있게 되자 한반도는 일종의 패닉상태로 들어가게 되었다.[11] 그런데 외지(外地)에 나가 있는 일본군은 조선총독부에 위안부 송출을 패전직전까지도 줄곧 요청했다. 그 확증으로 다음과 같은 3통의 암호전문(暗號電文)을 예시할 수 있는데 여자정신대원을 강제 징집할 수 있게 되었으니 위안부 송출이 한결 쉬워졌다고 보여진다. 이들 3통의 암호전문의 영어번역은 다음과 같다(원문을 잘 해독 못한 곳은 '?'부호를 붙이고 있다).

1) S-11414

    Kalgan - KEIJO   WS 13674   4 JUNE 1945

    013 Priority

The Army has made an urgent request for the money for the importation of prostitutes, a sum which was sent to you as follows on 1 May. Please use your special good office to pay the entire amount.

    Remitter, Okamoto Shigeji

    Recipient, same.

---

11) 『朝鮮』 1944년 10월호, 87쪽 「女子挺身勤勞令公布됨」 참조. 여기서는 만 12세부터 만 40세까지라고 적혔지만 실제로는 소학교 일학년에서부터 징집하여 일본공장으로 보냈다. 증거품으로는 미 국가기록보존소 소장사진 SC111 290861호에, 일본 博多항구에서 배를 기다리는 수백 명의 '歸還全羅北道女子勤勞挺身隊'라는 깃발을 든 여자 아이들의 사진과 다음과 같은 설명문을 들 수 있다. 즉 Korean girls, age 8 to 14, who were brought to Japan to serve as war workers, await transportation back home (Hakata, Kyushu, Japan) Photographer-Jordan, Photograph by U.S. Army Signal Corps. 19 Oct 1945. 이 사진에서 보는 어떤 여자애는 정말 만 7세짜리로 밖에는 보이지 않는다(사진1을 볼 것). 당시의 패닉심리는 중국에 사는 한인 사회에까지 퍼져 대학을 졸업하고 집에서 놀고 있는 젊은 여성에게도 일본으로 동원령이 내렸으므로 나이 많은 노인과 결혼한 현상도 목도했다. 참고로 필자의 당시의 신분을 말한다면 가친이 교회목사로 중국교회와 한인교회 두 쪽을 모두 맡고 계셨음으로 간혹 취직미끼로 인육(人肉)업자에 속아 기생집에 보내져 접객 직전에 교회에 보호를 청하려 뛰어 들어와서 귀향을 주선한 사례들을 보았다. 단 이들 인육장수들은 모두 먹고 살기 위한 한인이었다. 가친은 아직 생존하시고 당시 고국의 경상도 지방신문에 미담으로 소개도 되었었다.

Amount, 76,000(?)

Bank on which drawn, Mokyo Ginko

Adressee, ..IG.. Keijo Naikoku(?) Ginko

2) S-12382

Keijo - Kalgan   WS15184   13 June 1945

003

Re your #13. From the Zaimukyoku(Director of the Bureau of Financial Affairs).
Regarding the funds for the hiring of prostitutes. Regulations of the Okurasho
(Finance Minister) make it difficult for us to send the funds, but we are endeavoring
to take care of the matter.

3) S-14807

Keijo - Kalgan   WS 19167   6 August 1945

065

Re Your 50. Refunds for the importation of prostitutes for the exclusive use of
the local army. KOREA has also received these funds in JAPAN, and, at the local
army's urging, it is intended to release local deposits amounting to ten times the
amount of the remittance.[12]

이상의 세 전문에 나오는 prostitute라는 번역문은 "창녀"라는 뜻이 아니
라 "위안부"라는 뜻이 확실하다. 그 이유는 당시의 미군 일본–영어 용어
대조사전들은 위안부를 Prostitute로 대칭하고 있기 때문이다. 상기(上記)한
첫 전문은 Kalgan 즉 내몽고 장가구(張家口)에서 서울 조선총독부 재무국
에 1945년 6월 4일 보내진 긴급암호전문인데 통신송출기관은 일본 외무성

---

[12] 이 문건은 RG 457, Records of the National Security Agency, Entry 9011 Japanese-German
Diplomatic Messages, Box 153 또 RG 457, Historic Cryptographic Collection, Pre WW I through
WW II, Box 900에 담겨져 있는데 마지막 것을 근래 찾고 필자의 위안부에 관한 앞글에서
해석한 것이 미흡한 점이 있어 다시 수정했다.

내몽고 장가구공관(당시는 대동아성(大東亞省)이라고 했음)이었다. 내용은 내몽고 주둔군이 "위안부수입"을 위하여 자기들께 할당된 자금 7만 6천엔(?)을 긴급하게 보내라. 이 자금은 5월 1일 오까모도 시게지 명의로 서울모 은행을 통하여 당신들에게 보내어진 자금인데 수취인은 같은 오까모도로 몽강은행(蒙疆銀行)에 불입(拂入)할 것을 요청한 것 같다.

둘째 전문은 6월 13일 서울 총독부 재무국에서 장가구로 보내어진 것인데 그 내용은 일본정부 대장성의 규칙 때문에 송금이 곤란하지만 노력을 경주하겠다는 것이다.

셋째 전문은 서울에서 장가구로 8월 6일 보내어진 것으로 그 내용은 당신들의 제50호 전보(미국이 방수(傍受) 못함)건에 관하여 - 즉 일본 몽고지구군이 사용할 군위안부의 자금 건인데 조선총독부도 이(군위안부를 위한 할당된) 자금을 일본 내지 안에서 받았다. 그래서 당지 조선군(사령부)의 간청으로 할당된 자금의 10배에 해당되는 자금을 당지 은행에서 송출하겠으니 그렇게 아시기 바란다는 취지일 것이다.[13]

즉 이상의 전문이 보여주는 점들은 첫째로 일본정부(또는 일본군)에서는 각지 주둔군을 위한 군위안부 송출의 재정을 만들어 놓았고 이것을 각지 주둔 일본군에게 할당하고 있었다는 점, 둘째로 여기에는 조선총독부와 조선군사령부가 중요한 중개자로 존재하고 있었다는 점, 셋째로 군위안부 송출의 중심이 한반도이었다는 상황을 강하게 시사한다는 점이다. 다시 말하면 각지 주둔 일본군은 패전 직전까지도 한국에서의 군위안부 수입에 혈안이 되고 있었다는 점들을 간접적으로 보여준다고 생각된다.

1943년 3월부터는 「사치향략(奢侈享樂)면에 대한 비상조치요강(非常措置要綱)」이 생기고 유흥가의 단속이 심해지고 1945년에 들어와서는 한반

---

13) 필자는 이 3통의 암호전보의 번역에 미심쩍은 점이 있어 이 전보를 관리하고 있는 미 국방부 국가안전국 중앙안보처에 일본원문 그대로 보여줄 것을 신청해 놓고 있다. 1996년 9월 11일 현재 대기번호 502번이니 기밀해제 가부는 한참 걸려야 알려질 전망이다.

도 내의 환락가는 시들해지고 도시의 작부(酌婦) 접대부들은 벌써 고갈상
태가 오래되었다고 믿어진다. 대륙 각지의 일본군의 빗발치는 한인위안부
의 요구를 충족하려고 지금까지 사기수단으로 생처녀들을 위안소에 보내
오던 것이 여자정신대원의 강제 징집이 가능해졌으니 여기에서 얼마든지
임의차출이 가능해졌겠다고 추리해 볼 수 있는 것이다. 그래서 조선군사
령부는 몽고지구군의 할당액의 10배를 거리낌 없이 보낼 수 있었지 않았
나 생각하게도 된다. 하여간 이상의 세 전보는 중요한 내용을 포함하고 있
으며 많은 토론을 유발할 것이다.

일분군의 군위안부 기호(嗜好)는 대단한 것으로 다음과 같은 암호전문
도 있다.

RANGOON - BANGKOK   JBB WS 13332   18 SEPTEMBER 1944

About 20 persons including operators and laborers, members of the TAKENOYA
party scheduled to come here from FORMOSA to work for the CHOKUTON Naval
BUTAI here, are waiting in SINGAPORE. A recent change in navy policy caused by
change in the war situation renders it impossible for them to come here. Can we
get personnel from KOZANRO at your place instead?[14]

버마의 한 해군부대는 원래 대만에서 오게 되는 20명의 위안소 죽야옥
(竹野屋 ?)를 할당받았지만 전쟁이 급박해짐으로서 싱가폴에 묶여 못 오게
됨으로 그 대신 태국 방콕에 있는 향산루(香山樓 ?) 위안소를 원하는데 가
능한가의 묻고 있다. 이것은 여기서도 일본 대동아성(大東亞省)의 태국과
버마의 공관이 군을 위하여 중개역할을 하고 있음을 보여주고 있어 주목
된다. 위 번역에 노동자라고 적힌 것은 아마 특요원(特要員) 비슷한 특수
단어로 미국 번역원이 이해하기 힘들어서 문의(文意)에 의하여 노동자가

아닌가 해서 의문부를 달고 적은 것인데 위안소업체의 이름들은 대개 ya
(屋) 아니면 lo(樓)가 고유명 뒤에 붙음으로 업소라는 것을 알게 된다.

일본정부 또 일본군은 여러 나라를 점령한 일본군대에 계속적으로 위안
부를 배당하지 않으면 점령지역의 여인들을 함부로 겁탈함으로써 그렇지
않아도 전세(戰勢)가 좋지 않고 반일감정이 높은데 기름을 부을 가능성이
있어[15] 위안부의 염출원(捻出源)으로 한국이나 대만을 지목하게 된 것이
다. 일본군의 요구에 부응하기 위하여 젊은 여자를 징집하여야 될 것이었
으며 이에는 공권력의 동원이 필요한 것은 불을 보듯 뻔한 것이며 패전직
전에서는 정신대징집과 연결되어 패닉을 일으킨 것이다.

한국인은 원래 일본식 유곽과 인신매매제도에 큰 저항감이 있었는 데다
자기나라에서는 직업여성을 데려가고 한국에서는 생처녀들을 속여 또 강
제로 데려갔음으로 대일 증오심이 그렇게 증폭된 것이라 할 수 있다.

4. 버마전선(前線)에서의 군위안부 귀향문제

미국 국가기록보존소에는 제2차 대전 당시 미군의 손에 들어간 일본군
의 일기들이 여기 저기 많이 산재하고 있다. 그중에서 인상에 남는 T중위
의 일기의 줄거리는 다음과 같다. 즉 1918년 일본 큐슈(九州)에서 태어나
1935년 중학교를 졸업하고 1938년 현역병으로 입대하여 만주 중국본토 등
에서 전전(轉戰)하다 1943년 1월 소집해제로 고향에 돌아가 11월에 결혼

---

[15] 미국 OSS의 심리전요원들도 이점을 숙지하고 있었음으로 일본군이 들어오기만 하면 노동력
의 강제징집과 젊은 여자들의 위안소 징집이 쌍마차처럼 병행할 것이라는 전단을 많이 뿌
렸다. 그중의 두 건을 인용한다면 하나는 "大日本司令官의 布告"로 "日軍愛護民衆 凡當地之
保民. 應隨時服從命令 對日軍之所要 徵募靑年婦女 籌辦慰安所 必須立卽實行"이란 것이 있
고 또 하나는 화보 전단으로 농민이 농사하는 것을 보면 잡아가 죽도록 일을 시킬 것이며
추녀도 여자라면 보기만 해도 잡아가 위안시키니 일본군이 들어오면 모두 도망가는 것이
낫다는 내용을 담았다(附圖 참조). RG 226, OSS檔, E99, Box 84.

1944년 7월에 재차 소집되어 버마전선으로 향한다. 1944년 1월 1일부터 적기 시작한 일기에는 9월 7일 철도로 태국에서 버마로 들어가 18일 버마 중부의 대도시 만달레이에 도착, 여기서부터 약 700킬로를 도보로 행진하여 10월 31일 중국 운남성(雲南省)으로 들어가 곧 망시(芒市) 공방전에 참가, 11월 3일 새벽 국부군이 점령한 '고부'산의 탈환 결사대장으로 기용된다. 마지막 돌격으로 죽기 전에 처에게 대한 작별인사가 난폭하게 적힌 일기가 국부군에 노획되었다. 보통 일본군인의 일기 마지막에 나오는 '천황폐하 만세' 따위는 일언반구도 없고 일기 중에는 매일같이 단지 자신의 신혼 처에 대한 애정이 절절히 넘치는 글을 적었다. 그러나 여기서 인용하려는 것이 둘 있다.

첫째는 만달레이에서 매일같이 공습을 맞으면서 곤란한 도보행군을 가는 곳곳에 "조선 삐이" 집이 있어 술 먹고 김치를 먹고 쉬고 갔다는 대목이요, 둘째는 목적지로 행군 중 처절했던 미치나(미이트키이나로도 적으나 잘못됐음) 공방전에서 패퇴(敗退)하여 퇴각 중인 마루야마 부대에 "역전의 용사" 제2기관총 중대장 송(宋) 중위가 살아 있었다는 대목이다.[16] 후기하다시피 이 마루야마 연대장은 호색으로 유명했다. 일본여자를 주체로 한 위안소는 대체적으로 후방에 위치했고 사지(死地)인 전선에는 한국인과 중국인 업소를 배치했고 마음대로 후퇴도 불허한 점이 이들 군위안부가 소모품으로서의 sex slave인 면을 보인다 하겠다. 미치나, 등충, 송산 공방전에 있어서 큰 피해를 입은 위안부들의 대부분이 한국여성들이었는데 여기서 그들이 당한 처지를 간략히 서술하면 다음과 같다.

---

16) 이 일기장은 승전한 국부군이 전쟁터를 정리하다가 찾은 것으로 미국 OSS 버마 파견대에 넘겨졌고 당연히 이 일기의 주인공은 전사한 것으로 인식되었고 미국 국가기록보존소에 소장하게 된 것이었다. 이 일기를 보고 흥미를 느낀 필자가 일본의 지인을 통하여 이 복사물을 유족에 전달 요청했더니 천만의외로 그가 생존한 것을 알았다. 중상을 입고 후송되어 일본 항복 후 귀환했다. 그 아들들이 부모 결혼 50주년 기념으로 이 일기책을 책으로(비매품) 펴냈는데 "조선 삐이" 집이라는 원문은 모두 "조선 요리점"으로 고쳐 놨다.

가) 미치나. 서울 재주(在住) 일본인 요리점 주인 기다무라 부처는 조선 군사령부의 조종하에 취직 등 사기 수단으로, 미리 건네준 준비금으로 속 박한 처녀들 22명을 데리고 딴 700여 명의 한인 여성과 같이 새로 점령한 버마에 가게 된다. 기다무라는 이곳저곳에서 지정영업하다가 마지막으로 미치나에 배정되었다. 이곳에는 이미 위안소 두 곳이 있었는데 한 곳 모모야(桃屋)는 중국 광동성에서 끌려온 여인들 21명이 있었고 "긴수이"에는 한인 위안부 20명이 있었다. 이들은 모두 제114보병연대의 나가스에 대위의 감독 관리하에 놓였었다. 1944년 5월 중순부터 시작된 미군과 중국군의 합동공격이 7월 31일에는 도저히 감당하기 힘들게 되자 마루야마(丸山)연대장은 건강한 군인 600명과 위안부 60여 명을 대동하여 이라와지강(江) 동쪽의 바아모를 향하여 적전(敵前) 후퇴하게 되었다.[17] 이때 원래 25명이었던 중국위안부 중 3명은 포격으로 사망하고 2명은 부상을 입어 따라가기를 원하지 않자 이 연대장이 쏘아 죽였다고 했다.

　　逃出魔窟的姉妹群

　　兩個月前, 我軍攻占密芝那前後, 沙東突然來了二十位廣東女人. 她們的故事是悲慘的.
　　五年以前　她們在家鄉被敵人抓入魔窟,　在慰安所裏度着沒有白天和夜晚的生活. 以後, 又跟着敵軍由廣東徒到香港, 上海, 泰國; 再由泰國來到緬甸. 我軍圍攻密芝那的時候, 她們正在密芝那的慰安所裏受着苦痛的煎熬. 那時, 她們的人數　一共是二十五個, 後來三個在轟炸裏死去, 兩個也因轟炸受傷. 但我軍攻城的砲聲, 使她們死水似的心裏起了激動, 孕育着一個新的希望. 到了密城危急, 敵軍一位梁大佐命她們先還往八莫, 受傷的兩個因爲傷重不願去, 結果被大佐打死. 在退還

17) South-East Asia Translation and Interrogation Center, Interrogation Bulletin(Psychological Warfare) No.2(1944 November 30) 중의 para 4 'The Notorious Col MARUYAMA'와 para 9 'A Japanese Army Brothel in the Forward Area', National Archives RG 165 E 79 Box 2303, U.S. Office of War Information. Psychological Warfare Team attached to U.S. Army Forces India-Burma Theater. Japanese POW Interrogation Report No.49(October 1, 1944), '20 Korean Comfort Girls' 등 참조.

八莫的路, 日軍在先頭帶路, 其次是二十五位和她們同樣命運的朝鮮女子, 最後便
是她們二十個. 她們事先商量妥當, 就乘前面敵人不注意的時候 躲進路傍山林裏,
想逃到國軍的駐地. 但她們每天在山林裏轉着, 每天都找不出路徑, 認不淸方面.
儘管飢餓, 寒冷, 蚱蟥和蠅蚊侵襲着她們脆弱的身體, 她們却仍然在山林裏流轉着.
她們流轉了十五天, 吃了十五天的 竹筍和野菜, 才到了沙東.......

　　她們二十人中, 有兩位年紀四十多歲的老婦人, 在慰安所裏 替她們煮飯洗衣的;
還有一位八歲的女孩, 是一位老婦人的女兒.　其餘十七位的年紀都是二十四歲左
右. 而她們的靑春却已在慰安所裏悄悄萎謝. 她們在慰安所裏, 每天只有兩頓飯吃,
〈皇軍〉們來尋求"慰安"的費用, 要被抽去十分之九的〈花捐〉. 想一想, 五年慰安所
的生活, 那簡直比地獄裏的生活還不如啊![18]

이 부상을 당하여 따라가기를 원하지 않은 2명의 중국여성을 죽인 것으
로 생각되는 마루야마 대좌는 패전 후 일본에 생환하였고 심문도 받았으
나 미군에게 아무 처벌을 받지 않았다.

한국인 위안부의 신문기록에도 그들이 미군에게 포로가 된 사실을 삐라
로 산포하지 말아달라고 요청했었다. 그들이 포로가 된 것을 알면 일본군
안의 다른 위안부들의 생명이 위험하다는 것이었다. 즉 성(性)으로 군과
행동을 같이 하지 않으면 죽어야 되는 존재가 과연 요새 일본우익에서 말
하는 "돈벌이를 위하여 행한 상(商)행위"이었는지 알고 싶다.

한편 중국 위안부 그룹보다 앞서서 행진하던 한인 위안부 그룹은 미치
나시(市) 동쪽 이라와지강 건너편에 위치한 Waingmaw시 부근의 강변가

---

18) 1944년 10월 17일 重慶판 『大公報』 기재 리포트 "滇緬邊界國軍會師經過" 참조.
　　버마에서 해방된 중국인 위안부는 버마 내에서 같이 진격하고 있던 盟邦中國의 여성이어선
　　지 대우가 좋은 것 같고 사진도 많이 남아 있는데 모두 "강제"로 잡혀서 위안부 노릇을 했
　　었어야 됐다고 적혀 있다. National Archives RG 208-AA-314 J의 4매 사진과 뉴스 릴 참조. In
　　the Sitting area, where the Japanese 28th Army was cut-off and annihilated in its attempts to
　　break out from Burma into Siam, many prisoners were taken. With them were found a small
　　party of Chinese girls forcibly employed by the Japs in their "Comfort Corps". With the prisoners
　　captured in the Penwecon area along the Toungoo-Pegu Road, were Chinese girls taken into
　　captivity at Canton and forced to act as a "Comfort corps" to Japanese soldiers. Cpl. Gallaghor,
　　of Manchester, brings five of the girls to safety.

집에서 8월 10일 발견되어 잡혔는데 8일간 군인 뒤를 따라 다니다가 쳐져 길을 잃고 다시 강변에 도착했었다. 이들이 전쟁 종결 후 중경을 통하여 송환됐는지 해로를 통하여 송환됐는지 또는 당지 민간에 흩어졌는지 현재로서는 알 길이 없다. 당시의 영국군 휘하의 인도군이 부녀약탈 등 규율이 낮았던 것은 여러 문헌들이 말해 주고 있는 바다. 또 동행한 다른 20명의 한인 위안부가 어떻게 됐는지 확실한 기록도 없다. 미치나 공방전에서 일본 군은 790명 죽고 1180명이 부상했으며 병상자(病床者)가 태반인 포로 187명 이 잡혔다. 또 중국군은 972명 사망하고 3184명 부상했고 미군은 272명 사 망에 부상자는 955명이었다는 통계가 있다.[19] 이 마루야마 연대장 휘하에 는 한인 장교로 제2 기관총 중대장 송모(宋某)씨도 동행한 것으로 알려지 고 있는데(전출 10월 30일자 일기 참조) 그가 생존하고 있다면 어떤 증언 이 있는지 모른다.

　나) 송산(松山: 拉孟). 버마 서북변경의 미치나와 이곳에서 동쪽 직선거 리로 약 70킬로 떨어진 운남성(雲南省)의 등충성 또 여기서 30킬로 떨어진 노강(怒江)의 혜통교(惠通橋)를 내려다보는 송산은 국민정부의 보급 루트 인 소위 Burma Road의 요충지대로 일본군의 북버마 진공목적은 이 지구를 점령하여 버마 공로(公路)를 차단하는데 있었고 또 성공하였다. 이 운남성 최전방의 두 지구는 일본군이 2년에 걸쳐 요새화한 곳으로 1944년 5월경부 터 중국군은 미국의 신식무기 보급과 미국 고문들의 자문을 받아 이곳을 공격하기 시작했었다. 이러할 경우 이 두 곳에 있는 위안소들은 응당 후방 으로 철수시켜야 옳은 것인데 일본군은 그것을 하지 않았다. 성적 도구는 전쟁의 소모품에 지나지 않는다는 발상이었다고 생각된다. 따라서 이 두 곳의 대다수 한인 위안부와 소수의 일본 위안부는 모두 비참한 최후를 당

---

19) Charles F. Romanus ann Riley Sunderland, *United States Army in WW II, Vol. 9. Stilwell's Command Problems* 참조.

할 처지에 놓인 것이다. 이곳의 수비대장 가네미쯔 소좌 휘하 보병 제56연대와 제113연대 약 1200명이 지키고 있었는데 9월 7일 소위 "옥쇄(玉碎)" 후 살아남은 일본군인은 포위망을 뚫고 도망갔다고 추측되는 10명과 포로 9명이었고 위안부 5명 정도를 포로로 하였다.[20] 또 이곳의 공격을 담당한 국부군 제8군이 인근 망시(芒市)지구 공략전에 참가하고 있던 제6군에 통지한 9월 5일의 전과 중에는 제103사단 307단(團, 단은 연대)이 송산 "황가수정(黃家水井)"을 점령했을 때 이 고장에서 106명의 시체를 확인했는데 그 안에는 중좌 1명과 여자 6명의 시체가 있었다고 했다.[21] 보통 일본군 위안소의 인원이 20명 정도인 것을 생각하면 8명 정도가 매장당한 것이 되며 위안소가 둘 있었다면 적어도 28명 정도가 이 근처에 매장되어 있는 셈이 된다. 이곳을 점령하는데 중국군은 7,675명이나 전사하였으니 일본 군인 하나 죽이는데 국부군 7명이 전사했어야 했다.

다) 등충(騰衝: 騰越). 약 3,000명의 일본군 수비대(약간의 버마와 인도인 포함)가 방어하던 이 요새지는 압도적 우세의 중국군 공격을 혈전으로 지탱하면서 수 개월간 버티다가 드디어 9월 14일 완전 소탕되었다(이곳의 격

---

[20] 이곳 전투 중 살아남은 위안부의 사진들이 미 국가기록보존소에 있다.
  · SC 247349. Tec 5 Meyer L. Tinsley, Yarnaby, Okla., gives first aid to Japanese girl wounded by Chinese 8th Army artillery and taken prisoner from cave on Sung Shan Hill where Jap soldiers were all killed trying to hold the cave.
  · SC 230148. A Japanese girl captured in Village on Sung Shan Hill by Troops of Chinese 8th Army. When all Jap men were killed in cave, the Chinese soldiers found this girl hiding in corner of cave. Chinese soldiers calling army HQS to tell of the capture. 이 여성은 전자와 다르다.
  · SC 230147. Four Jap girls taken prisoner by troops of Chinese 8th Army at village on Sung Shan Hill on the Burma Road when Jap soldiers were killed or driven from village.
  · SC 247386. Captain Shia Kei, General Staff, 8th Army Headquarters and Sgt. Arther L. Bixler, Centerville, South Dakota, American Liaison Team with the 8th Army, question Korean Women captured on Sung Shan with Japs.

[21] 黃杰 편저, 『滇西作戰日記』, 臺北: 國防部史政局, 민국 71년, 307쪽 참조. 이 고장은 조사결과 작전지도에 "洪家水井"이라고 적힌 것과 동일시된다. 아마 전화로 연락되어 비슷한 발음이 되어 오기된 것이다.

전양상을 담은 미군의 사진들을 소개한다). 이곳에 몇 명의 위안부들이 있었는가에 대하여서는 의견이 분분했다. 센다 가고오(千田夏光)는 약 40명의 위안부가 있었는데 그중 30명 정도가 한인이었다고 적었고,[22] 김일면은 여기서 생환한 일본인 중위의 '옥쇄'를 인용하면서 7명의 한인위안부가 있었다고 했었다.[23] 한편 중경(重慶) 중앙일보(中央日報) 특파원이 1944년 8월 23일 보도한 바에 의하면 이곳에는 구석들에 몰린 일본군 3~400명 과 부상자 500중에 아직도 30여 명의 한인 영기(營妓)가 생존하고 있는데 언제 죽을지 모르는 왜놈들은 "고생나무 밑에서 거문고를 연주한다"는 속담처럼 죽을지 살지 모르는 처지에서 쾌락만 추구하고 있다고 비웃고 있다(城中尙有朝鮮營妓 30餘名 不知死活的倭寇 眞是黃蓮樹下操琴 苦中作樂).[24] "영기"란 병영(兵營) 안의 군기(軍妓)의 약자이고 이 보도는 성(城) 안에서 도망 나온 노무자에게서 얻었다고 했다. 그러면 이중 몇 명이 이 전투에서 살아났는가? 앞에 인용한 황걸(黃杰) 장군의 작전일기를 보면 9월 16일 기재에 "아군 각부는 13일 밤부터 부단히 맹공격을 가하여 14일 아침 10시까지 적을 완전히 숙청하였는데 적의 장병 20여 명과 위안부 13명을 포로로 하였고 전리품은 헤아릴 수 없이 많았다"고 적혀 있으니 최소 17명 이상이 죽은 것이 된다. 이들 위안부의 조사기록은 아직 찾지 못했는데 대만 국방부에는 기록이 있을 것 같고 또 당시의 국부군 기관지『소탕보(掃蕩報)』는 미국에서는 볼 수 없는 것이지만 여기 기사들이 실려 있을 가능성이 많다. 죽은 위안부에 대한 기록도 계속 나올 가능성이 있지만 여기서는 어렵게 찾은 이들의 매장장면을 찍은 사진과 부수되는 설명문을 제시한다. 도랑

---

[22] 千田夏光,『續 從軍慰安婦』, 講談社文庫版, 1985, 21쪽. 또『從軍慰安婦 慶子』, 光文社文庫版, 1981, 254쪽에는 38명인데 拉孟 騰衝지역의 조선인위안부 61명, 일본인 위안부 16명이었다는 취지의 기술이 있다.

[23] 金一勉 편, 앞의 책, 214쪽.

[24]『中央日報』, 1944년 9월 17일 수록. 黃蓮樹는 또 黃棟樹라고도 하는데 잎사귀나 뿌리를 씹으면 매우 쓰기 때문에 고생 고난을 묘사할 때 사용한다.

을 파서 위안부 시체들을 그 속에 던지고 있다.

　　매장인원들이, 국부군과 일본군이 쟁탈전을 벌렸던 등충에서 죽은 여성들을
매장처치하기 시작하였다. 그들의 대부분은 일본군 병영에 억류됐던(kept) 한
국인 여성들이다. 사진기자 프랑크 맨워렌. "Photo by T/4 Frank Manwarren.
Burial party starting to work at interring the women killed at Tengchung while the
Japanese and Chinese troops fought over the city. Most of them are Korean
women kept in the Jap camp" (CBI-44-60371).

　　김일면은 '옥쇄'를 인용하면서 마지막 수비대 지휘관으로 뽑힌 오오다
(太田) 대위는 지금까지 부상병의 식사와 대소변을 거들고 있었던 한인 위
안부 7인이 살아남으면 "일본군의 내부정보가 샐 것을 두려워하여" 죽이기
로 결정하고, 밤에 여자들이 공포와 피로로 지하호 안에서 자고 있는 것을
두 발의 수류탄으로 처치시켰다고 했다.[25] 한편 센다 가고오(千田)는 다른
증언을 채용하고 있다. 그것은 일본인 위안부 8~9명은 군인들과 같이 전투
하다 죽든가 최후의 돌격을 결정한 전날 밤(12일) 수류탄이 터져 집단 자
결했다, 일본 위안부들은 한인 30여 명을 성벽 밖의 산림 속으로 피신시켰
다, 이것을 살아서 사단사령부에 보고하라고 탈주명령이 내려진 11명중 유
일 생존자라고 주장하는 한 포로병(吉野孝公)이 이 30명을 숲 안에서 보았
다는 것이고 수용소에 가보니 등충에서의 일본 군인 포로는 한 명도 없었
고 일본인 위안부가 6명 있었는데 그들도 등충에서 온 여자들이 아니라는
증언이다. 그러나 이 생존자의 증언이 확실하지 않은 것은 이곳에서 20명
의 일본 군인이 포로 되었으며 그들은 매우 건강하게 보여지고 있는 사실
이며(사진 참조 SC 247372호 사진) 성 밖에서 13명의 한인 위안부가 포로
가 됐지만 수비대가 마지막 저항하던 시가지 한 모퉁이에서는 15명의 "한

---

25) 金一勉 편, 앞의 책, 216쪽.

인 위안부"와 아기 시체가 쌓여져 있었다는 중국기자의 현장보도가 있기 때문이다.

　　적이 완전 숙청된 지 한 시간도 안 되어 나는 곧 시내로 들어가 전장을 탐색 하였다. 화약과 피비린내 냄새는 시가에 충만했으며 형제들은 전리품을 가득히 들고 웃으면서 돌아오고 있었으며 통신병들은 전선줄을 걷느라고 분주하였다. 동문(東門)의 피복공장에서는 아직도 연기가 오르고 있었으며 몇 명의 사병들 은 잿더미 중에서 전리품을 찾고 있었다. 그 사이에 적의 시체는 여기저기 흘 어져 있으며 와력(瓦礫) 사이를 조금만 부주의하면서 걸으면 저 말랑말랑한 신 선한 시체를 밟게 되는데 머리가 터지고 피가 흐르며 밸이 나오고 팔이 떨어져 나가고 각색각양의 무서운 형상은 눈떠서 볼 수 없었다. 담모퉁이의 15명의 조 선인 군위안부의 시체는 한 곳에 쌓여 있었는데 가슴과 유방이 들어 내어져 있 었고 홍색 녹색 옷들이 서로 얼룩거렸으며 그중에는 아직 기저귀를 찬 아기까 지 끼어 있었다(『中央日報』 1944년 10월 16일 彭河淸기자 집필 〈騰衝之捷〉 참 조).

　　敵人剛肅淸不到一小時 我卽趕入城中......牆角裏十五具朝鮮營妓的屍體 堆陳 一處 袒胸露乳 紅綠相映 當中還夾着一個褓褓嬰兒

　　필자가 보기에는 이곳 15명과 아기가 쌓여 있던 장소는 일본군이 압박 되어 마지막 저항하던 성(城, 일변 약 1000미터 정방형) 안의 동북 모퉁이 였으므로[26] 여기 위안부들이 몰려서 군인의 성처리, 세탁, 취사, 간호, 탄 약운반 등을 맡고 있었다가 12일 밤 최소 7인으로 추산되는 한인 위안부가 처단되었고 8~9명으로 추산되는 일본인 위안부의 일부는 자살했든가 벌써 시가지 여기저기에서 죽었을 것으로 판단된다. 따라서 이곳의 15명의 군 위안부 시체는 최소 절반 이상이 한인의 시체이며 아기는 물론 한인 군위

---

[26] 이곳의 전투와 지형에 대하여는 國民革命戰史 第三部 『抗日禦侮』 第九卷(臺北 민국 67년), 防衛廳防衛硏修所戰史室 『戰史叢書 イラワジ會戰』(1974) 등 참조.

안부의 아기인 것은 한국여성들이 나이 어린 처녀들이 많았기 때문이다. 그래서 탈출행에 참가한 한인 위안부는 20명 좌우로 생각되고 그중의 7명 정도가 유탄에 죽거나 사살당한 것으로 짐작된다.

이 처참했던 아시아판 스탈린그라드 공방전을 국민정부에서는 뉴스 다큐멘터리로 만들어 놓았다고 당시의 신문은 보도했으니 이들 죽은 위안부의 참혹상과 생존한 위안부의 영상들이 혹시 남아 있을 가능성이 있어 주의를 환기해 둔다. 버마에서 중국 운남성에 들어간 일본군의 수는 약 일개 사단이었으므로 여기 배속된 위안부는 약 300~500이라고 센다(千田夏光)는 추산한다(앞글 41면). 그런데 버마의 살아남은 일본군 8개 사단 부대들은 영인(英印)군과 미군 또 국부군에 밀려 태국 쪽으로 후퇴작전을 하게 되어 한인 군위안부가 일개 사단에 보수적으로 따져 200명이었다고 쳐도 태국에 후퇴한 군위안부는 1,600명은 되어야 된다. 또 태국은 원래 동남아 군위안부 배급의 중간기지였으며 여기에도 일본군이 다수 주둔하고 있었음으로 버마와 태국의 일본군 에 배당된 한인위안부는 최소한 2,000명은 있어야 됐는데(최대 5,000명) 일본 패전 당시 이곳의 한인위안부는 1,500명으로 집계되고 있다.[27] 적어도 1,000명 정도가 여러 가지 원인으로 사망했을 가능성이 많다. 전쟁터에서의 사망, 후퇴 시 밀림에서의 사망, 토착인에 의한 유괴, 인도군이나 소수민족 용병들에 의한 납치 등을 상정할 수 있다. 또 태국에서 배를 타고 귀향한 군위안부가 몇 명이나 되는지도 확실치 않다. 필리핀에서 볼 수 있는 승선자명부가 없기 때문인데 알다시피 태국 민간에 지금껏 한인 군위안부 출신들이 생존했었다.

---

27) RG 226. OSS당 ; XI 20581 Siam-Korean Organization, Date of Report 7 September, 1945. 참고로 기타 한인들의 숫자를 적으면 연합군 포로수용소 수용 900명, 일본군 수속 5000명 도합 7천 4백 명이었다.

5. 태평양방면에서의 귀환

(1) 필리핀

필리핀에서의 한인 노무자 군인 위안부의 귀환자명단 또 포로수용소 수용자명단은 꽤 남아 있다. 미 국가기록보존소 Supreme Command of Allied Powers 상자들의 Legal Section 부분에 많다. 그러나 대부분은 일본이름을 쓰고 있으며 또 필리핀에서는 민다나오섬에 옛날부터 일본 이민가족들이 많이 살고 있었음으로 이들의 송환에 섞인 한인여성 이름을 특정하기 곤란하다. 한국에 송환된다고 명기한 이름에서 조차 Poku, Soki라는 이름이 여자인지 남자인지 구분하기 곤란하다. 그럼으로 그들이라고 생각되는 이름에 한하여 또 이미 알려진 상자에서 나온 것에 한하여 적어 본다.

1. Kanemura, Eiko Shimizu, Kichijun (Shipment A-6, Vessel Etorofu. Port of Embarkation Manila, 45/12/15). (Box 1141)

2. Saito, Kaoru (Keisho hokudo)   Sakamoto, Keiko(Fusan Daichin cho)
   Shinzun Junko (Keishonando)   Kanai, Sashiko(Keishohokudo)
   Kanazawa, Hanako (Keisho nando) Kayadani, Harue(Fuzan)
   Ishiyama, Sumiko (Fuzan)   Mindanao POWCamp No.1 (Box 1141)

3. Saishi, Getsuri (Luzon POW camp No.1. Released on 10 December 1945 for reparation to Japan aboard Vessel IOH). 이 배의 승객명부를 보면 200명의 일본여자 이름과 한명의 남자이름이 있다. (Box 1168)

4. Ko, Shiho   Shei shi, Hisae   To, Kinse   So Ten J.   Lin shue Jyu
   Ka, Fuko   Boku Tai datsu   Shiromoto Kyoufun   Kin Chu I
   이들은 미 호위함 제60호를 타고 송환된 일본여성들 이름 사이에 있다. 그러니 일본이름으로 승선한 여성이 더 있을 것이다.

5. Ni Shin Lei   Tominaga, Momoko   Kaneyama, Yoshiko
   이들은 미 호위함 81호로 1945년 10월 11일에 일본에 송환된, 절대다수가 일본 여성으로 구성된 명단 안에 있다. 이 밖의 여성 승선자 명단이 더러 있으나 한인으로 특정될 근거가 없어 생략했다.

6. Kanemoto, Kainan M   Kenemoto, Yoi K   Sonoda, Kindan

    Sonoda, Soran   Matsumolto, Yanigi   Li Jun E

    Cho Kin Guioku   Li Ko Sui   Ko Tei Jun

    Kim Sai Jun   Oyama Fukujun

이들은 일본 배 미끼환으로 일본행 배를 타게 되는 명부에 나타나는데 여성이 178명 좌우이고 남성이 65명 정도이다. 이 배에는 한인 군위안부 들이 많이 탔다고 생각된다. 그 이유는 이 배에 탄 가네모도 姉妹와 소노 다 姉妹 그리고 마쯔모도 야나기는 다음 문서에서 볼 수 있듯이 한인이 기 때문이다.

163D Detachment (163LD- 1 0223)   21 May 45

Combined Enemy Alien Preliminary Interrogation Report

(이하 우리 글로 내용의 개요를 든다)

1) 개개인의 신상파악

이름: 가) 마쯔모도 야나기   나) 가네모도 모모꼬(자매)   다) 가네모도 요이 라) 소노다 긴란   마) 소노다 소오란(자매)

국적: 한국, 직업: 일본군 위안부, 포로된 장소: 루존 섬 타야바스 주 딩가란 만(灣)

포로된 날짜: 1945년 5월 19일

2) 건강상태

모두 건강이 극히 불량, 지난 10일 동안 풀만 먹고 살았다. 국사적 지식 없음. 추후 심문 불필요.

3) 이들 여자들의 가족들은 모두 매우 가난했다... 그들은 대만 臺中으로 보내어져 육군에 고용되었다.... 그들은 한국에 돌아갔고 1944년 4월 29일, 일본인 과 한인이 섞인 62명이 필리핀에 보내졌다. 이들은 당지 일본육군이 고용하고 있었다. 필리핀에 도착하자 그들은 여러 그룹으로 나뉘어 각지의 군영(軍營)으

로 분산됐다. 이들 적성외인(敵性外人)들을 포함한 10명은 클라크비행장 부근의 히구찌 부대로 보내어져 다니구찌라는 자가 경영하는 위안소에 머물게 되었다. 이곳에서 이들은 나까무라 부대에 배속됐다. 1945년 1월 10일 이들은 이곳을 철수하는 중 스즈끼 대좌와 그 부대를 만났다. 스즈끼는 이들에게 적군에 포로가 되면 일본의 치욕이 되니 자기 부대로 따라 오라고 명했다. 행군 중 1명의 위안부가 죽었고 2명은 병으로 "이포"에 버리고 떠났다. 1월 하순경 "이로이로"에 도착했다. 이들은 굶주림으로 많은 병사들이 행군도중 죽는 것을 보았다고 말했다. 약 3주 전 스즈끼 대좌는 약 300명의 건강한 병사를 거느리고 "우마라이"로 향했고 총으로 무장했다고 이야기하였다. 이 부대는 산으로 향했고 해안선으로 가지 않았다고 했다. 두 여인이 이 부대를 따라갔으나 5명은 살기 위하여 떨어져 나가기로 결정했다. 이들은 해안선을 따라 북쪽으로 향했고 5월 18일 1척의 LCM상륙정이 연해에서 언덕 쪽을 향하여 포격하는 것을 보자 물속으로 뛰어 들어가 손을 흔들고 고함을 질렀다. 이들은 구조되어 "딩가란"만으로 보내어진 것이다. 보병 육군소위 Hugh Hannaford 서명.[28]

필자가 위안부에 관한 앞글에서 지적했듯이 위안부에 자매들이 많은 것은 속아 갔다는 것을 강하게 말하고 있으며 필리핀의 일본인, 대만인, 한인 송환기록은 가장 자세함으로 이들 명단을 상세히 검토하여 더 자세한 자료를 얻을 수 있을 것도 같다.

(2) 태평양과 인도양 섬들에서의 귀환

오키나와의 경우 필자의 앞 논문에서 지적한 바와 같이 SCAP문서 제1967번호 상자 속에는 Korean Women to be evacuated to the homeland라는 제목하에 147명의 여성이름이 한국 이름 일본 별명 그리고 고향의 주소 순

---

28) RG 332, Far Eastern Command, Box 4005에 포함. 이들이 1944년 4월 29일에 한국을 떠났다는 서술에 주목하여야 될 것이다. 이때는 미군의 사이판섬 상륙 직전으로 한반도와 필리핀 간의 선박사정은 매우 불안정한 때이었다. 그러니 남쪽으로 실려 가던 위안부들을 적재한 선박들이 침몰하는 상황을 想定할 수 있겠다.

서로 적혀 있다. 대도시 출신은 추적하기 편치 않으나 시골의 주소는 추적 가능한 것이 있어 인권문제 상 소개하지 않는다. 또 앞 논문에서 소개한 바와 같이 1명의 한인업주와 5명의 여성의 명단이 있기도 하다. 솔로몬군 도 뉴기니 방면의 보급기지 역할을 한 라바울에 한인 위안부들이 많았다 는 것은 문헌상으로 확실한 것인데 이곳에서의 귀환자 승선명부는 상당히 자세한데도 이들 여성의 명단이 없으며 이것은 Truk환초(環礁)의 경우도 마찬가지다. 소련군이 남부 사할린을 진공 중일 때 당지에서 한인 학살들 이 곳곳에서 자행된 사실로 비추어 보면 한인 출신 군위안부의 집단처형 은 항상 유념할 문제이다. 특히 Truk에서의 학살설이 두 소스에서 나오고 있으므로[29] 미군이 고립된 섬들을 진공할 당시 또는 항복을 받고 송환시 키기까지의 공백기에 이러한 만행이 저질러졌을 가능성이 많다. 일본군은 이런 면에서의 수치감에 민감했다는 것을 지적 안 할 수 없다.[30]

인도양에 고립된 안다만 열도(列島)에는 일본 패전시 8,927명이 주둔하 고 있었으며 군속이 아닌 일본국적인이 34명이라고 이 열도사령부에서 본 국에 타전한 암호전문이 있다.

---

[29] 하나는 西口克己의 『廓』(1969)이고 하나는 남양군도에서 귀환한 일본인 위안부의 증언이다 (미주판 『한국일보』, 1990년 5월 8일). 필자 1992년 논고 227쪽 참조.

[30] 미치나에서의 2명의 중국인 위안부 처형은 영미군에 자신들의 치부를 보이기 꺼려해서 저 질러진 것으로 해석하는 것이 옳다. 패전을 맞이한 태국에서나 필리핀에서 군위안부를 종 군간호원이라고 속였다는 증언들도 바로 그것이다. 트럭섬에는 일본 육해군 합하여 약 2만 명 됐으며 1945년 9월 8일 현재 당지 일본군이 본국으로 보낸 비밀전보에 의하면 육군만 14,293명이었다(SR 134520호 傍受電文). 이곳에서 한인 노무자(일본해군 산하) 3049명과 한 인 민간인 244명을 제1차 송환시켰다는 기록이 있으니(앞의 拙文 228쪽) 이곳의 군위안부의 수가 대부분이 한국여성인 12~13명이었다는 증언은(從軍慰安婦110番編輯委員會, 『從軍慰安 婦110番』, 明石書店, 1992, 28쪽) 語不成說이다. 트럭섬에서의 한인군위안부 학살설을 쓴 西 口 씨는 그 家業이 유곽경영이었음을 감안하여야 된다. 필자의 생각으로는 패전에서 美軍 進駐 간의 공백이 길면 길수록 異常심리에 빠질 염려가 있다. 미국의 한 일본인도서관 司書 는 필자가 군위안부에 대하여 글을 쓰고 자료를 제공한 사실을 발견하고는 지금에 와서 일 본에 망신을 줄 필요가 어디 있는가 하고 항의하며 필자의 어깨를 두들겼고 일본 체재 중에는 협박전화도 받았다. 망신에 예민한 것은 이해하고도 남으며 이런 경험에서도 패전 당시의 한인위안부의 처경이 여러 가지로 상상되는 것이다.

Andaman Sector(KYO): Army Officers 202, Noncoms 1166, Privates 3910, Civilians in Military services 39, Total 5317. Navy Officers 147, Noncoms 1315, Privates 1581, Civilians in Military Services 573, Total 3610. Japanese Nationals 34.

이런 해양 중의 고도(孤島) 등에서의 일본군의 귀환에도 한인여성들이 처형되지 않았는지 과연 현지에 유기된 것은 아닌지 당지에 주둔하고 있었던 한인 사병·노무자들의 증언이 절실한 것이다.

6. 맺는말

필자는 주로 미국 측의 자료를 이용하여 패전까지의 한인군위안부의 발자국을 추적해 보았다. 시간만 주어진다면 장래에도 좋은 자료들이 많이 나올 가능성이 있으며 기회 있을 때마다 자료축적에 힘 쓸 작정이다. 그러나 미국군 태평양 서남방면군의 번역통역부에서 편찬한『Amenities in the Japanese Armed Forces』에 인용된 일본어 문건들의 소재가 분명하지 않다. 미국 측에서는 일본군의 일본어문서는 거의 일본 측에 돌렸다는 것이니 뭐니 해도 일본정부에서 좀더 성의를 보여 자료를 공개 하여야 되지 않나 생각된다.

한인 위안부들은 패전 후 배를 탈 때까지도 짐승 대우를 받았다. 한 일본인 증언자는 다음과 같이 이야기 했었다. "귀국할 때 배 밑에 위안부 100명 정도가 타고 있었다. 그중에는 아기를 안고 있는 여성도 보였다. 배안에서 위안부들에 대한 취급이 너무 심하기 때문에 항의를 하니 하사관이 '인간 취급을 할 필요가 없어. 우마 이하(牛馬以下)이니까. 태워주기만 한 것을 감사해야지'라고 이야기했었다."(『從軍慰安婦110番』 28면) 이렇게 패전 후까지 천대를 받은 우마 이하의 존재이었던 것을 지금에 와서 일본 우

익 교수 문인들은 앞을 다투어 "그들은 명랑하고 봉사적이었다", "학대를
받지 않았다", "상행위(商行爲)이었고 돈을 벌었다", "강제연행이 1건도 없
었다" "미군도 나쁜 짓을 많이 했다"라는 글을 줄줄 쓰고 있는 현실이다.
이런 글은 또 "한일합방은 합법적인 것이며 한인에게 기여한 바 크다, 한
인도 인정하기 시작한다"는 변론과 병행하는 것이 하나의 특징이다. 어디
현재의 독일에서 체코슬로바키아나 폴란드 강점(强占) 미화 발언이 있을
수 있으며 유태인 천대학살에 대한 반박이 있겠는가? 이것은 분명히 해도
너무하다. 이런 추세로 방치한다면 다시 한국이 자기 것이라고 주장할 날
이 멀지 않은 것이다. 필자가 이 문제를 다루는 이유는 이것이 바로 한국
독립운동사연구의 일부분에 포함된다는 인식 때문이다. 나의 연구가 진정
한 한일우호 촉진에 도움이 되기를 염원하며 글을 맺는다.

❖ 『일본군 '위안부' 문제의 진상』, 역사비평사, 1997

송산(松山: 拉孟) 섬멸전 중의 한인위안부들

『정신대연구소소식』지 제26호에 실린 북한의 박영심 할머니의 증언과 관련하여 몇 가지 자료소개를 하려고 한다.

일본군이 버마를 점령하고 그 북단에서 중국 서남 변경(邊境)인 운남성 (Yunnan)의 송산(松山, Sungshan)을 점령한 것은 이곳이 국민정부와 그 국부군의 생명선인 버마 공로(公路)의 가장 중요한 요충지였기 때문이다. 물살이 쏜살같이 달리는 살윈강(怒江)에 높이 걸린 혜통교(惠通橋)가 내려다 보이는 해발 7000 피트의 고지에 위치한 납맹가(拉孟街, 전투 개시 시에 벌써 폐허가 되어 포기되었다)와 그 뒤의 송산 등 몇 개의 산봉우리와 그 사이에 축성한 일본군의 요새를 통틀어서 중미군은 송산이라 불렀고 일본군은 '라모오(拉孟)'이라고 통칭하였다. 또 미군은 이곳을 "Gibraltar of Burma Road"라는 별명까지 지을 정도로 2,000여 명의 수비대가 '난공불락'의 요새를 만들고 여기에 위안소를 두고 있었다. 이곳의 섬멸전을 서술한 기록과 전사는 많지만 일본군의 용맹성과 '장렬한' 최후를 기리려는 의도를 가진 것과 중국군 장령이 작전을 간략히 서술한 것들이 대부분이고 쓸만한 것은 국부군의 포로가 된 하야미(早見) 상등병의 증언 등을 수록한 같은 사단에 있던 시나노 미노루(品野 實)의 1981년 저서 『이역(異域)의 귀(鬼) — 납맹전멸(拉孟全滅)에의 길』등이 있을 뿐이다.

그런데 중국원정군(中國遠征軍, Y-Force)을 지원 고문하는 미군사령부 작전과(G-3)의『일일정황보고』는 운남성 국부군 각 부대의 작전보고를 시간별로, 보고 받는대로 작성한 사료적 가치가 풍부한 자료임으로 여기서 관련 기사를, 송산 여러 지구 공격보고 중 한 지구에 국한하여 소개하는 것이다.

· 1944년 8월 30일 8시. 제8군 통보. 103사단이 송산 TACHAI(大寨 ?) 공격 여기에 일본군 야전병원이 있는 것 발견(시나노의 서술에 의하면 위생대 진지 밑에 위안소가 있었다).
· 1944년 8월 31일 15시 30분. 제8군 통보. TACHAI마을을 공격예정.
· 1944년 9월 2일 10시. TACHAI 3분의 2를 점령.
· 1944년 9월 3일 13시 30분. 8군 통보 TACHAI마을을 거의 점령.
· 1944년 9월 3일 18시. 국부군 TACHAI마을 북쪽 전투에서 인원손실 많음.
· 1944년 9월 4일 9시. 중국군원정군 사령부 통보. 9월 2일 TACHAI 전투결과 일본군 시체 58개 발견. 이곳을 소탕 완료하여 黃家水井에서 격전 중. 아군 대대장과 중대장 수명 사망.
· 1944년 9월 5일 17시. 8군 통보. 어젯밤과 오늘 아침의 격전으로 마을 일대 점령. TACHAI에서 자살로 보여지는 성장(盛裝)한 여성시체 6구와 소좌 또는 중좌로 보이는 옷 잘입은 장교 시체 발견.
· 1944년 9월 8일 11시. 8군 통보(7일 20시 30분). 26명의 일본군 패잔병이 서쪽으로 후퇴, 용인, 포로 중에는 6명의 한국여성이 있음.

또 정보과의「매주보고」62호(9월 3일~9월 9일)는 다음과 같이 서술한다.
· 9월 5일 국부군이 송산 TACHAI를 점령하고 106명의 일군 시체와 6명의 한인 "Korean Comfort Girls" 시체를 발견. 이로서 3개월과 28일에 걸치는 송산 포위섬멸전이 끝났다.

위에서 인용한 바에 의하면 6명의 한인 위안부 시체를 발견하고 6명의 한인 위안부를 포로로 했다는 것을 알 수 있는데 다시 이곳에서 찍은 위안부 포로사진 4매에서 그들의 모습과 옷 모양을 자세히 본다면 6명의 다른 얼굴로 판독될 가능성이 많다. 6명의 포로여성은 3일에서 7일 사이에 이 TACHAI 위안소 부근 토굴에서 발견된 것으로 생각된다. 이곳에서의 위안 부 심문문서의 존재여부를 조사 중이지만 아직 나오지 않고 있다.

❖『정신대연구소소식』제27호, 2000. 10.

등충(騰衝, 騰越) 섬멸전 중의 한인위안부들

이번에는 일본군의 운남성(雲南省) 2대 거점의 하나인 등충(騰衝, Tengchung)의 위안부에 대하여 적는다. 이곳에서의 한인위안부들의 최후에 대하여는 필자가 이미 「일본군 '위안부'문제의 진상」 240~244쪽(원 출처)에 적었다.

그런데 전호에서 지적했듯이 새로 나온 미군 「Y-Force G-2 & G-3 Daily Diary」에 의거하여 자료를 보충하려 한다. 등충은 명대에 축조된 전형적인 정방형 중국식 성으로 일변이 약 1km, 성벽높이 약 5m, 성벽폭 약 2m, 일대 인구 약 4만 명이었고 영국의 영사관이 이 성안에 있었다. 마르코 폴로가 이곳을 지나 중국으로 들어갔다는 이야기가 있기도 하다. 쌍방 접촉의 시작은 1944년 5월이었고 전멸은 9월 14일이었다. 이곳을 사수하는 일본군은 제56사단(통칭 龍) 148연대의 주력을 위시하여 친일 인도병, 버마병 등 2천여 명이었고 수백 명의 친일 주민들이 성안에 남아 있었다. 공격군은 국부군 제20 집단군이었고 미 공군과 고문들이 지원하였다. 이하 「매일작전일기」를 한인위안부와 관련하여 인용한다.

* 1944년 8월 31일 9시 03분. 제594연대 연락. 시 중심부에서 70야드까지 전진. 국부군의 손해 크다(장교 27명, 사병 215명 사상). 일본군 장교 시체 2구 발견 또 배를 가른 일본인 여성 발견(also one Jap woman who had disembowelled

herself). 필자가 생각컨대 이것은 할복자살이 아니라 배 안의 태아를 어떻게 한 것이 아닌가 한다. 송산, 등충 포위전에서의 일본군인의 할복자살은 거의 없었다. 자살은 총알, 수류탄 그리고 승홍(昇汞) 소독약이 주종이었다.

* 1944년 9월 5일 11시. 어젯밤 3명의 민간인이 도망 나와 아직도 270명에서 300명의 일본군이 남아 있고 풍부한 식량이 남았다고 보고.

* 1944년 9월 9일. 전일 22시 25분 53군 보고에 의하면 5명의 일본군을 포로로 했는데 그 도망 주모자는 한인 보급관계 준위이었다. 성 안에는 아직 200명의 전투원과 300명의 부상병과 60명의 중국 민간인과 30명의 한국인 위안부가 남아 있다는 것.

* 1944년 9월 10일 9일 20시 50분. 116사단 보고. 부녀자 포함한 21명을 시내에서 잡음. 그중에는 통역들과 1명의 한국인 포함.

* 1944년 9월 14일. 전일 24시경 샤오소장 보고. 노획물품 경기관총 2개 소총 12개 여자 1명.

* 1944년 9월 14일. 전일 19시 116사단 보고. 어제 일본군 수비대는 연대기를 태우고 수비대장이 할복자살, 부상자와 민간인(필자 주: 아마도 위안부를 말함)은 살해됐다는 것. 30명의 전투능력 소유자는 끝까지 항전하려다는 것.

* 1944년 9월 14일 11시 15분. 116사단 보고. 드디어 등충시 함락. 30~40명이 성 밖으로 도망갔는데 그중 일부는 포로가 되거나 죽었다고 함.

* 1944년 9월 15일. 전일 23시 30분. 국부군사령부 보고. 51일 전 등충 외곽 라이횡산 공격에서부터 9월 14일 함락까지 2800명의 일본군 사병과 50여 명의 장교가 전사. 장교와 병사 50여 명 포로. 여성 13명 포로.

* 1944년 9월 15일. 전일 18시 55분 54군 보고. 미치나에서 일본군에 포로가 되었고 등충에 이송된 버마병의 이야기로는 12일에서 15일 전에 일본군은 2명의 영국인을 처형했다고 했다. 그린웨이 대령이 현장에 가니 그중 붉은 색 두발을 가진 한 명은 아직 부식되지 않았고 두 손을 등 뒤로 결박당했고 목을 잘린 자국이 있었다. 13일 밤, 일본 놈들은 30명의 한국여성을 사살했다[Night of the 13th, the Japs shot 30 Korean girls in the city(필자주: 아마 이것은 Greenway 대령의 보고일 것이다)]. 등충수비대가 원래 소유하고 있었던 한인 위안부의 총수는 일반적으로 30여 명이라고 서술되어 왔으나 그중에는(한인이라고 특정짓지 않고) 등충의 comforts girls가 70명이라는 포로 서술도 남아

있다. 즉 등충 야전병원에 위생병으로 근무한 일등병 다까다 히데시는 "등충에 위안부가 70명 있었고 그중 10명이 병원에서 사역당했는데 함락 직전에 모두 살해되었다"(Comfort girls: 70 at Tengchung of whom 10 were attached to the hospitals. All were killed by the Japanese shortly before the city fall)라고 서술한다. 이것은 70명 모두 살육했다는 이야기인지 병원에서 사역된 10명을 모두 처형했다는 것인지 분명하지 않지만 아마도 병원의 이야기가 아닌가 한다.

❖ 『정신대연구소소식』 제28호, 2000. 11.

내몽고 장가구(張家口) 일본군의 위안부 수입

필자는 내몽고 주둔 일본군이 한인을 위주로 한 위안부의 수입을 위하여 노력하는 암호문서 3개를 발굴한 바 있었다. 그런데 다시 한 건이 나와, 미군이 번역한 암호전문을 다시 우리말로 옮겨 본다.

장가구에서(야자도) 동경으로
1945년 3월 14일
JAH 164호

긴급
현금까지 (일본)군 전용의 위안소를 위한 수배(手配)는 이루어지지 못했었는데 근래에 와서 군의 요구에 부응하여 당지의 업계에서는 일개소를 설립했고 위안부의 수입을 신청했다. 그러기 위하여 다음과 같은 조치를 바라고 있다.
  1) 송금총액의 허가 인준
  2) 송금 규정에 의하면 당지에서는 송금액의 3배의 금액을 (은행에) 비치하여야 된다. 그러나 현 상황하에서 당지의 업체들이 이러한 자금을 축적하는 것이 거의 불가능하다고 함으로 이 규정을 제거하든지 경감시키는 방책을 고려하여 선처해 주기를 우리는 바라고 있다.

업자이름	업소이름	소정송금액	송금처	위안부 인원수
가마다 히사오	사이오오 가구	8만엔	조선 경성	6
xx노 다쯔미	마쓰하	7만엔(?)	일본 구마모도	14
미야시다 다께시	아지아데이	6만엔	만주 봉천	5
가이 지요	산가쯔	8만엔	나가사끼	6
하지xxx	안죠	12만엔	만주 봉천	8
후루다 xx	xxx	24만엔(?)	교오도	7
쯔나X 마사이	신마쯔바	6만엔	만주 봉천	4
히라지마 리꾸로	x사히 깐	7만엔	조선 경성	10
후꾸다리 이찌로	기라꾸	6만엔	조선 경성	9
쯔네오까 겐지로	긴센	4만엔	조선 평양	7
스기노 xxx	쇼오가쯔	5만엔	만주 봉천	9
스기모또 xxx	xxxx	2만엔	조선 평양	4
합계		94만엔		89

만주국에서 수입하는 위안부를 위한 송금액에 관하여도 협조를 당부합니다.

1945년 3월 17일 방수(傍受)
1945년 3월 17일 접수
1945년 4월 23일 해독
극비 '울트라' 암호

필자주: '아지아데이'는 亞細亞亭, '마쯔하'는 松葉, '산가쯔'는 3月, '신마쯔바' 는 新松葉, '기라꾸'는 氣樂, '쇼가쯔'는 正月, 'x사히간'은 朝日館, '사이오오가꾸' 는 西王閣 비슷한 이름의 업체명이었다고 생각된다. 보낸 기관은 일본 외무성 (아세아성) 장가구 총영사관, 받는 이는 일본 외무성이었다고 생각된다.

❖ 『정신대연구소소식』 제30호, 2001. 1.

제 2 부

노근리 · 북한 문제

한반도에 있어서의 미·소 군정(軍政)의 비교 고찰

1. 머리말

소위 일본의 '무조건 항복'과 미국과 소련의 한반도 분할진주라는 사실들은 3년에 걸친 미소의 군정을 가져왔다. 이것이 향후 한반도 50여 년사의 기조(基調)를 만들었음으로 한반도 분단 3년사가 가지는 의미는 지대한 것임은 두말할 것 없겠다. 그러면 이들 두 군정의 실질은 무엇이며 이들 두 군정을 어떻게 비교할 것인가의 문제가 생긴다. 지금까지 과문(寡聞)인지는 모르겠지만 두 군정을 놓고 비교한 문헌을 찾지 못했다. 그래서 이 글은 필자가 아는 한도 안에서 모색하면서 다음과 같은 보취(步驟)를 취하기로 했다. 즉

첫째로 이 글은 비교할 수 있는 기점(基点)들의 소개와 분석면에 유의하고 논의를 확대하고자 했다. 즉 가시적인 비교할 수 있는 환율, 물가상승율 등 통계를 기점으로 잡으려 했다.

둘째로 소련군정 고급인사들의 비망록들을 하나의 기준으로 삼았다. 소련의 평화적 붕괴로 미국 측에서부터는 얻기 힘든 자료들을 얻을 수 있게 되었다. 미군정 것은 유감스럽게도 고급 기밀정보들일수록 거의 해제되지 않았고 이미 해제된 것은 그 신선도의 문제로써 경원(敬遠)하게 되었다.

셋째로 미소군정의 유산(遺産)이 무엇이었으며 이 유산에 직간접으로 한국인이 어떻게 작용하였던가? 이 판단의 하나의 잣대로 외국인들의 시니컬한 촌평들을 인용하면서 한인들이 과연 국정장악력을 어떻게 준비했었는가 필자의 견해를 개진(開陳)해 보려는 것이다.

모름지기 역사를 서술한다는 것은 목적의식이 포함 안될 수 없는 것인데 이 글은 이러한 경향성이 짙은 편이라는 것을 미리 알리며 양해를 구한다. 미소군정기는 6·25 전사(前史)의 제1단계이었다. 6·25로 상징되는 민족적 gridlock 반세기의 시발점이었다. gridlock이란 자동차교통이 서로 물린데다 뒤에서 계속 밀려들어 진퇴불능(進退不能)적인 상황을 의미한다.[1] 상호살육(相互殺戮) 외에는 다른 길이 보이지 않는 상황도 된다. 이러한 처지로 민족을 몰아가게 만든 오른쪽과 왼쪽의 단추와 구멍이 어떠한 크기로 만들어졌으며 또 맞추어지는가 고찰해 보려는 것이다.

2. 통치기구와 통치형태의 차이점

『주한미군사』[2]에 의하면 미군정 초기의 통치기구는 일본총독부의 그것

---

[1] 교통행정 선진국에서는 교통체증이나 맞물림의 신속한 해결을 위한 제도적인 수단이 갖추어져 있으나 교통문화의 후진국일수록 엄청난 gridlock을 몰고 갈 확률이 많다. 필자는 1997년 인도 수도에서 과히 멀지않은 고속도로 상에서 4시간 넘게 진퇴불능의 경지를 체험했었다. 운전수들이 교통규칙을 지키지 않고 앞지르려고 반대 측 도로의 교통량이 뜸해지면 그쪽으로 기어 올라가면 너나없이 이를 따르다가 양측 뒤에서 밀려오는 차량들로 움직일 수 없는 처지를 만들어 버린다. 여기서는 교통을 소통케 하는 사잇길도 없고 수천 수만의 차량으로 꼼짝달싹 못하는 광경을 보았다. 이것을 몇 명의 교통순경이 긴 작대기로만 무장하고 인내성 있게 공간을 만들어 나갔으며 그렇게도 평화스러운 인도 사람들도 고성을 지르며 싸우는 것을 목도하였다. 우리 관광버스 속의 백인숙녀들은 생리현상으로 안절부절했고 분노하였었다. 동북아시아에서 이런 처지에 놓이면 상호 살육이 뒤따를 확률이 높다. 이런 현상이 한반도에서 일어난 것이 6·25전쟁이며 거제도에서의 상호 살육전이었다고 본다.

[2] G-2 Historical Section, USAFIK. *History of the United States Army Forces in Korea*. Seoul, 1948 (원고본), 돌베개사 復刊,『駐韓美軍史』, 1979 참조.

을 거의 답습하였으니 1945년 10월 15일로 보건대 관방(官房)에 총무, 외무, 기획, 적산관리, 회계, 인사, 정홍보(情弘報, Intelligence and Information) 7과(課)와 군 행정과(Army Administration)를 두었고 집행기관으로는 광공, 법무, 체신, 교통, 공안, 보건, 재무, 학무, 농상의 9국(局)과 지방군정팀을 운영하였고 1945년 12월 31일 시점으로는 군정장관 밑에 군정차관, 민정장관이 있었고 그 밑에 관방으로 총무, 외무, 지방, 기획, 적산관리, 공보, 인사의 7과와 군무(軍務), 경무(警務), 광공(鑛工), 법무(法務), 체신(遞信), 교통(交通), 보건후생(保健厚生), 재무(財務), 학무(學務), 농상(農商)의 10국을 두었다(附圖 1-2 참조). 1946년 5월 1일 현재에는 민정장관 밑에 11부(部, Department)와 4처(處, Office)가 있었는데 농상국이 농무부와 상무부가 되고 공보부가 생긴 대신 광공국이 없어졌고 4 office에는 외무, 인사, 적산관리, 행정의 부처를 두었다. 또 군정차관 밑에 직접 National Economic Board(중앙경제위원회), Food Administrator(식량행정처)와 Comptroller of Commodities(생필품관리처/물가행정처)를 두어 노동부가 안 보인다.[3]

한편 북한의 경우를 보려면 소군정기구의 생자료가 나타나고 있지 않지만 미군의 정보보고에 게재된 소군정기구가 참고가 되며 실상에 과히 멀지 않을 것으로 짐작된다.[4] 즉 북한의 군정의 총지휘관은 전쟁 중 제일극동방면군, 전후(戰後)는 연해주 군관구 군사회의 위원이었던 쉬티코프 대장이었고 그 휘하의 제25군사령관 치스짜꼬프가 북한에 처음 진주하였고 그 군사위원 레베데프 소장, 제35군 군사회의 위원 로마넨꼬 소장, 25군참모장 샤닌 소장, 제25군 후방사령관 체렌꼬프 소장 등이 군사자문위원회의

---

3) 그러나 李奎泰, 『米ソの朝鮮占領政策と南北分斷體制の形成過程』, 信山社, 1997, 153쪽에 인용한 남한 측 자료에는 1946년 3월 20일 현재 노동부가 존재하는 것으로 되어 있다.

4) 한림대학교 아시아문화연구소 편, 『駐韓美軍北韓情報要約』 1, 1989, 280~281쪽, "Soviet North Korean Civil Administration"; pp.287~293, "Soviet Kommendants in North Korea & Soviet Civil Officers in North Korea"; HQ XXIV CORPS, Intelligence Summary North Korea No.20, September 21, 1946; 『北韓情報要約』 2, pp.138~151, "Sovient Political and Economic Control, North Korea", Ibid No.37, May 31, 1947.

회원이었고 동시에 치스짜꼬프 사령관 밑의 민정부(民政部)를 자문했다고 간주되었다. 이 소련민정장관은 로마넨꼬 소장으로 장관대리는 이그나티에프 대령을 임명했는데 그 밑에 교통(Dolgikh 공병소령), 산업(Rodyonov 중령), 법무(Shchetinin 중령), 보건(Zakorchin 중령), 재무(Iratovsky 중령) 등을 미군은 탐지했고 또 교육, 상업, 보건, 농림, 체신 등의 부문이 있어 북조선임시인민위원회의 10국에 부응하는 것이라고 했다(附圖 3 참조). 그런데 와다 하루끼는 소련인 저서를 인용하여 9월 하순 로마넨꼬가 평양에 도착하여 10월 3일 민정부가 개설됐고 공업(Rodyonov) 농업(Kaduishev) 수송(Dolgikn) 재무(Iratovsky) 통신(Lazarev) 문화(Maximiuk) 보건(Rotbrut) 법무(Shchetinin) 신문(Buduikin) 경찰(Zagruzin) 상업 교육 제과(諸課)가 있었던 것 같다고 언급했다.[5] 이것은 1945년 10월경을 이야기하는 것 같으며 이것이 11월 19일 창립되는 북조선5도행정국(北朝鮮五道行政局)의 10국 즉 산업국, 교통국, 농림국, 상업국, 체신국, 행정국, 교육국, 보건국, 사법국, 보안국이 생기자 역시 여기에 대한 지도와 자문의 부처가 소민정부 안에 생기는 것이며 4개월 후인 1946년 3월 6일 「북조선임시안민위원회 구성에 관한 규정」의 성립으로 행정국이 없어진 대신 재정국(財政局)이 생겨 이하 소련민정부도 이러한 체제 구성하에 10부문으로 기능했었다고 믿어진다. 다음해 1947년 2월 북조선 도(道) 시(市) 군(郡) 인민위원회대회는 북조선 최고정권기관으로 북조선인민회의를 조직했고 실질적인 단독정부인 북조선인민위원회를 조직했는데 여기에는 내무, 외무, 로동, 선전, 도시경영, 인민검열, 민족보위, 기획 제국(諸局)에 양정부 간부부 총무부의 3부가 새로 생겨 국가정권의 완성된 형태를 가졌으나 역시 소련인의 감독하에 있

---

5) 和田春樹, 「北韓에서의 蘇聯軍政과 共産主義者」, 한림대 아시아문화연구소, 『한국현대사와 美軍政』, 한림대학교 아시아문화연구소, 1991, 177쪽. 또 「ソ連の朝鮮政策, -1945年8月-1946年3月」, 『社會科學研究』 33卷 4号 참조. 그가 가다가나로 인용한 부처장의 이름은 원문을 참조하였다. 소련학사원 동양학연구소, 『해방된 조선』 내의 당시 법무국을 감독했던 스체티닌의 「해방후 조선에서」, 모스크바, 1976 참조.

었던 것도 사실이었다.

이러한 상황에서 미국과 소련의 군정기구를 비교하여 그 특색을 들어본다면 다음과 같은 것이 될 수 있다.

1) 미군정은 주민에 대해 직접통치인 반면 소군정은 간접통치이었다. 물론 큰 공장이나 광산은 반환을 늦게 하기는 하였다. 예를 들면 1946년 9월 11일의 『쉬티코프 비망록』에는 "1945년 가격으로 총계 6천1백만 엔에 달하는 6개의 기업소가 양도되었다. 특별한 지시가 있을 때까지 흥남 화학 꼼비나드의 양도를 미룰 것"이라고 적혔다.

2) 미군정은 통치기구에 인사나 홍보 등의 부처존재가 개인존중의 전통을 가지는 미국인의 색깔을 두드러지게 나타내고 있으며 또 식량행정처, 중앙경제위원회, 물가행정처 등 비중 높은 부처의 존재로 도시민 경제생활대처에 고려(苦慮)하는 모습을 보이고 있다. 한편 소련은 제일선 친공세력의 열성적인 행정노력에 기대어서 북한의 기본 산업을 부흥시켜 이익을 추구하려는 특색을 가졌다. 미군의 정보기관이 채취한 소련 민정당국의 면모는 많이 방송과 신문매체에서 채집되는 것이기에 미국이 안다는 부처는 즉 두드러지게 소련이 주중하는 부처를 의미하며 따라서 운수, 산업, 재정으로 대표되는 산업부흥면과 사법, 보안으로 대표되는 기강질서 확립면에 노력하는 모습을 볼 수 있다고 생각된다.

두 군정구조의 특색은 양 군정(하)의 세출 세입 자료를 분석하여 더욱 명료해진다.

1945년 10월에서 1946년 12월까지의 남북한의 수입과 비출(費出)을 비교하면 다음과 같다.[6]

---

[6] 남한의 자료는 『조선경제연보』 1948年版, 1~265쪽 「南朝鮮過渡政府費出及收入表」(1945.10~1947.12)에서 북한의 자료에 맞추기 위하여 잘랐으며, 북한의 자료는 『인민』 1947년 1월호 李弘根, 「民主主義建設과 財政政策」에 인용된 1945년 10월에서 12월의 세입 세출자료에 『1946년 北朝鮮人民經濟統計集』을 이용하였다. 북한자료의 표들의 인용관계는 방선주, 「1946년 북한경제통계의 일 연구」, 『아시아문화』 제8호, 1992를 참조.

	수입총액	지출총액	(단위 원)
남한	3,214,702,000	8,824,793,000	
북한	1,158,310,000	1,158,310,000	

남한의 수입이 북한의 약 3배가 되는 것은 인구비율이나 통화량의 유통량과 관계있을 것이지만 남한의 지출이 북한의 8배가 되는 것은 주목할만한 현상이다. 한편 이하에 지출내용을 비교해 본다.

미군정하의 세출(결산)

(단위: 1000원)

	1946		1947		1948	
官業費 (전매/운수/체신)	2,974,183	10.7%	4,681,013	24.3%	4,039,943	26.5%
治安비	1,539,708	11.5	5,031,515	26.2	3,735,779	24.4
文敎비	1,020,918	7.6	1,659,700	8.6	780,442	5.1
厚生費	689,134	5.1	877,888	4.6	557,154	3.7
産業行政費	4,557,644	34.1	3,217,010	16.7	1,520,206	10.0
地方行政費	1,339,219	10.0	1,462,996	7.6	-	
中央行政費	144,490	1.1	1,047,981	5.5	159,555	1.1
기타	59,875	0.5	532,912	2.8	251,854	1.7
總歲出	13,365,171	100%	19,235,018	100%	15,263,248	100%

자료: 「미군정시기의 경제정책」 표 5-5에 의함.

북한의 1946년 세출(인민위)

정무비	255,622,496.72	36.8%
특별비	123,000,000.00	17.7
교육비	105,622,496.72	15.2
보건비	50,975,016.50	7.3
건설비	42,408,698.32	6.1
산업조성비	29,499,014.42	4.2

잡지출	21,705,109.77	3.1
국영기업보조금	15,851,700.00	2.3
기타	-	2.0
소계	694,321,870.69	100.0%
국고비수입액	115,171,116.71	
계	806,487,968.34	
익년도 조월금	115,171,116.71	
합계	921,659,085.05	

위에서 보는 정무비의 내역이 있어 이것을 다시 나열해 보면 다음과 같다.

중앙청비	27,252,470.22
지방청비 보조금	199,688,750.84
세관비	12,022,353.71
직원양성비	1,546,121.95
연구생외국파견비	4,145,600.00
38선경비비	2,000,000.00
水上보안대비	6,467,200.00
機關誌설치비	1,000,000.00
국영인쇄소설치비	1,500,000.00
합계	255,622,496.72

이상의 통계에서 보는 양 측의 가장 두드러진 특색은 북한이 산업부흥 면에 남달리 집착하고 있음을 볼 수 있는 반면(건설비 6.1%, 수리사업비 5.3%, 산업조성비 4.2%, 국영기업보조금 2.3% 등 세출의 약 18%) 남한의 산업행정비 34.1%는 식량행정처 23.2%, 농무부 4.5%의 식량관계가 주류가 되고 나머지 토목부와 상무부가 각기 3.2 와 3.1%를 차지하고 산업육성의 노력을 찾을 수 없는데 있다. 이 경향성은 1947년도와 1948년도의 통계에

서도 명료하게 이어져 나간다. 북한은 1946년의 국영산업 총생산액보다 1947년 141% 증가했고 1948년의 목표량을 1946년의 3배 즉 156억 원으로 설정한 바 있었다(『북한경제통계자료집』, 221쪽 참조). 원래 남쪽의 팽창 적자예산으로 인하여 남쪽의 세출총량(결산)은 1946년에 133.6억 원,[7] 1947년에 192억 원, 1948년에 152.6억 원이 되어 북쪽 인민위원회 1946년 세출총량 약 8억 원에 비교가 되지 않게 거대한데(약 16배) 남한의 인구, 통화팽창, 적자예산을 감안한다 해도 너무 차이가 난다. 단 당시 1945~46년의 북한의 행정은 이원적인 성격이 강하여 인민위원회 통제하의 경제와 소군정 직접통제하의 경제가 따로 놀고 있었던 징후가 후술하는 쉬띠코프 비망록에 보이고 있기는 하다.

다음 위 통계들에서 볼 수 있는 특이한 점은 남한은 치안유지비(국방경비대와 해안경비대 세출의 6.2%, 사법부 4.2%, 경무부 1.1%) 15.4억 원을 사용하고 있는데 북한의 경비대부문의 지출이 안 보이는데 있다. 정무비 속에 38도선 경비비 200만 원이 있지만 이것은 수상보안대비 647만 원이나 세관비 1200만 원보다 월등히 적어 딴 항목에 포함됐거나 숨겨진 소련군 유지비 안에 포함되었을 가능성이 있다. 결국 남쪽은 농업과 식량공급 체제유지와 교통 통신 및 전매사업의 확충에 전력을 다했고 북쪽은 산업부흥사업에 주력했음을 위에서 인용한 자료들이 잘 보여주고 있다고 생각한다. 북한의 산업부흥노력이 소련극동경제에 일조(一助)가 된다는 지적은 당시의 미국 측 문서에 많이 나타나고 있다.

---

[7] 남한의 1946년 회계연도(1946. 4~1947. 3)의 費出은 10,925,176천 원으로 되어 있고(南朝鮮過渡政府費出及收入表 『조선경제연보 1948년판』 1-265) 세출예산은 11,800,212천 원이고(원전 앞의 것과 같음) 결산은 13,365,171천원으로 전자의 "費出"보다 24억 원이나 많은 점에 대한 설명이 필요하다.

3. 주둔군 유지비 염출원(捻出源)의 비교

미군의 남한주둔은 적성국가의 점령이 아니라 '해방된 나라'이라는 개념에 터하여 성립되는 것이기에 오스트리아와 남한은 적성점령지에서의 주둔군비 염출조달 쪽이 아니라 원칙적으로 미군 자체의 비용(pay-as-you-go)에 의거한다고 정의되었다.

그래서 통치비가 아닌 주둔비를 한국경제에서 썼을 경우 미군은 이 비용을 장래의 한국정부에 상환할 의무가 생긴다는 것이다.[8] 미국은 국무부－육군－해군 3부처 조정위원회의 SWNCC 176/23「남한군정부를 위한 임시지령」(1946. 8. 14) 제21항목에서 조선은행권과 달러 간의 환율은 계속 15:1로 하되 이것은 미 육해군의 봉급 계산에 국한되며 군정이 마음대로 공표나 개정할 수 없다고 못을 박았고 22b항목에서는 주둔군이 필요로 하는 통화와 세입을 넘는 군정통치비는 조선은행에서 얻는다고 했다.[9] 또 1947년 5월 12일자의 수정된 SWNCC 176/25(Interim Directive for Military Govern't in Korea) 문서는 한국정부가 수립될 때까지의 미군주둔비는 군인의 봉급과 유지비, 질병과 소요예방용 수입비 또 점령목적을 위한 지출을 제외하고는 모두 미국이 일본에서 받는 배상에서 탕감되며 한국도 주둔비를 위하여 사용한 원의 상환요구를 취하하여야 될 것이라고 규정했다.[10]

---

[8] U.S. Army Operations in Austria and Korea (Draft, 13 April 48). RG 319 Office of the Comptroller of the Army, Foreign Financial Affairs Office, 1942-51, KOREA. Box 414.

[9] (21) The legal tender in Korea will be Bank of Chosen notes. You will not permit any other currency to circulate. You will not announce, establish or permit the use or publication of any general rate of exchange beteween Bank of Chosen notes and the United States dollar and other currencies. The rate of conversion to be used exclusively for pay of military and naval personnel and for military and naval accounting purposes will continue for the time being to be 15 Bank of Chosen yen for one U.S. dollar.

(22b) The local currency needs of your occupation forces in Korea and any funds in excess of revenues required to finance the operations of the Military Government in Korea will be obtained from the central banking department of the Bank of Chosen. 출전은 주 20)과 같음.

[10] (12) d. Immediately upon receipt of this directive, you will publicly announce that all U.S.

1947년 6월 6일 하지 중장은 맥아더사령부에 극비전보를 쳤는데 그 제목은 "남한에 있어서의 미국의 재정운영"이었으며 그 내용은 다음과 같았다. 즉 미군이 남한에서 사용한 돈은 통치비를 제외하고 1945년 9월 9일부터 1947년 4월 30일까지 3,512,172,712.74원이며 여기에 임대료 13,000,000원이며 5~6월의 예상지출이 800,000,000원이어서 도합 4,325,172,712.00원이다. 이것은 달러로(fair value) $23,003,365.00이 된다(약 188:1)하였고 1948년 1월 30일 미육군 예산국장이 육군 회계감사관에게 보낸 비망록(Financial Arrangements for Korea)에 의하면 1947년 말까지 주둔군 유지비로 쓴 약 3200만 달러를 한국에 돌려야 된다고 했다. 이것은 재정고문 번스문서에 보이는 12억 5천만 원을 포함시켰을 것이다. 번스는 30가지 항목의 점령주둔비용으로 12억 5천만 원을 따로 떼어놓았고 그중의 8억 5천2백만 원을 1946년 9월까지 소비했고 이 돈은 일본에서의 배상금으로 메꾸어야 된다고 보고한 바 있었다.[11] 또 같은 Record Group 319의 육군 회계감사과 문서에는 미주둔군이 한국경제에서 가져다 쓴 돈의 도표들이 포함되는데(부도4 참조) 그 도표를 설명할 실력이 모자라 소개에 그친다.[12] 김영규(金榮圭) 교수는 「미군정의 금융통화정책」이라는 논문 말미에서 "미군정청이 통치력의 확립과 기본행정력의 회복을 위해 필요한 군 주둔비, 치안유지비등 수요와 민생안정을 위한 농산물수매용 자금수요를 충당하기 위하여 발행한 통화량이 3년간 총 통화발행고의 75% 이상을 점유"한다고 했으며[13] 미군정하의 세출에 있

---

occupation costs in Korea, until the independence of Korea, other than pay and subsistence of troops, and expenditures of U.S. dollars for all imports into Korea for prevention of disease and unrest and for purposes of the occupation, will be considered as a charge against Japan, and not against Korea; and that repayment to the United States for such expenses incurred on behalf of Korea will be considered a part of the U.S. reparation claim against Japan. You will also publicly announce that we will expect the Koreans to forgive any claims they may have for repayment for won advanced for costs of occupation.

11) RG 59 국무부문서 Arthur C. Bunce, Office of Adviser to the Commanding General USAFIK to the Secretary of State, "Reports of Financial and Food Situations in South Korea" page 12.

12) 이상 모든 자료의 인용은 주석 4)와 같음.

어서의 치안비는 1946~47년간 총 세출액의 10%에서 25%대 즉 약 15억에서 50억 원을 지출한 것으로 되어 있는데14) 이 항목이 남한경비대의 무장을 위한 것이라고는 하지만 주둔비도 부분적으로 포함되는지 연구과제가 남는다.

필자의 잠정적인 결론으로는, 미국 주둔군은 그들의 식량은 자신들이 가져와 먹었으며15)(단, OFLC차관이나 원조식량에 내포시킨 가능성 등은 차후 조사할 필요가 있겠지만) 봉급도 도표에 의하면 한국경제에서 주입한 돈이 약 4천만 달러가 되지 않을까 생각해본다.

소련주둔군의 경우는 식량은 물론 유지비도 현지조달을 원칙으로 한 흔적이 농후하다. 우선 쉬티코프 비망록을 보자.16)

1946년 9월 9일. (북조선에서) 미화 3,306,977달러(86,789,000엔) 상당의 물품과 미화 1,577,547달러의 신제품을 반출해 갔지만, (북조선에는) 아무것도 납품해주지 않았다.

1946년 9월 16일. 조린이 조선에서 조달가능성에 대해 보고함.

1946년 9월 23일. 소련국립은행 야전은행에 3억 5천만 엔이, 북조선중앙은행에 1억 4천7백만 엔이, 구화폐가 9억 200~500엔이 있다.

1946년 9월 25일. 북조선임시인민위원회에 제공할 5억 엔에 대하여 스탈린 동지 앞으로 전보를 보냈다. 북조선중앙은행에 1억 5천만 엔이, 총 5억 엔이 지급될 것이라는 답변을 들었다.

---

13) 한국정신문화연구원 정치경제연구실 편, 『美軍政時代의 經濟政策』, 한국정신문화연구원, 1992, 223쪽 참조.

14) 崔洸, 「美軍政의 財政政策」 주 8)의 인용책 246쪽 참조.

15) 미군정장관 러취 少將은 "10월 항쟁" 직후 다음과 같이 강하게 선포했다.
"Despite all the rumors you hear and all the lies being told to you, the Americans have not shipped grain out of Korea, nor have they eaten any of Korean rice or grains. Nor will they in future ship any Korean grain. On the contrary, we have shipped in many hundred sacks of American grains and are shipping in more" Foreign Broadcast Intelligence Service 〈Daily Report〉 Far Eastern Section No.214—1946. RG 262 Entry 24, Box 13.

16) 이 비망록은 중앙일보사가 입수하여 초보적인 일부 번역을 시도하여 유통되고 있다. 필자는 중앙일보사 현대사연구소에서 직접 건네받았으며 여기에 감사의 말씀을 전한다.

1946년 10월 16일. 북조선의 대외무역에 대하여 꼬스똘레프스끼와 통화했다.

    1) 석탄 공급에 대하여

    2) 우리 측의 계약이행과 상품납입에 대하여

    3) 탄성고무 300톤의 발송에 대하여

    4) 쌀과 시멘트의 적재에 대하여

1946년 10월 21일. 4) 은행현금의 양도 5) 양곡의 조달과 납입

1946년 12월 12일. 곡물수집량

총계	계획 511,836톤	수집량 512,020톤
쌀	281,090톤	283,547톤
귀리	72,131톤	64,399톤
옥수수	42,756톤	43,149톤
수수	17,730톤	16,628톤
콩과 대두	54,668톤	65,474톤
곡초류(보리 귀리 등)	18,049톤	26,087톤
기타곡물	25,410톤	12,736톤

군대지급

쌀 40,600톤   밀 11,129톤   보리/귀리 4,148톤   수수 729톤

모밀 707톤   콩 5,933톤   대두/강남콩 5,933톤   감자 18,640톤

배추 4,426톤   기타 1,622톤

국가비축 50,000톤 예상

1946년 12월 18일 메레즈코프. 북조선 공업생산계획과 그 발전에 대해 논의했다. 그는 북조선의 공업을 우리에게 유리한 방향으로 발전시켜야 한다고 생각하고 있다. 슬라트꼬프스끼는 소련에 북조선의 목재와 비료를 공급하는 협정을 체결하자고 제안했다. 나는 북조선에서 많은 비료를 가져가는 것에 반대했다. 왜냐하면 조선인들이 사용하기에도 부족한 상태이기 때문이다....조선인들을 속여서는 안된다.

이상 북한의 최고통치자인 쉬티코프의 개인기록은 당시 북한통치의 편린을 생생하게 보여주고 있는데 하부의 행정은 북조선인들로 직접 담당시

켰지만 북한의 돈줄을 쥐고 있었던 것도 그들이요, 산업발전의 열쇠를 쥐고 있었던 것도 그들이었음을 증명하고 있다. 소련주둔군이 북한의 양곡에 의지하였다는 증거는 노획문서에서 유감없이 대량 노출되고 있는데[17] 필자는 「1946년 북한경제통계의 일 연구」를 작성할 때는 『쉬티코프비망록』을 이용하지 못했음으로 1946년의 북한 양곡총생산량을 249만 톤으로 잡고 일인당 할당량을 700여 그램으로 추계한 바 있었는데[18] 추곡(秋穀)을 걷어 들인 다음 수집된 50만 톤 중에서 소군이 가져간 양곡이 마령서와 콩을 포함해서 약 8만 2천 톤이 된다는데 주목하여야 될 것이다. 즉 군인 1인당 하루 800그램의 양곡을 소비한다면 5만 명의 소련 군인이 200여 일을 유지할 수 있다는 계산이 된다. 평북지방의 예를 보면 일반주민은 또 1946년에 붉은 군대 유지비라는 것이 있어 일호당 약 80원을 부담하고 있다. 1946년 5월에서 10월까지 북한인민위원회는 소련에서 23,175톤의 양곡을 수입하였는데 1톤당 60달라로 계산하고 있었으며 도합 139만 달러 상당의 수입이었음이 주목된다.

『주한미군주간정보요약(駐韓美軍週刊情報要約) 1』에 실린 소련군에 의한 조선은행권과 양곡의 수거에 관한 한근조 평양시장의 증언과 또 1947년 8월 조선민주당의 「북조선실정에 관한 조사보고서」의 내용은 북한에서의 소련군주둔군의 실체를 이해하는데 얼마만큼의 도움을 준다고 생각된다.[19]

---

17) 방선주, 「1946년 북한통계의 일 연구」, 한림대학교, 『아시아문화』 제8호, 1992, 209~215쪽 참조.

18) 위의 논문 213쪽 참조. 1946년 겨울이나 1947년 봄에 만들어졌을 노획문서 중의 일개의 대형 포스터는 다음과 같이 호소하고 있다 "농민들이여! 식량이 부족한 북조선을 식량이 남는 북조선으로 만들기 위하여 농촌경제계획을 넘치게 완수하자" 포스터 중앙에는 두류와 곡물의 그림과 더불어 "곡물수확고 2153.400돈"이라 적혔다. 즉 목적한 수확고가 이 정도는 되어야 된다는 이야기이다.

19) "Report on the Situation in Russian Occupied Korea" G-2 Weekly Summary No.8(06 Nov 45) 또 RG 349 SWPA Library Box 2446 File 1848에 있는 「북조선실정에 관한 조사보고서」(고당 조만식선생기념관 소장) 참조.

4. 환율의 비교

미군은 진주초기부터 미군유지비에 쓰이는 원화 대 미화의 환율을 15:1
로 책정하였다. 여기에 대하여 영국 주서울총영사 컬모오드(Kermode)는
다음과 같이 관찰하였다.[20]

남한에 있어서의 인플레는 주로 일본인들이 8월 15일부터 미군진주 때까지
발행한 45억 엔이란 종이돈에 유래한다. 이 돈으로 일본인들은 저들의 모든 채
무를, 즉 저들의 군대의 빚과 저들이 고용한 사용자들에 지급할 봉급, 보너스,
해직수당 등등을 포함하여 갚았다. 그들이 품은 목적은 첫째로 한국인들에게
일본 통치에 대한 향수를 심어놓고 다음 한국경제를 음해하려는 것들로 해석
되고 있다.

현재의 환율은 15엔이 1달러인데 이것은 미군이 기념품(souvenirs)을 획득하
려는 원망으로 책정된 것으로 현금의 생필품 가격에 기초한 조선은행권의 진
정한 가치는 85엔에 1달러가 적정하다고 평가된다.

그러면 왜 미 주둔군을 위하여 1:15가 1:85보다 유리한 것일가? 상식적으
로 생각하면 군인봉급으로 많은 조선은행권을 바꿀 수 있으면 있을수록
군인들에게 유리한 것이 아닐까라는 의문이 떠오를 것이다. 여기에 대하
여 이 총영사의 8월의 보고 중에서 단서를 잡을 수 있다.[21]

7월 19일 새로운 군표(軍票)가 소개되었다. 이 군표의 목적은 미 군인들의
암시장거래를 억제하려는데 있었다. 많은 미 군인들은 미군매점(즉 PX — 필자
주)에서 싼 가격으로 미국물품을 구입하여 이 물품들을 엔화 가격으로 비싸게
한인들에게 전매(轉買)하고 이 엔화를 다시 인공적인 환율인 15:1로 미화에 바

---

20) 영국국립공문서관 문서번호 FO 371/54249호, 동경 1945년 12월 29일 발 기밀 80호 참조.
21) FO 371/54252 (F 14379/199/23) Monthly Report on Korea for July 1946. Seoul Despatch No.18
    of 21st August and received 2nd October 참조.

꾸어 본국에 송금하고 있다. 미 주둔군은 이런 방법으로 큰 불법적인 이익을 얻고 있을 뿐아니라 한인들을 위한 물가가격을 올리고 일반경제를 복잡하게 만드는 요소가 되고 있다. 새 군표는 미국군인과 육군군속에만 유통할 수 있는 것이고 미군 밖에서는 이 군표의 사용은 불법이며 한인이나 외국인이 이 군표를 받거나 간직하거나 사용한다면 벌을 받게 되어있다.

1945년의 미국통계에 의하면 이해의 연간수입은 농업노동자 $1125, 제조업노동자 $2517, 광산노동자 $2621, 변호사 $6861, 대학교수 $3277, 치과의사 $6922인데 군인인 경우는 사병 평균 $856(수당포함 $1587), 장교 평균 $2442(수당포함 $3777)이 되었다.[22] 따라서 월급 $70의 일사병이 군매점에서 70달러의 물품을 사서 140달러 상당의 엔화를 받았다면 그는 먹고 자는 것은 공짜이니 통째로 140불을 본국에 송금하든가 유흥비로 사용할 수 있다는 계산이 된다. 참고로 남한에 있어서의 미군매점의 매상고는 1900만 달러이었고 1948년 상반기는 750만 달러이었다.[23] 미군정의 평양주재대표 쵸인스키 중령이 1946년 서울과 평양을 비교하여 보고한 문서를 보면 1) 평양은 90%가 한국식이며 서울은 매우 서구화되었으며 2) 서울은 구두를 평양은 고무신을 신고 3) 평양에는 쌀이 풍부하나 서울에는 아주 품귀하며 4) 평양은 소련군표가 유통의 중심이나 서울은 엔화가 중심이고 5) 서울의 가장 두드러진 경이(驚異)할만한 모습은 그 "도둑시장"으로 미군물품이 없는 것이 없다고 관찰하였었다.[24] 이 "도둑시장(Thief's Market)"의 형성은 한인의 도둑질 때문인 것보다는 미군의 도둑질과 전매에 거의 의존했으리라고 생각되는바 1947년 1월에서 8월까지 미 주둔군이 "도둑맞은" 각종 트럭

---

[22] U.S. Department of Commerce: Historical Statistics of the United States -Colonial Times to 1970 (1975) p.176 참조.

[23] History of USAFIK Central Exchange, 5 October 1945 -1 August 1948. Record Group 338, 미 24 군단 軍史室문서철.

[24] 하지 군정문서. Entry 11070. Walter F Choinsky, Pyongyang Liaison Section; Memorandum, "Relative markets- Pyongyang and Seoul" 참조.

과 짚차가 90대에 이르렀음도[25] 그 범인들은 미군이 주종으로 도매(盜賣)하면 분해되어 "도둑시장"에 나타나는 것으로 보여진다. 그러나 15대 1의 군인용 환율은 단지 군인들의 선물대책으로 책정된 것은 아닐 것이다 좀 더 깊은 뜻이 담겨져 있을 것이다.

참고로 그 후 환율의 추이는 1947년 7월에 50:1, 1948년 12월에 450:1(조선은행조사부, 『朝鮮經濟年報』, 1949)이었고 위에 언급한 대로 미국 원호물자와 관영무역의 환율은 188:1이라는 것도 보인다. 물물교환으로 주도된 영세한 민간무역외에 또 어떤 환율이 있었는지 연구의 대상이 된다.

한편 소련군정하의 환율책정을 본다면 위에서 언급했듯이 소련과의 수출입결제에는 달러를 기준으로 했는데 쉬티코프 비망록에 "북조선에서 미화 3,306,977달러(86,789,000엔) 상당의 물품과 미화 1,577,547달러의 신제품을 반출해 갔지만 북조선에는 아무것도 납품해 주지 않았다"(1946. 9. 9)는 서술을 참조한다면 당시 소련 통치자가 사용하던 환율은 미화 1달러에 조선은행권 26원 정도로 계산되어 미군의 15:1보다 높게 책정되었음을 알 수 있다. 그러나 이 해의 대소무역을 다룬 1946년도 『북조선인민경제통계집』에서는 미화 1달러가 북한화 158원이 되도록 계산했으며 1947년 말의 「북조선인민경제부흥발전에 관한 대책」에는 1:188으로 잡고 있다.[26] 같은 1946년이라도 전자의 통계에서는 수입보다 수출이 많았고 후자에서는 똑같은 것으로 나타나고 있는데 필자가 추측하는 바에 의하면 이 통계수자들은 어디까지나 정상적인 루트를 통한 무역이었고 북한 보안군대를 위한 무기의 수입이나 소련에게서 대여받은 엔화나 루불화의 "상환"은 질질 끌어갔었다고 생각된다. 『미군사고문단 정보일지』 194호(1949년 10월 7~10일)를 보면[27] 첩보신임도 F-6로 분류된 북한정보로 다음과 같은 기사가 보

---

25) 하지문서. Entry 11070 September 2, 1947(TFYMP 451) "Report of Stolen Vehicles for Period Ending 31 August 1947" 참조.

26) 방선주, 「1946년 북한경제통계의 일 연구」, 217쪽 참조.

27) 한림대학교 아시아문화연구소, HQ, G-2 Periodic Report Vol.1, p.366 참조.

인다. 즉 1949년 9월 북한정부는 그 2개년 인민경제계획의 일환으로 소련 정부에게서 다음과 같은 지원을 받았다고 하였다.

1946: 740,000,000루블   1947: 148,000,000루블
1948: 265,000,000루블   1949: 347,000,000루블
1950: 684,000,000루블 (1루불은 북조선원으로 7원)

이것은 무엇을 의미하는가 생각한다면 북한경제 재건을 위한 1949년의 2개년계획에서 짐이 되는 것은 과거에 소련에게 진 "차금(借金)"이었는데 이것을 일부 또는 전부 탕감 받았다는 것이 이치에 맞지 않는가 생각된다. 즉 북한의 1946~47년도의 극비 경제통계집에서 취급되는 것은 어디까지나 북한인민위원회가 취급할 수 있는 테두리 안에서의 통계인 것이고, 쉬티코프비망록에 나타나는 소련의 인민위원회 5억 원 지급, 남로당지원금, 북한군무장비, 소련군유지비 등등 1946년도만 해도 상당한 액수가 되리라고 상상할 수 있다. 그런데 1946년 몫으로 49년에 52억 원－그것도 1948년 초 화폐개혁 후의 기준으로－을 지원했다면 이것은 차금을 탕감(蕩減)으로 밖에는 생각하기가 힘들지 않을까 하는 것이다. 왜 그러냐하면 1946년의 통계집에 의하면 북한 인민위원회의 세입과 세출은 불과 9억 2천만 원대이었기 때문이며 1945~46년은 붉은 군대가 47년보다 4~5배 더 진주하고 있었기에[28] 1946년도 분으로의 "원조액" 7억 4천만 루불과 1947년분의 "원조" 1억 5천만 루불과의 낙차가 설명될 것이기 때문이다.

이것은 미군정에도 어느 정도 해당될 것이니 미군정이 웨드마이어 장군에게 제출한 보고에 의하면 1946년 12월에서 1947년 7월 사이에 275,962톤의 양곡을 수입하였고 47년 8월에서 12월까지 160,743톤을 수입한다고 했

28) 남한 주둔 미군이 편찬한 『북한정보요약』 1945년 1946년도의 북한소련주둔군의 槪數는 대략 20만에서 15만 이상이었는데 1947년에 들어와서 4만 5천 명(43호 1947. 8)에서 3만 5천 명(50호 1947. 12)으로 줄어든 것을 볼 수 있다.

으며[29] 미 육군부의 기록에 의한 미국에서 남한에 보내어진 Civilian Supply Commodities안의 양곡은 1946년에 181,141톤($20,701,251.21), 1947년에 500,187톤($68,789,777.34)이었다.[30] 즉 2년간 약 68만 톤의 양곡을 수입하였는데 그 가격은 9천만 달러에 육박했었다. 또 1948년에는 758차의 원조물자가 한국에 도착했는데 총계 232만 4,909톤이었고 그중에는 97만 톤의 석탄과 24만 톤의 석유, 26만 15톤의 양곡이 포함됐었고 금전으로 따지면 179,592,809.35달러이었다.[31] 그러면 이 수입한 양곡의 대금은 어떻게 결제했을까?

웨드마이어를 위한 보고에는 미 육군의 Civilian Supply Program(민간인 원조계획), Foreign Liquidation Commission Credit(해외물자청산위원회크레딧), UNRRA(국제연합구호복구처) 등에서 나온 듯이 적혀 있다.[32] 1948년 것 중에는 GARIOA(Government and Relief in Occupied Areas 점령지역행정구호계획) 등에서 나온 것이 확실하다. 단 해외물자청산위원회 차관 2500만 달러에 관하여서는 대한민국정부가 수립되어 이것을 그대로 물려받게

---

[29] United States Army Military Government in Korea: "The Present Economic Status of South Korea - A Report Prepared for Lieutenant General Albert G. Wedemeyer" 하지문서당 Entry 11070 P.10.

[30] HQ USAFIK to Civil Affair Division, Department of Army: "Final Report- Civilian Suuply Program in Korea. 하지 문서당 Entry 11070.

[31] HQ. USAFIK, Civil Affairs Section, Services of Civilian Supply. Subject: "Annual Report, USAFIK, Services of Civilian supply for 1948". RG338 Entry 11070 Box 71. 이 중의 양곡부문은 소맥 116,150(메트릭)톤, 쌀 73,878톤, 밀가루 33,437톤, 보리 25,175톤, 좁쌀 18,275톤, 설탕 71,167톤, 소금 115,835톤인데 특기할 것은 미군정은 남한을 위한 화학비료용으로 북한에서 5만 톤(대금 240만 달러)과 1천 톤($48,000달러)의 화학비료를 GARIOA자금으로 구입한 바 있다. 이것은 이 해 수입된 47만 톤 비료의 일부분이었다.

[32] 미군정시기와 그 이후의 미국원조문제를 전공하고 논문들을 쓴 이화여대의 김점숙 선생의 이 부분의 독후(讀後) 견해를 옮긴다. "수입양곡의 자금원이 대체로 확인될 수 있습니다. 가장 많은 부분을 차지하는 게 미 육군의 민간인 원조계획에 의한 것인데, 그 자금원은 미 육군부의 예산으로 미 의회에서 할당한 것입니다. 그리고 그 판매대금은 조선은행에 특별계정의 형태로 입금되었고, 따라서 세입에 편입되었다고 할 수 있습니다. 다만 그 대충자금은 임의로 사용할 수 없는 것이었고 미군정은 그것을 통해 통화량의 축소의 효과를 기대했기 때문에 그 자금을 방출하지 않았고 정부 수립 당시 한국정부로 이양되었습니다...." 여기에 인용하며 전문을 읽어준 김 선생께 감사한다.

되어 미국 측이 20년 기한으로와 저이자(低利子)로 상환할 것을 종용했음에도 이 대통령이 반도호텔을 미국 측에 500만 달러로 양도하고 일시상환을 고집하는 상황이 일어나 필자가 추적을 시도해 보았다. 요는 미군정청이 해외각지에 쌓여있는 미 군용잉여물자 중에서 미군정이 필요로 하는 물자들을 수입하기로 했고 이 잉여물자들은 미 국무부 대외교섭의 지렛대 역할이 기대되었음으로 '외상판매' 형식이 고집된 것으로 이해된다. 한국에 대해서는 1946년 9월 3일 OFLC 측에서 조건을 제시했고 러취 장관이 13일에 서명함으로 발효됐다. 미군정청에서 원했던 물자는 의료기구, 차량 및 부속품, 의복, 철도침목, 전신주, 목재, 어업장비, 소방장비, 전기기구, 텔레타이프 등 통신기구, 냉동장치, 시멘트, 종이, 화학제품, 선박 등이었다고 하나 의복, 텔레타이프는 미군정을 위하여 필요로 한 것이 명백한 것으로 인식되며 또 단가는 어떻게 매겨졌으며 선박수 등 구체적인 자료가 궁금하다. 하지 중장은 강경히 이 대여금은 미국정부 부처 간의 크레딧으로 대한민국정부에 넘길 성질의 것이 아니라고 주장했지만 결국 대한민국에 넘겨져 「미국정부와 대한민국정부간의 재정 및 재산에 관한 최초협정」 제9조에 명기한 바와 같이 한국원화로 받는 돈으로 한국 내에 부동산 등을 취득하게 규정되었다. 한국 측의 문헌에서는 OFLC에서 무상원조도 받은 것으로 서술되는 것도 있지만 의문시된다.[33]

---

33) OFLC와 미군정의 교섭에 관해서는 미국무부문서번호 895.24/11-1946 "Preference to Korea on Transfer of Surpluses", 895.24/11-2546 미군정이 원하는 물품목록, 895.24/11-1846 2500만 불 크레딧의 조건문서와 양자 서명문을 참조. 이 크레딧에 관한 미군정 측의 입장은 미군정 재정고문인 번스의 "Summary Report of Trip to Washington"과 부속 극비문서 약 150매 중의 Settlement of FLC Loan, Appendix B를 참조, RG 338 Entry 11070 Box 68. FLC "차관" 상환에 관한 미 측과 이 대통령 간의 대화록에 관해서는 국무부문서번호 895.24/8-648 895.24/8-949 (1949 7/22 8/9의 기록 참조). 한국문헌의 OFLC에 대한 인식에 관해서는 『한국산업경제10년사』(1945~1955) 540면, 546~547면 ; 『조선 경제연보』 1949, 1949년도분 참조. OFLC의 "무상원조"에 관한 의문은 국무부문서 Record of Office of Foreign Liquidation Commission Box 87 참조. 이곳에서는 일본이나 한국에 주둔한 관리 퇴역장교 또 미군매점 등에 군이 구입한 가격의 3분의 1 또는 2분의 1로 짚차 트럭 등을 매각하는 문서 등이 보이지만 대상국에 대한 무상원조는 나오지 않는다. 미군정청은 2500만 불의 크레딧에서 LST 12척을 단가 일척 당 38

5. 통화팽창의 비교

남한에 있어서의 통화팽창의 개황은 다음과 같다.[34]

1941/12/31	741(백만)	1947/1/31	18,278
1942/12/31	908	1947/2/28	17,689
1943/12/31	1,466	1947/3/31	17,199
1944/12/31	3,136	1947/4/30	17,240
1945/3/31	3,574	1947/5/31	17,374
1945/6/30	4,377	1947/6/30	18,036
1945/8/15	4,975	1947/7/31	18,637
1945/9/30	8,680	1947/8/31	19,497
1945/12/31	8,763	1947/9/30	20,445
1946/3/31	9,079	1947/10/31	21,804
1946/6/30	9,422	1947/11/30	31,012
1946/12/30	11,341	1947/12/31	33,388
1946/12/31	17,711	1948/3/24	29,540

이 표를 본다면 8.15에서 미군진주시까지 껑충 뛰었고 그리고 야금야금 오르다가 1946년 12월 30~31일간에 뛰었고, 1947년 11월에 크게 뛴 후에 1948년에 들어서면서 안정세를 유지하고 있음을 볼 수 있다. 또 이 표로서 1946년과 1947년 연말에 뛰고 1947년 11월에 뛰었다. 그 의미는 김영규 교수가 지적하는 바와 같이 곡물수집과 연말의 재정적자대책이었다고 보여 진다.[35]

만 7천 원으로 구입한 문서는 있다.

[34] RG 319 Office of the Comptroller of the Army, Foreign Financial Affairs Office, 1942-51, Box 414. Memorandum for the Chief, Budget Division: Visit of Under Secretary of the Army to Korea(April 11, 1948).

[35] 김영규, 「미군정의 금융통화정책」, 『미군정시대의 경제정책』, 한국정신문화연구원, 1992, 165쪽 참조.

북한에서의 통화유통액에 대하여 자세한 것은 알 수 없으나 1946년 9월 23일자 쉬티코프비망록에 끄라바노프가 야전은행에 3억 5천만 엔, 북조선 중앙은행에 1억 4천7백만 엔, 구화폐가 9억여 엔 있다는 보고에 의한다면 약 14억 엔을 소련군정에서는 장악하고 있는 것이 되며36) 미 정보당국은 북한민간에 유통하는 엔화가 화폐개혁 직전까지 약 20억 엔이 아닌가고 추산했고(『주한미군 북조선정보요약』제50호 참조) 남하한 조선민주당의 보고는 소련군표의 발행고가 약 60~80억 원에 이른다고 보았다(『북조선실 정에 관한 조사보고서』1947. 8). 소련군은 북한 진공(進攻) 시부터 엔화의 수거와 루불화의 사용을 강제한 것으로 알려졌다.37) 이상을 합계하면 소 군표와 엔화를 합하여 60억에서 최고 100억이 북한에 유통하는 것이 되어 북한 화폐개혁시의 남한의 유통고 310억의 약 3분의 1 이하가 되지 않나 생각된다. 참고로 1946년 5월과 12월의 북한과 남한의 물가지수를 비교해 보면 8.15를 100으로 삼아 북한은 428.2와 1040.9이었으며 남한은 831과 2516이었다.38) 북한도 소련군표의 남발로 1947년 말까지 남한의 절반정도 이기는 하지만 인플레이션이 계속되었으나 1947년 말의 화폐교환으로 물 가를 잡았다.

---

36) 이 수치는 1948년도판『朝鮮經濟年報』에 실린「通貨改革直前의 朝鮮銀行券의 北朝鮮實在量 推定」의 14억과 일치되고 있다(1~381쪽).

37) 남하한 한인과 일본인 피난민의 기술에 이곳저곳 산재하나 여기서는 함흥의 연합국군 포로 수용소를 해방직후 방문한 호주의 기자가 목도한 기사를 인용한다. "On September 18, the Russians suddenly began exchanging Roubles for Korean yen. When I heard of this circumstance I hitch-hiked into Kanko and made inquires. A prisoner named Sergeant Bill Pyke, of Sydney, came up and showed me a handful of roubles he had just received for Korean yen. He said they had been exchanged at the rate of one for one. He also told me that the russians were forcing the Koreans to exchange their money." "Next day I went to the market place in kanko and saw Russians approach with bags of paper roubles and force the people to hand over their yen. In every case the rate of exchange was one for one." Leonard E. Barsdell, Australian Rep. at GHQ for the Department of Information : 「Russian Occupation of Northern Korea」 MacArthur Memorial Archives RG 4, Box 2 "Korean Report, Sept 45-Feb/March 46" 참조.

38) 졸고 앞에 인용한「1946년 북한경제통계의 일 연구」201쪽〈1946년 남북한의 하반기 물가지 수 비교〉참조.

6. 미군정과 소군정을 통하여 본 한국인의 통치능력

1950년판『조선중앙연감』은 북한의 재정금융을 개관하면서 다음과 같이
서술했다.

　　해방 후의 북조선재정을 회고하면 1945년도에는 1억 원 미만의 재정으로 반
년을 보내고 1946년도에는 근근 11억 원의 재정으로써 제반 민주건설의 시초를
보장하였음에 불과하였다. 1947년도에 있어서 처음으로 북조선인민경제부흥발
전에 관한 예정수자가 발표되었는데 추가예산을 합하여 총예상은 80억 원에 달
하였다. 1947년도의 예산은 10억 원이 조금 넘는 잉여금을 남기고 무난히 실행
되었다.
　　1948년도에 있어서 북조선재정은 1947년도보다 그 생산력을 150%로 제고하
는 인민경제부흥발전계획을 보장하기 위하여 103억 원여의 예상을 편성하게
되어 1947년보다 23억 원여의 장성을 보았다. 이 예산액은 1947년 12월에 실행
한 화폐교환과 1948년도 초부터 실시한 경비절약에 관한 결정 실시로 말미암아
실질적으로 그 가치를 증대케 하였다. 이러한 1948년도의 국가종합예산은 조선
민주주의인민공화국의 수립과 부단히 향상 발전하는 인민경제에 의하여 수차
의 추가를 거듭하여 예산총액은 130억 8056만 2000원으로 장성되었다. 1948년
도 종합예산의 집행정형은 개괄적으로 총결하여보면 전기 예산총액에 대하여
실지수입은 155억 7134만 원, 지출실적은 136억 5408원으로 19억 1780만 5000원
의 수입초과를 보게 되었다(501쪽).

위에 인용한 북한당국의 북한재정서술은 자화자찬인 면도 있지만 1948
년도의 남한 세출 세입 결산액 즉 1947(1947. 4~1948. 3)의 192억 35백만
원과 3억 원, 1948년(1948. 4~1949. 3)의 152억 63백만 원과 114억 80백만 원
과 비교하면 비록 인구는 절반이라도 훌륭한 모양새를 갖추고 있는 것이
일목요연하다. 더욱이 남한은 인구가 월등히 많고 인플레가 심했고 미국
원조물자가 방대했었다는 것을 감안하여야 된다.

이 차이를 어떻게 설명하여야 되겠는가의 문제는 갑론을박이 있을 수 있지만 한 가지 지적할 수 있는 것은 한국인의 자치능력은 우수했다는 것이 증명된다는 점이다. 남한에서도 적당한 환경만 주어진다면 남한국민이 주체적으로 경제를 잘 끌고 갈수도 있었다는 이야기이다. 잘 아는 바와 같이 미군정 요원 중에서는 한국인이 훈련부족임으로 아직 행정을 맡길 수 없다, 없었는데도 맡겨서 낭패를 보았다는 논이 무성했었다.

하지 장관은 "한국인들은 아주 개인주의적이며 상대하기 힘들며 비협조적이다. 자기들끼리도 비융합적이다. 한 문제의 해결책을 위하여 그들 10명을 한방에 모이게 하면 30분 안에 4~5패로 갈려 싸운다. 저들은 합의하기 힘든 사람들이다. 문자 그대로 정말 그렇다."고 미국에서 방문객들이 올 때마다 똑같은 말을 외곤 했다.[39] 또 미군정청하에서 신한공사 총재를 지냈던 미첼 교수는 한인들은 일제하에서 전문직업적인 자리를 가진 적이 없기 때문에 수년간에 걸쳐 집중적인 훈련을 마친 후에야 자리를 맡길 수 있다는 것이 대부분의 미 행정직원들의 의견이었다고 서술한다. 그런데 1946년 가을부터 워싱턴 중앙정부는 장(長)자리는 한인에 모두 내어주고 미국인은 고문으로 남으라고 부단히 압력을 가해와서 그대로 시행하니 한인들은 고문들을 따돌리고 멋대로 행정하여 적산(敵産)은 간데없이 없어지고 공장들을 노략질하고 기계들을 훼손시켜 없애버리고 말이 아니었다고 회고했으며 어린애들에게 정밀한 값진 기계를 가지고 놀게 한 것과 같았다고 탄식했다. 또 한인의 비타협적성격, 맹목적인 자랑, 교조주의(敎條主義), 내향성(內向性) 등은 장구한 외국 침략 지배하에 뿌리를 둔 민족적인 열등감과 관련된다고 진단도 하였다.[40] 미국인들의 한인비판은 그래도 은근한 편이었다. 모질고 혹독한 비판은 영국총영사가 본국에 발송하는

---

[39] Orientation for the House and Armed service Committee, By LT Gen. Hodge, 4 October 1947. Record Group 338, Entry 11671 Box 4 참조.

[40] Charles Clyde Mitchell, KOREA: Second Failure in Asia, Public affairs Institute, Washington D.C. 1951. Part 4, "1947: Year of Deterioration" 참조.

기밀보고 중에 노골적으로 보이고 있다. 우리는 영국정부의 주서울 총영사 D. W. Kermode의 보고에서 대외비(對外秘)의 장막 아래 하고 싶은 말을 모두 내뱉는 한 서구인의 시각을 소개해본다. 물론 여기 소개한 것들은 단지 그중에서 황당 과격하지 않은 측에 드는 예들이다.

FO 391/94249 (1945년 12월 29일). 현금 미국군정청에 고용되고 있는 한국인들은 거의 절망적일 정도로 무능하다고 보여진다. (그래서) 미군정은 (독립국가운영에) 무능한 사람들에게 부당하게 독립을 줄 의사가 전혀 없다.

FO 371/63835 (1947년 5월 22일). 한국정세에서 돌출되고 있는 요소들은 다음과 같은 것이다. 한국인들은 현재 자신들을 다스릴 능력이 없고 러시아 사람들은 한국을 괴뢰로 만들려 하고 있고 - 지정학적인 필요성에 의하여, 미국인들은 그들에게 열린 단 하나의 길인 한국인들에 대한 정치교육과 경제원조로 이를 대항하려한다.

현하 남한정세는 가히 폭발적이다……그들의 목적은 미 점령군을 떠나게 만들어 저들 자신의 정부를 수립하고자 하는데 있다. 그러나 그렇게 되면 그들이 단결 못하고 행정경험이 없기 때문에 저들의 나라를 위하여는 큰 불행이 될 수밖에 없다.

FO 371/54252 (1946년 8월 21일). 한국인들은 사회상의 협력(이 필요할 때)에 자발적으로 합작할 능력이 없다는 사실은 한국의 전체 역사를 통하여 볼 수 있는 한인의 특징이며 한인사회생활의 재난이다(좌우합작이 지지부진한 데 대하여).

〈민간인 원조프로그램〉기금을 이용하여 억지로 재차 끌어들인 16,000톤의 소맥이 미국에서 7월에 도착했다. 저들의 곡간을 부풀리게 하는 이 추가식량에 한국인들은 결코 감사해 하고 있지 않다. 그는 일본인 통치하에서는 모든 사람들이 먹고 남을 충분한 식량이 있었는데 미군정하에서는 거의 없다고 중얼거린다. 진실로 저들은 자기들이 저지른 모든 태만과 모든 재난이 미군정 때문이라고 비난한다. 한국인들은 너무나 통제에 습관이 되어서 공동선을 위하여 자원하여 일하는 자질이 결핍되었다는 사실을 사전에 알지 못한 점이 비난당하여야 될지 모른다.

FO 4990/511/81 (1948년 4월 8일). 한국을 민주주의의 잣대로 잰다는 것은 비현실적인 것이다. 한인들은 민주주의에 대한 경험이나 이해가 없다. 저들은 우리가 이해하는 민주주의라는 틀 안의 그것을 원하지도 않는다. 저들이 원하는 것은 외세의 간섭없이 저들식대로의 생활을 영위하며 민주주의의 여러 면모 중에서 성공적으로 흡수할 수 있는 것을 수용하려는데 있다. 이른 단계에 경제 원조를 준다면 한국은 서구의 어느 나라에 못지않게 자신을 잘 먹일 수 있겠고 (물질적으로도) 다소의 풍성을 갖출 수 있을 것이다. 한국이 이러한 단계에 도달할 것인지에 대하여는 몇 가지 변수가 존재한다. 그 첫째로 가장 결정적인 요소는 소련이 한국을 공산화하려는 결심과 이를 저지하려는 미국의 노력의 투쟁결과 여하에 달렸다……둘째의 요소는 한인의 성격이다. 과거 2년 반 동안 한인들은 저들의 과업달성에 비견할만한 속성을 발휘하지 못했다. 창발성, 자진성, 책임을 질줄 아는 능력, 정직성, 협력, 상부상조, 검약정신, 개인의 이익이나 생존을 초월하여 무엇을 위하여 일할줄 아는 희생정신, 이 모든 (성공적인 국가건설을 위한) 필요불가결의 자질들을 가지고 있지 않은 듯하다.

저들의 변호자들은 다음과 같이 이론한다. 미군정의 실망스러운 행태로 저들에게 기회가 주어지지 않았다느니, 높은 자리에서의 부정직은 급료가 적어서이라느니, 미군정이 지폐를 남발하여 재정적자를 메우는 짓이 통화팽창을 낳고 이것이 한인 개개인들로 하여금 산다는 것이 생존수단밖에 되지 않고 따라서 도둑은 필요악인 것이라느니, 산업은 돌아가는 기계부족으로 불구자가 되어 버렸으니 한국의 장래와 한국문제가 해결되지 않는 한 일할 희망이 없어서 그렇다느니……하는 이 모든 주장에 일리가 없는 것이 아니다.……저들이 교육에 가지는 열망은 대단하나 그러나 그들이 아주 작은 것에라도 천생적으로 협력 능력부족인 것은 크나큰 핸디캡이다.

FO 6388/511/81 (1948년 3월 27일). 한국인들은 타고난 기회주의자들이다. 저들은 무슨 일을 꼭 하여야 된다고 왁자지껄하다가 그것이 이루어지자마자 다시 더 큰 소리로 또 분노하면서 그것을 부수어 버려야 한다고 떠들어 대거나 상호간 뜨거운 논쟁 속에서 일천 개의 파벌로 갈라져 버린다.

이상의 서술에서 보는 비판은 한인 정치가와 관리들을 대상으로 한 것인데 미첼 교수는 1946년에 있어서 남한사회의 주도세력을 1) 외국에서 돌아온 우익독립운동가들 2) "인민공화국" 구성세력 3) 토착우익, 친일파, 미군정기에 벼락부자가 된 암거래상인이나 적산을 빼어먹은 산업지배인들로 구분하고 사려깊이 인민공화국에서 공산당만을 제거하여 이 세력을 살리지 못한 것을 탓했다. 그의 관점에서 보면 1946년은 미군정에게 있어서 '무위(無爲)의 1946년'(year of inaction) '호기회(好機會)를 낭비한 해'(year of wasted opportunity)이었고 1947년은 '추락(頹落)의 해'(year of deterioration)이었다. 그리고 미군정은 '통역이 주도한 정부'(Government by interpreters)이었다. 그는 아마 우익인사로는 처음으로 북한에서는 소군정이 효율적으로 한인을 사용했는데 미군정은 민족을 위하여 열성적으로 헌신하려는 주도세력의 발굴에 실패했다는 점을 강조한 것이다. 그러면 그 당시의 남한 사정으로 보아서 공산주의자를 제거한 인민공화국 세력의 이용이 가능했던가?

그러한 가능성은 아예 없었든가 매우 힘들었으리라고 생각된다. 소련 군정은 쉬티코프비망록 도처에 보이듯 전심전력을 다하여 남한에서의 전복활동을 조장하려고 돈과 인력의 지원을 아끼지 않았다.

1946년 9월 16일. 북조선에서 남조선으로 반출한 출판물을 증대시킬 것……대중적인 시위와 항의를 조직할 것.
1946년 9월 26일. 로마넨코에게 다음과 같은 지시들을 하달하였다……
6. 미군정이 남조선에 수립하려고 하는 정부에 참여하지 말 것. 왜냐하면 이것은 중앙정부의 수립을 앞당길 것이기 때문에.
1946년 9월 28일. 남조선에서……5백만 엔을 요청하고 있다.……2백만 엔을 지급.
1946년 10월 1일. 남조선인민을 지원하기 위해 매일 2시간씩 노동시간을 늘리고 그 임금을 남조선지원 기금으로 공제하는 것을 허락해줄 것을 요청하고 있다. ………서울에서 시위를 시작할 예정이다. 3백만 엔을 더 요청하고 있다.

1946년 12월 6일. 박헌영에 대한 재정지원을 신속히 해결해 줄 것을 요청하고
있다.

1946년 12월 7일. 로마넨코. 그의 구좌에 있는 돈 122만 루블에 대하여 논의했
다. 그 돈을 박헌영에게 전달하고 구좌를 정리할 것을 명령했다. 박헌
영에게 지출된 돈의 총계를 확인하여 보고하라고 지시했다.

이상 쉬티코프의 비망록에서 볼 수 있듯이 소군정에서는 남쪽에 대한
공작이 생리적인 것이었는데 남쪽에서는 김구특무대에 의한 북쪽 침투는
있었지만 원체 북한의 체제가 느슨한 것이 아니어서 별 효과를 보지 못했
다[41]. 여기에 전통적으로 자신의 민주주의 우월성만 믿고 전통이 판이한
한국에 도착한 미군정은 곤란에 직면 안할 수 없었던 것이다. 남한 내에서
미군정이 성공할 수 있으려면 경제적인 혼란 속에서 남한인의 협조를 구
하려면 남한인을 위한 비전이 확고하여야 되었는데 그럴 경황이 아니었
다. 미군정에 협조할 수 있는 주도세력의 발굴에도 그리 성공적이었는지
의문이다. 영국 컬모오드 총영사의 보고 중에서도 일제 경찰에 봉사했고
미군정청이 계속 사용하는 부류에 대한 한인 일반의 혐오감은 대단한 것
으로 묘사되고 있다. 그런데 미군정은 1947년 6월 현재 경찰총인원 28,107명
중에서 5,000명이 왜경 출신이라는 것이고(FO 371/63836) 그들은 경찰의 중
핵을 형성했었다. 왜경 출신을 일소한 북쪽과 남한 좌파는 사사건건 이 문
제를 들고 나왔다. 북한에 들어가 초대 무임소상(無任所相)이 된 경상도
출신 한 학자가 웨드마이어 특사에게 친일경찰을 제거해 주면 한인은 모
두 공산주의를 반대할 것이라는 취지의 편지를 쓴 데에서도 당시의 감정

---

41) 1949년 초에 만들어졌다고 생각되는 북한보안기관의 일 문서는 북조선 변전소기술자들의
의도적인 남한지원으로 1억 8천여만 원을 손해 보았다고 썼다. 즉 "평양 문수리 변전소에
잠입한 기술자 32명은 남조선에서 매인당 월 1,200원씩 돈을 받고 남조선 송전 스윗치에 동
선 한선을 교묘하게 걸어 노음으로 규정된 電力 이외에 8,000KW나 더 보냄으로써 1억 8천
여만 원을 국가에 손실을 준 사실"을 들었다. 신노획문서 201248호.

의 흐름을 추측할 수 있겠다. 북한진주초기의 소련군의 '만행'도 한반도주민들의 반공정서 형성에 주요 인소이었다는 것을 간과해서는 안 될 것이다.[42]

미군정이 성공할 수 있었던 아마도 유일한 길은 우익 김구의 '정통성'과 조직을 이용하여 우선 친일경찰을 숙청 또는 휘어잡고 임시정부세력과 일부 인공세력을 결합시켜 이를 기간으로 기층행정을 맡기는 것이 아니었던가 생각되나 이것은 어디까지나 상상에 불과하다. 미국인들은 미국에서 교육을 받고 미국선교기관이 길러낸 김규식을 제외하고 임시정부 출신은 중국의 괴뢰로 기피하는 경향이 있었다. 결국 미군정의 혼란상은 한반도라는 소군정과의 대결 특수환경에서 기층적인 행정을 맡길 주도세력을 배양하지 못한 대가이었다고 말할 수 있을지 모른다.

---

[42] 주둔 초기에 있어서의 소군의 만행에 관한 한인 1인의 자료는 매우 많지만 여기서는 앞에서 인용한 호주인 기자 Barsdell의 목격기 일부를 적는다. "What I wish to record is based on fact and what I saw personally, and NOT on what I heard. On seven successive days I saw Russians looting in Kanko(함흥) and Konan(흥남) districts, and areas to the south and north. On one occasion I asked, and was allowed to accompany a looting party. The procedure was this: The Russians, armed with tommy-guns, would drive up to a Korean or Japanese house, fire a few shots in the air, then break into the house, drag out what women(mostly young girls) they could find, put them into the truck along with furniture and any other articles that caught their eyes, and drive off to their barracks. After a day or two the girls are thrown on the street. On the occasion I accompanied the looting party, I protested when the Russian brought forth a young girl in tears. They laughed, waved their guns at me significantly, and carried on with the business." "All along the line, from Kanko to the American lines, there is a stream of Korean and Jap refugees trekking south. A few I interviewed said they were escaping from the Russians whom they feared...I saw this line just out of Kanko, I saw it entering the American zone, some two hundred miles to the south. I don't suggest that the line stretches that distance without a break, but it is significant". 약탈된 여자들은 장교들의 현지처도 되었고 일본군의 위안소와 같은 강제매춘시설도 만들었다고 믿어진다.

7. 맺는말

하지 중장은 정부수립 후 미국에 돌아가 조지아주에 본부를 둔 제3군의 사령관으로 재직하고 있을 때 평양방송이 보낸 김규식의 반미·반대한민국·친북의 연설문을 굿펠로우로부터 받고 나서 다음과 같이 감상문을 회서에 적었다.[43] 즉 나는 김규식이 과거에 공산주의자이었다는 것을 의심하지 않았고 진정으로 전향했던가에 대하여 의구심을 가지고 있었지만 정부에 참여할 기회를 주었었다면 민족주의에 충성할 수 있었다고 믿고 있다. 유엔군이 서울을 수복하여 김규식, 원세훈, 안재홍을 사로잡으면 종신징역이나 교수형에 처해지기를 바란다고 하였다. 하지는 김규식의 방송을 구미식 개인존중주의하에서의 고백이라고 착각하고 분노한 점에, 한국인에 대한 그와 그 군정의 표피적인 이해를 보여주는 것 같다. 그런 이론하에서는 세균전 고백방송을 한 수많은 미국조종사들도 모두 교수형감이다. 당시 미국이 한반도에서 붙잡을 정치세력에는 선택지가 많지 않았다. 이승만, 김구 등을 제외하고 좌우합작파를 중심으로 북측과 타협하여 공산화될 위험성이 많은 통일국가를 건설해주는 길은 미국국익을 위하여는 매우 불안한 길이었다고 관찰된다.

미국은 결국 이승만노선을 채택할 수밖에 없었지만 이승만 박사는 애국지사형의 정치가(politician)이었고 치국능력(治國能力)을 지닌 대국적(大局的)인 위정자(爲政者, statesman)는 되지 못했다. 재미 40년의 그의 행적을 보면 곧 알 수 있다. 그가 가는 곳마다 절대추종자가 있었고 분쟁이 뒤따랐고 아수라장을 제조하기 일쑤였다. 그는 민족의 대비극인 6·25전쟁 발발에 속수무책이었다. 속수무책이란 말이 꼭 큰 일이 일어나는데 어떡하여야 될지 모르겠다는 표현이라면 이 표현도 틀렸다. 그가 한반도에서 일

---

[43] 1950년 9월 19일발 회서. 원문은 굿펠로우 대령 후손 소장.

어날 민족의 일대비극을 예견하고 있었는지 그런 능력이 있었는지 의문이다. 치국능력의 문제이었다.[44]

6·25 동족상잔의 축소판은 벌써 남한 내에서도 일어나고 있었다. 1948년에서 1949년에 걸쳐 남한 곳곳에서 군경에 의한 한마을 몰살사건들이 일어났다. 부녀자 아동 아기 할 것 없이 도살한 그 불행한 증오심은 어디서 온 것인가? 그것은 동료들을 처형한 빨치산에 대한 보복행위이었다. 또 더 물러갈 곳이 없다는 남한 내 기득권층의 처절한, 생존을 위한 의사표시이기도 했다. 그리고 이러한 상호 증오의 불씨는 스탈린의 소련공산주의가 짚었다는 것을 이 글에서 들어내려고 했다. 미소군정의 차이점들을 구체적인 수치상의 거점(據點)을 비교하면서 확대해석하였다. 요원지화(燎原之火)를 잉태한 미소군정기의 여러 불씨를 간접적으로 살피는 것도 이 글의 하나의 목적인 것이다.

이 글을 수정하는 마지막 단계에 필자는 1946년 6월 26일의 '김일성의 연설'이라는 것을 보았다. 그것은 다음과 같이 되어 있다.

"그들은 북조선의 공장, 기업소의 설비들을 자기 나라로 뜯어가는 등 여러 가지 그릇된 행동을 하고 있습니다." "지금 북조선에서는 소련사람들이 찍어낸 군표를 쓰고 있습니다. 그들이 군표를 마음대로 찍어내고 그것이 광범히 통용되다보니 나라의 경제와 인민들의 생활에 부정적 영향을 미치고 있습니다. 소련 사람들이 돈을 쓸 일이 있으면 주인인 우리한테서 달라고 하여 써야 하겠는데 오히려 주인인 우리가 돈 한푼을 쓰자고 해도 그들

---

44) 김구가 이승만과 다른 점은 자신의 정치적인 과오행위를 수정할 능력을 소유했다는 점이라고 보고 싶다. 군정 초기의 강경 극우노선에서, 통일과 민족상잔을 피하기 위한 남북협상과 외국군 철수로 돌았고 어쩔 수 없이 내전이 임박했다는 절박감에서 다시 미군철수불가론으로 선회하였다. 방선주, 「임정의 광복활동과 미주한인의 독립운동」, 『백범 김구의 민족독립 통일운동』, 1997년 10월 30일 백범 김구선생 탄신120주년기념 국제학술대회, 58~59쪽 참조. 필자가 그 인품을 좋아하던 미군정요원 클래런스 윔스는 만년에 필자의 질문에 대답하면서 "이승만은 정치가이지만 위정자(爲政者)는 아니고 김구는 돌대가리, 여운형은 기회주의자, 김규식은 오케이"이라고 한국어로 평가한 적이 있었으나 김구는 결코 석두가 아니었다.

한테서 달라고 하여 써야 하는 형편입니다."45) 이 '연설'이 필요성에 의한
1990년대의 제작인지 또는 1946년에 몰래 발표한 연설인지에 대한 규명 면
에 대해서는 필자는 당장의 관심을 가지지 않는다. 관심을 가지는 부분은
사필귀정(事必歸正)으로 사실이 북한 최고 당사자의 '입'에서 나왔다는 것
이요, 필자의 본론과 일치된다는 점이다. 무릇 남북 군정당국이 군표를 남
발한다든가 조선은행권을 남발하는 이유는 자신들이 주인이기 때문에 가
능한 것이고 주인이기 때문에 남북 모두 비현실적인 환율을 선호했다는
것이다. 차후 북에서 러시아에서 또 미국쪽에서 신자료가 나올 때 미소군
정의 비교연구는 당연히 1단계 더 높은 수준으로 발전할 것이며 본 논문은
그 단계를 위한 디딤돌이나 거름의 역할을 하는데 자족할 따름이다.

❖ 『미군정기 한국의 사회변동과 사회사』 I, 한림대학교 아시아문화연구소, 1996

---

45) 김일성, 「현시기 나라를 자주적으로 발전시키는데서 나서는 몇가지 문제에 대하여 −남북
조선공산당 책임일군협의회에서 한 연설」, 『김일성전집 3』, 1992, 518∼519쪽 참조. 이것은
카터 전 대통령의 방북과 관련되어 나온 것으로 간주된다.

한국전쟁 당시 북한 자료로 본 '노근리' 사건

1. 서론

1999년 9월 말 미국의 AP통신이 '노근리 양민 학살 사건'이라는 특종을 보도한 후 많은 사람들이 이 문제는 이것으로 일단락되었다고 믿었다. 그 이유는 황간의 피해자들이 끈질기게 문제를 제기해 온 데다가 사건 자체가 북한의 남한 점령기 신문에 보도된 바 있었고 미국 참전 군인들의 고백도 사실을 뒷받침하였기 때문이다. 그러나 새해에 들어와서 미국 측 조사 팀 사이에 미묘한 기류가 흐르는 듯하더니 드디어 핵심 군인이 증언을 부인하고 있다는 기사들이 미 언론을 통하여 나오기 시작하였고 당사자가 종전의 증언을 번복하기에 이르렀다. 더욱이 "미군은 '노근리' 사건과 무관하다, 노근리 철로 다리 밑 터널에서는 사건이 일어나지 않았다, 남한 우익의 소행일 것이다" 등등의 이야기도 나오기 시작하였다. 그래서 이 새로운 상황에 대처하는 근본적인 사실 재검토 작업이 긴급한 과제로 등장하게 되었다.

필자가 이 사건과 관계를 갖게 된 것은 한국 내의 몇몇 연구소나 관심을 가진 인사들의 문의가 문민정부의 성립 전후부터 들어오기 시작하여 미 24사단과 기갑사단의 기록을 열어 본 것이 전부였으나 20년 이상 노획문서를 들여다 본 연고로 북쪽의 유엔군 측 '잔학 행위' 보도에는 익숙한 편이었다고 생각되어 노근리를 북한 자료에 국한하여 다루어 보기로 하였다. 미국 측의 자료는 미국 측 조사팀이 더 잘 알 것이고 피해자들의 증언 관계는 한국 측 조사단이 더 잘 알 것이기에 필자는 기본적으로 이상의 두 자료원(資料源)은 취급하지 않기로 방침을 정하였다.

2. 인민군 제1군단 지휘부 8월 2일자 문서의 검토

미 제1기갑사단 7연대 1대대는 8월 15일 39.7~50.4 지역에서 두 건의 문서를 노획하였다. 이 문건들은 사단 본부의 정보참모부에서 같은 날 오후 7시에 인수하여 17일 오전 8시에 대략 번역한 것을 등사하여 관련된 부문에 배포하였다. 첫 번째 문건은 8월 2일자의 것이고, 두 번째 문건은 8월 8일자의 것인데 그 제목은 각각 「복수하기 위하여 증오심을 북돋우자」, 「산하 부대 주의사항」이었던 것으로 추정된다. 개술(概述)된 번역만 남아 있고 원문이 없기 때문에 영어 번역에서 그 원래 제목을 추측할 수밖에 없기 때문이다. 첫 번째 문건은 '노근리' 사건 발견 이후 5일이 채 안돼 미군에 의하여 철로 굴다리에서 민간인이 학살된 내용을 산하 부대에 주지시킨 문서라는 점에서 그 의미가 크다. 그래서 이 문서는 '노근리 사건' 연구에서 불가결의 기본 자료가 되는 것이며 이 자료 자체와 유사 자료의 유무, 출현 상태, 기타 북한 측의 선전과의 관계에 대하여 심도 있게 음미해 보아야 할 것이기에 아래에서 미군이 추려낸 내용을 다시 한역(韓譯)해 본다.

제1군단본부

비밀

1950년 8월 2일

제목 : 복수하기 위하여 증오심을 북돋우자
수신 : 산하 모든 부대

인민군이 소유한 가장 중요한 원칙은 인민의 복지를 위하여 싸운다는 것이다. 그러므로 우리는 인민에게서 떨어질 수 없으며 우리는 인민의 명령을 받는다. 때때로 적은 인민군과 인민 사이를 이간하기 위하여 모든 수단을 쓰고 있다. 더욱이 그들은 무차별로 무고한 인민들을 처형하고 있다. 역적 이승만은 미 제국주의자들의 도움을 받아 과거 5년간 수천 수만의 남조선 노동자들을 학살하였다. 저들은 학살할 뿐만 아니라 내전을 일으켰다. 현재 제국주의자들은 전쟁에 직접 참가하며 저들의 무력을 바탕으로 민간인들을 야만스러운 방법으로 학살하고 있다. 그러나 인민의 명령을 받는 인민의 군대 앞에서 악질적인 적은 소멸되어가고 있다. 현재 악당들은 조선에서 축출될 지경에 이르렀다. 인민군과 인민간의 견고한 유대 관계를 두려워하는 적들은 인민 군대가 아직 해방하지 않은 지역에서 우리의 사랑하는 부모 형제 자매들을 처형하고 있다. 서울과 그 남쪽에서 수집한 증거에 의하면 11,148명에 이르는 민간인들이 처형되었다. 적은 지금 이 시각에 이르기까지 인민을 학살하는 용서할 수 없는 만행을 마음대로 자행하고 있다. 영동의 한 철로 터널에서 적이 민간인 등을 처형한(execute) 것이 발견되었는데 그 숫자는 확인되지 않았다. 민간인들을 처형하는(executing) 방법은 낮에는 비행기의 기총소사(機銃掃射)로 또 밤에는 포탄 사격으로 자행되었다.

영동 부근의 한 터널에서는 약 100명이 처형(executed)된 것을 발견했는데 아기들이 어머니 가슴에 매달려 있는 참상은 차마 눈으로 볼 수 없는 광경이었다. 약 10명이 시체 밑에서 4~5일간 누워 있다가 살아남을 수 있었다. 이들 10명의 생존자들은 눈물을 흘리면서 저들이 받은 행위에 원수를 갚아 주도록 호소하였다. 우리는 이러한 야만적 행위에 대하여 단연코 구체적인 대책을 세울 것이며 모든 부대 구성원들에게 다음과 같은 명령을 내린다.

1) 모든 문화부 종사자들은 영웅적으로 전투 중인 인민군 전사들에게 영동 민간인 살육 만행을 선전하여 적을 완전히 소탕하도록 증오심을 높일 것.
2) 각 중대의 문화부 담당자들은 이 명령에 의하여 이 선전 사업을 철저하게 주지시킬 것.

3) 문화부 담당자들은 적이 이후에도 이러한 만행을 저지를 것임을 전사들에게 알림으로써 가능한 한 조속한 시일 안에 이런 처지에서 인민을 해방하기 위하여 싸우는 것이 저들의 책임이라는 것을 느끼게 할 것.

4) 인민군 모든 전투원들에게 이 사건을 주지시킬 것.

제1군단 군사위원　김재욱
문화부사령관　　　최종학

이 문건에서 First Army Group이라고 되어 있는 명칭은 제1집단군이라고 번역하는 것이 낫고 사실상 자칭 '제일군집단지휘부' 문화부 사령관 최종학(8월 21일, 25일자) '제1군집단 지휘부' 문화부사령관 최종학(8월 27일), '제1군집단 지휘부' 군사위원 김재욱(8월 29일), '제1군 집단지휘부' 군사위원 김재욱, '제1군 집단지휘부' 사령관 김웅, 군사위원 김재욱(8월 28일)이라고 한 것이라든지 필사 문건의 띄어쓰기로 보건대 제1군단 즉 First Corps를 의미하는 것으로 보인다. 집단군(army group) 밑에 군(army), 군 밑에 군단(corps)이 있고 1개 군단이 통상 2~3개 사단으로 구성된다는 데 비추어 보면 이것은 제1군단으로 번역하는 것이 정확하고 후술의 다른 번역에서도 1st corps로 되어 있어 이렇게 번역 시안을 만들었지만 자칭은 제1군 집단지휘부였다.[1] 그러나 제2군단은 '제2군단'이라는 호칭을 사용하였고(7월 11일 #200931 문서) 또 제2집단군이라는 이름도 사용하였다(8월 16일 #200313 문서). 이 문서의 중요성에 비추어 그 영어 번역을 전재(轉載)하는 바 최종학을 CHEH, Chon Haku라고 번역해 놓은 것으로 보아 번역자는 제1기갑사단에 고용된 일본인 또는 일본계 미국인 것으로 짐작된다.

---

1) 노획문서, SA 2006 16/15, 「315군부대 문화부 상부지시문철」 참조.

Cultivation of Hatred to Obtain Revenge

The most important part of the principles of the people's Army is that we must fight for the benefit of the people. Therefore, we cannot be separated from the people and are receiving their order.

At times, the enemy is using every means to severe the relation between the people's Army and the people. Traitor Rhee Sung Man, with the aid of Imperialistic America in the past five years has executed tens of thousands of laborers living in South Korea. Not only did they execute, but have brought about a civil war. The Imperialists at present are participating directly and with their military might are performing barbaric act of killing civilians. In front of the People's Army who receives its order from the people, these wrongful enemy are being destroyed. At present, it has come to the point where the bastards will be chased out of Korea. The enemy who fears the solid relation between the People's Army and the people are executing our beloved parents, sisters, and brothers in areas that have not been liberated by the People's Army. According to evidence gathered in Seoul and the south, it is shown that a total of 11,148 civilians have been executed. This enemy, even at present, is continuing the unforgivable act of executing the people at will. In a railroad tunnel at Yongdong, it was found that the enemy had executed unk number of civilians. The method used for executing these civilians are by aircraft strafing during the day and by arty fire during the night.

In the tunnel near Yongdong it was found that approx(sic) 100 persons were executed and to see babies clinging to their mother's breasts, was more than anyone could stand. There were approx 10 persons who had laid under the dead for four to five days and were able to escape. These 10 escapees, with tears in their eyes, asked us to get revenge for their treatment. We will establish a concrete measure against such savage act, and will issue the following instruction to all military personnel.

1) All Cultural Department personnel will propagandized the soldiers of the

People's Army, who are fighting heroically, concerning the slaughter of the citizens of Yongdong, by this means exhalt(sic)(exhort : 필자) hatred for the enemy and completely destroy them.

2) Cultural Section personnel of each company will in accordance with orders, make full disseminating of this propaganda.

3) The Cultural section personnel will, by informing the soldiers that the enemy will hereafter continue to carry out these savage acts, cause the soldiers to feel that it is their duty to fight and liberate their people from such treatment as soon as practicable.

4) Disseminate this information to all soldiers of the People's Army.

> Military Affairs Committee, 1st Army Group
> KIM, Che Ouk
> OIC, Cultural Section
> CHEH, Chon Haku

위의 번역에서 궁금한 점은 영어 번역에 execute라고 쓴 단어가 인민군 제1군단에서 작성한 원문에는 무엇으로 표기되었는가 하는 점이다. 터널에 숨어 있는 민간인들을 비행기의 기총소사와 포탄 사격으로 '처형'하였다는 말은 어딘가 어색해 보인다. 오히려 살육(slaughter)하였다는 표현을 썼으면 말이 될 것이다. 또 이 영어 번역은 summary translation이라고 하였으니 중요한 사항을 번역자가 빠뜨린 것이 있지 않을까? 그래서 필자는 노획문서 가운데 인민군 문서와 일기 종류를 다시 샅샅이 뒤져보았으나 찾지 못하였고 미국 조사팀에 부탁해 보았으나 역시 찾지 못한 것 같다.

그러던 중 필자는 꼭 같은 문서의 다른 영어 번역을 찾아냈다. 북한 노획문서 연구자들에 잘 알려진 「적의 문건」(Enemy Documents) 시리즈는 1950년 9월 26일에 제1호가 나왔고[2] 그 전에 존재했던 극동군 번역통역과의 「최신 번역문건」(Current Translations)이나 「적 문건의 예비 검토」

(Preliminary Examination of Documents)는 잘 알려지지 않았다. 「적 문건의 예비 검토」는 7월 21일에 시작해서 9월 6일 제20호로 끝나는데 그 13호 (8월 22일 발행)에 8월 2일자 문건이 포함되어 있다. 이 문서 번호는 200189호이나 신노획문서 시리즈에 포함되어 있지 않으며[3] 역시 원문의 소재가 불분명하다. 여기서는 굴다리에서의 희생자가 2,000명으로 되어 있는 것이 특색이며 또 7월까지의 민간인 희생자 총수 11,148명을 학살 지역별로 세분한 부분을 번역한 것이 앞의 문건과 다른 점이다. 전체적으로는 앞의 문건보다 번역이 세련된 느낌을 준다. 이것은 7매의 필사 문서로 구성되어 있으며 또 같은 사본이 395부대 모대대(某大隊) 허인회 문화부 대대장의 명령으로 존재한다고 한다. 이 번역은 앞의 미 기갑사단의 번역을 참조한 것 같지만 기갑사단이 노획한 그 자체는 아닐 것이다. 이하 그 전문을 인용한다.

Subject : Cultivation of Hatred to Obtain Revenge
To : All units of this command

One of the basic foundations for the victory of the NKPA is that we are an army of the people and cannot be separated from the people who support us. This is why the enemy is using every means to sever the relations between the People's Army and the people. Furthermore, they are indiscriminately executing innocent people. In the past five years, Traitor RHEE Syngman, with the aid of imperialistic AMERICA, has executed tens of thousands of laborers living in SOUTH KOREA. Not only did they perform executions, but they caused a civil war. At

---

[2] Far East Command, Military Intelligence Section General Staff, Allied Translator and Interpreter Section, "ENEMY DOCUMENTS," *North Korean Forces Issue*, No.1, 26, September 1950.

[3] 필자가 기밀 해제시킨 170여 상자의 신 노획문서는 200047호로 시작하여 200117, 200118, 200119, 200131, 200174, 200177, 200180, 200190 등으로 이어진다. 즉 200189호는 남아 있지 않다는 이야기일 것이다.

present, the US imperialists are participating directly, and with their military might are performing the barbaric act of killing civilians. In front of the People's Army, supported by the people, these unjust enemies are being destroyed. Now it has come to the point where the scoundrels will be chased out of KOREA. The enemy, who fear the solid relationship between the People's army and the people, are executing ou beloved parents, sisters, and brothers in areas that have not been liberated by the People's Army. According to evidence gathered in SEOUL and the South, it is shown that approximately 11,148 civilians have been executed. This total is broken down as follows:

YONGDONG	600
SUWON	1,000
PYONGTAEK	150
UBCHEN	900
PUYO	2,000
CHOCHIWON	158
KYU AM-NI	20
TAEJON	4,000
TUKSUM	20
CHONGJU	2,000
KUMCHE	60
KUNSAN	400

This enemy is now becoming more desperate and is continuing th unforgivable executions. In a railroad tunnel at YONGDONG, it was found that the enemy had executed an unknown number of civilians. The method used was aifcraft strafing by day and artillery firing by night.

In a tunnel near Yongdong it was found that approximately 2,000 persons were executed, and to see babies clinging to their mothers' breasts was more than anybody could stand. There were approximately 10 persons who had lain under the dead for four or five days and were finally able to escape. These 10 escapees, with tears in their eyes, asked us to get revenge for their treatment. We will establish concrete measures against such savage acts and will issue th following instructions to all military personnel:

YONGDONGPO	600
SUWON	1,000
PYONGTAEK	150
UBCHON	900
PUYO	2,000
CHOCHIWON	158
KYU AM-NI	20
TAEJON	4,000
TUKSUM	20
CHONGJU	2,000
KUMCHE	60
KUNSAN	400

This enemy is now becoming more desperate and is continuing the unforgivable executions. In a railroad tunnel at YONGDONG, it was found that the enemy had executed an unknown numbers of civilians. The method used was aircraft strafing by day and artillery firing by night.

In a tunnel near Yongdong it was found that approximately 2,000 persons were executed, and to see babies clinging to their mothers' breasts was more than anybody could stand. There were approximately 10 persons who had lain under the dead for four or five days and were finally able to escape. These 10 escapees, with tears in their eyes, asked us to get revenge for their treatment. We will establish concrete measures against such savage acts and will issue the following instructions to all military personnel:

    1) All Cultural Department personnel will familiarize the heroically fighting soldiers of the People's Army with the slaughter of the citizens of YONGDONG, and by this means stir up hatred for the enemy and completely destroy it.

2) Cultural Section personnel of each company will fully disseminate this information in accordance with orders.

3) Cultural Section personnel will, by informing the soldiers that the enemy will hereafter continue to carry out these savage acts, cause the soldiers to feel that it is their duty to fight and liberate their people from such treatment as soon as possible.

4) Disseminate this information to all soldiers of the People's Army.

KIM Che Uk
Military Affairs Committee,
1st Corps

CHE Chon Hak
OIC, Cultural Section

이 문건에서 각지 피학살자수(被虐殺者數)를 합하면 11,308명으로 글 안의 총계보다 160명이 더 많아 어딘가 잘못된 곳이 있는 것으로 보인다.[4] 그리고 철로 굴다리에 2,000명이 수용되었다는 것은 납득이 안 되므로 100명 정도가 맞는 것이 아닌가 한다. 월북한 작가 이태준이 종군 작가로 변신하여 8월 5일 김천에서 발신한 기사에도 100여 명으로 되어 있다.[5]

패망도주하면서 조선의 애국자들과 민주주의자들과 일반 인민들까지 참살하는 식인종 만풍은 괴뢰 군경들에게만 있지 않았고 그들의 스승인 미국놈들에게 있어 더 악질적이었다는 것이 놈들 자신이 찍은 사진들을 통하여 자명하여졌거니와 영동군 한 곳에서만 보더라도 임계리와 주곡리에서 평화 인민 2000여

[4] 1950년 8월 10일 『조선인민보』와 『해방일보』, 그리고 11일 『보위』(해방 지구판)의 영동 대학살 기사를 보면 인천의 경우 900명이 아니라 700여 명으로 되어 있으며 나머지 모든 숫자에도 '餘名'이라는 말이 붙어 있다. 이 차이가 11,308명이라는 숫자에 반영된 것으로 보인다.
[5] 이태준, 「전선으로」, 『로동신문』, 1950년 9월 5일.

명을 학살하고 달아났으며 황간에서는 기차터널 속에 피난한 촌사람 백여 명
에게 굴 양쪽으로부터 박격포를 들어 쏘았고 기관총을 난사하여 중상자 한 명
과 죽은 엄마의 젖을 빠는 젖먹이 하나 이외에는 모조리 처참한 죽음을 당하였
고 죽은 사람들 속에는 나체로 놈들에게 능욕을 당한 처녀와 젖가슴에 탄환을
받은 시체도 끼어 있었다 한다.

이태준은 8월 4일 무주에서 연락 장교의 차로 영동에 들려 다시 327호
탱크에 편승하여 추풍령을 넘고 김천 지방에 도착한 것이다. 따라서 이태
준이 언급한 영동의 학살이야기는 사건 발견 후 불과 6일 정도 영동 지방
에서 채집한 이야기로 간주될 수 있다. 이 보도에서 이태준은 임계리, 주
곡리 주민 2,000여 명의 학살과 기차 터널의 100여 명 학살을 구분해 놓았
는데「예비 검토」문건의 필사자(筆寫者)는 2,000명이라는 선입감이 있어
100명을 2,000명으로 대신한 것이 아닌가 생각된다. 8월 2일자 시달 문건은
우선 산하 사단급에 내려갔을 것이고 여기서 각 대대, 각 중대, 각 소대로
필사되어 전달되었을 것이다. 이 과정에서 각 단위 정치 사상 담당자(문화
부)가 고쳐 놓은 것이 노획된 것이다. 기차 굴다리에서의 사망자수는 8월
8일자 제6사단의 신문인「전투속보」제29호에 '수백 명의 시체'로 되어 있
었고[6] 차후 200여 명과 400여 명 사이를 왔다 갔다 한 것으로 보인다.

3. '노근리' 생존자 목격 서술의 검토

학살 현장인 철교 밑 터널의 소재지가 노근리이며 친히 그 학살 장면을
목도한 듯이 보도한 사람으로『민주조선』종군 기자 전욱이 있고 작가 박

---

6)「영동(충북)에서 미군들은 우리 동포 2,000여 명을 어떻게 학살하였는가」기사 참조 이 기
  사에서의 각지 피학살자를 보면 지역의 순서는「예비 검토」문건과 같지만 숫자는 인천이
  700여 명, 김제 66명으로 되어 있어 약간 다르다.

웅걸도 생존자를 목격하고 현장을 들러 보았다고 한다. 우선 전욱의 경우를 살펴보자.

전욱의 기사는 8월 19일 『조선인민보』와 8월 26일 『민주조선』에 실렸는데 후자는 전자에 비하여 약간 간추린 측면이 엿보인다. 이미 한림대학교에서 출판된 자료집이 들어 있어[7] 잘 알려졌을 것으로 생각되지만 전후 맥락을 정확하게 이해하기 위해 다시 인용해 본다.

> 29일 해질 무렵이었다. 진격하는 우리 인민군 부대 장병들이 황간역 북쪽 로응리에 다달았을 때 들과 철교 밑에서 무엇이라고 형용할 수 없이 참혹한 장면에 부닥쳤다. 동지점 일대의 들의 초목과 철교밑 시냇물은 피로 물들어 있고 두 겹 세 겹씩 덮인 시체로서 처참한 수라장을 이루어 우리 인민군전투원들의 가슴을 어지럽게 하였다. 발 디딜 곳조차 없는 현장에는 늙은이 젊은이 어린이 약 400명의 시체가 늘어져 있었고 그중의 젊은 녀성들은 반라체가 되어 거꾸러져 있었다. "아저씨 아저씨" 우리들은 별안간에 어린애 목소리에 놀랐다. 6, 7세 가량이나 보이는 소녀가 등에 젖먹이를 업고 벌벌 기어 나오는 것이었다. 그 뒤에 머리가 흰 로파가 따라 기어 나오는 것이었다. 우리들은 그들에게 달려들어 사유를 물었더니 그들은 얼빠진 사람처럼 멍하니 우리들을 처다 보고만 있었다. 우리들은 재빨리 부대에 뛰어가 우선 우유와 빵을 가져다 그들에게 먹이었다. 그랬더니 차차 정신이 드는 모양이었다. 조금씩 조금씩 말을 주고받고 보니 소녀는 계산리에 사는 최순자였고 그 등에 업은 젖먹이는 자기 동생이라는 것이었다. 그리고 머리가 흰 로파는 소녀들의 이웃집에 사는 김사랑씨였다.
>
> 로파의 말에 의하면 자기의 여섯 식구가 모두 들에서 학살되었고 최순자 소녀의 일곱 식구도 학살되어 자기들은 간신히 살아남았다는 것이었다. 이들은 계속 동 지점에서 벌어진 미군의 입에도 담지 못할 학살사건을 우리들에게 이야기하며 눈물을 흘리는 것이었다. 즉 미군들은 동 지점 부근일대에서 인민들을 모조리 피란하라고 강제로 산과 들에 끌고가 젊은 사람들을 시켜 방공호라며 흙을 파게 하였다. 그리고는 갑자기 명령에 의하여 먹을 것이라고는 보리

7) 한림대학교 아시아문화연구소 엮음, 『한림대학교 아시아문화연구소 자료총서 20 빨치산 자료집 6』, 한림대학교 아시아문화연구소, 1996.

한알도 가져오지 못한 인민들을 열흘이나 굶게 하였다. 부락에 내려가 호박이라도 따서 먹겠다고 하면 당장 총을 내대고 죽인다고 위협하였다. 이에 400명이나 되는 인민들은 소나무껍질과 풀뿌리를 씹으며 죽지 못해 목숨을 이어 왔었다. 그러던 중에 29일 아침에 북쪽에서 대포소리가 점점 가까워 오기 시작하였다. 인민들은 틀림없이 인민군이 쳐들어오는 것이라고 서로 미국놈의 눈을 피하여 꾹꾹 찌르며 기뻐하였다는 것이었다. 이때 이 마을에서 테로단의 두목 노릇을 하면서 미국놈들의 꽁무니를 따라 다니던 리복훈이라는 놈이 "이 들에 모여있는 놈들은 모두 빨갱이니 총살하고 퇴각하자."라는 뜻을 미국놈들에게 손형용하는 것이었다. 그러자 미국놈들은 "오케이 오케이"라 하며 인민들을 자기 손으로 판 흙구덩이에 쓸어 넣고 마침 하늘에 떠 있던 미 항공기에 무전으로 연락하고 다시 흙구덩이에 와서 젊은 여자들을 끌고 산 밑으로 달아났다. 아마도 젊은 여자를 강간하려는 것이었다. 탕탕 따르륵 탕...꽝꽝... 미 항공기에서는 마치 기다리고 있었다는 듯이 기총로켓트포를 계속 퍼부었다. "아이구 아이구" "어머니 어머니" 이곳 저곳에서 인민들의 아우성소리가 무엇이나 애원하는 것처럼 처참하게 들려왔다. 일순에 피비린내 나는 학살마당으로 변한 것이었다. 한바탕 폭격을 겪고 보니 약 5, 60명이 남아 우그적거리고 있었다. 그러나 미국놈들은 끌고 갔던 젊은 여자들을 또 다시 끌고 와서 남은 사람들과 함께 철교밑에 몰고가 기관총사격을 하고 말았다. 이때도 역시 인민들은 아우성소리를 울리며 저마다 땅위에 쓸어졌고 총알을 맞지 않은 몇몇 사람은 옆 시체 위에 죽은 듯이 쓰러져 있다가 간신히 목숨을 구하였다는 것이었다.……

여기 나오는 '로응리'는 '노근리'를 말하는 것이 틀림없어 보이며 전욱은 실제로 영동에 종군 기자로 간 것을 노획문서가 증명하고 있다. 즉 일선 지대에 기자들을 파견한 일람표가 있는데 그 표에 의하면 『민주조선』기자 김인환, 김문규는 대전, 대구 방면, 전욱은 탱크 105사단을 따라 영동으로 갔다가 대구 방면으로, 선관영은 대구 방면, 김교철, 최예순은 동해안 춘천 방면, 『로동신문』기자 임동수는 경북 방면, 현준극은 안동, 대구 방면 김전은 안동, 송학용은 상주, 『민주청년』기자 최일규는 안동, 대구 방면, 통신사 기자 송영복은 천안, 영동(3사단 7연대 배속)으로 파견하는 것으로 되어 있다.[8] 전욱 기자가 친히 이 학살 현장을 목격한 것 같지만 인민군을 취재하여 직접 본 것처럼 보도했을 가능성도 있다. 그러나 그 이야기의 줄거리는 다음과 같을 것이다.

1) 7월 29일 저녁 인민군이 노근리 철교 밑의 학살 장면 발견.
2) 10여 일 강제 피난행과 '방공호' 공사 노역 작업.
3) 400여 명의 시체 가운데 처녀들은 반나체 상태이고 생존자는 수명에 불과.
4) 29일 아침 선회 중이던 비행기에 기총소사 지시.
5) 피난민이 살던 마을의 리복훈이 미군과 같이 행동을 취함.
6) 리복훈과 마을 주민 사이가 좋지 않았음을 시사. 즉 리복훈이 주민들이 용공분자들이라고 미군에 고함.
7) 처음에 무전으로 비행기에 연락하여 기총소사로 살육시키고 5~60명의 생존자 가운데 젊은 여자를 폭행한 후 다시 철교 밑에 집어넣고 기관총 사격으로 생존자들을 전멸시킴.

이상의 줄거리에서 29일에 살육이 일어났다는 부분은 현시점에서의 생존자의 증언이나 8월 2일의 제1군단 문건과 상치(相馳)되지만, 하나의 서술로서 음미해 볼 때 다음과 같은 가설들이 가능할 것이다.

1) 상부의 명령으로 처치했다.
2) 현지 지휘관이 리복훈의 설명을 듣고 자의적 처치 명령을 내렸다.
3) 노근리 철교를 마지막으로 철수하는 소수가 일을 저질렀다. 부대원이 많이 배치되었다면 다수의 눈이 지켜보는 앞에서 여자들을 데려가고 다시 데려오고 할 수 있었겠는가 하는 의문이 생긴다. 마지막 살육은 혹시나 있을 수 있는 고발을 막는 의미가 있다.
4) 리복훈도 이들이 살아남으면 자신이나 자신의 가족에 불이익이 올 것으로 생각했을 수 있다.

---

8) 노획문서, SA2005 7/80(Box 142), 「기자들의 동태」 참조.

5) 이 모든 이야기는 적개심 선동을 위한 조작이었다.

다음으로 종군 작가 박웅걸의 수기를 보면 200여 구의 시체가 그냥 쌓여 있었다고 한다.

영동은 내가 도착하기 바로 전날 해방되었는데 그 날은 왼 거리가 문자 그대로 불바다였다.……영동에서 황간이라는 거리로 진공해 나가는 도중에서 나는 수십 명의 피난민을 만났다. 늙은이와 부인들과 5, 6세가량 되는 어린애들이었는데 그들은 모두 부상을 당해서 온 몸이 피투성이가 되어 있었다. 다섯 살가량 되는 어린 사내아이가 나의 팔에 매어 달리어 "아저씨 우리 어머니도 아버지도 죽었어요 나는 어떻게 해요" 하며 운다. 사정을 들어보니 그들은 그 웃마을에 사는 농민들인데 미군들과 국방군들이 피난을 시켜준다고 사람들을 모조리 끌고 나와 기차 턴넬 안에다 몰아넣고 미군이 직접 기관총소사를 퍼부어서 모조리 죽여 버렸는데 그들은 그 속에서 탄환이 빗맞아 살아 나온 사람들이라고 한다.

나는 인민군대 동무들과 같이 그 굴 안에 들어가 보았다. 어구에서부터 피비린내가 코를 찌르고 피로써 땅이 젖었는데 아직 숨이 채 떨어지지 않은 부상자들의 자지러지는듯한 신음소리가 들려온다. 굴 안에는 200여 개의 시체가 그냥 산처럼 쌓여 있다. 그 가운데에서 무엇인가 새빨간 핏덩어리 하나가 우리 쪽으로 기어 나오며 "아빠 아빠" 하고 부른다. 자세히 살펴보니 그것은 세 살도 못 되는 어린 아이였다. 이 천진스러운 어린이는 자기의 방패가 되어 총에 맞아 쓰러진 어머니의 젖가슴을 파고 있다가 우리가 들어가니 아빠가 왔다고 기어오는 것이었다.

우리 동무 하나가 이 어린이를 모-터찌클에 태워서 다음에 진공해 나간 부락에 갖다 주고 아직 죽지 않은 부상자들에게는 군의 대대 동무들이 응급치료를 해 주었다. 또 그 아랫마을 미군 포진지가 있던 곳에서는 묘령의 여성의 시체를 발견했는데 이 시체는 아름답게 화장을 하고 그리고 반나체로 의상을 입힌 채 학살한 것이었다. 어떤 부락에서는 젊은 여성들만 골라 데리고 도망을 쳤다.……9)

7월 31일.……이 노래를 들으며 모-터찌클 부대 동무 하나가 전사들 앞에서 우리들이 그제 영동 아래서 목도한 이야기를 했다. 그것은 황간을 진공해 나올 때였다. 우리들은 도중에서 부상한 피난민들의 한 떼를 만났다. 그들은 그 웃 동리에 사는 농민들인데 미군이 피난을 시켜 준다고 끌고 나와 굴 안에다 쓸어 넣고 기총소사를 퍼부어 수백 명이 죽고 그중에서 용케 살아 나온 사람들이라 한다. 우리는 그 굴 안에 들어가 보았다. 수백의 농민들의 시체가 산처럼 쌓여 있고 피가 도랑물이 되어 흘러내린다. 이것이 우리 강토를 침범하려는 미군이 유엔의 간판을 쓰고 감행한 일이다.……10)

노획문서 안에 남아 있는 「작가 파견 일람표」를 보면 북한의 저명한 작가들이 일선에 파견된 상황을 볼 수 있는데 물론 박웅걸도 들어 있다.11)

민병균	대구 방면, 병으로 인하여 평양으로 감	리춘진	동해안으로 남진
한태천	군사령부에서 사업	박웅걸	상주, 대구방면
박팔양	군사령부에서 사업	김영팔	춘천 방면
윤두현	동해안으로 남진	리태준	진주 방면
김사량	대구 방면 종군	김남천	김천 방면
전재경	대구 방면	림화	김천 방면
남궁만	대구 방면, 부상 입원	송영	충청도와 전라도 농촌토지개혁과 선거 사업취재
리동규	대전 방면	박세영	동상
리정구	진주 방면	리북명	김천 방면
김북원	조치원 방면	김조규	동해안으로 종군
한봉식	강원도 영월		

전욱과 박웅걸 두 사람의 보도의 공통점은 7월 29일 인민군이 학살 현장

---

9) 박웅걸, 「잔학한 미침략자들이 패주하면서 감행한 야수적 만행」, 『민주조선』, 1950년 9월 7일 참조.
10) 박웅걸, 「전선일기-영동에서 김천까지」, 『민주조선』, 1950년 9월 11일 참조.
11) 노획문서 SA2005 7/80(box 142), 『작가 기자관계철 남반부관계』 참조. 단 송영, 박세영, 리북명 3인은 8월 초에 출발 예정이란 표도 있다.

에 도착했다는 것이고 주요 차이점은 생존자가 '몇몇 사람'과 '수십 명'인 것이다. 박웅걸은 길에서 생존자를 만난 뒤 터널로 참상을 보러 갔다고 했으니 분명히 전욱이 현장을 먼저 보고 박웅걸이 나중에 보았을 것이다. 그럼에도 박웅걸이 갔을 때 신음하는 소리를 듣고 기어 나온 세 살짜리 아이도 보았으며 중상자들에게 응급 치료를 해 주었다고 하니 그들의 서술을 믿는다면 생존자는 10명이 넘었을 가능성이 있다. 사실상 터널 속에서뿐만 아니라 주위의 시체 밑에서 또 은폐물 사이에서 요행히 살아남은 사람들이 모여서 한길을 걸을 수 있었을 것이다. 조선인민군 전선사령부 문화훈련국에서 영동 사건 직후 찍었다고 생각되는 한 책자는[12] 임계리와 주곡리 주민 2,000여 명의 학살과 기차굴의 학살을 구별하면서 후자를 다음과 같이 서술하고 있다.

이 중에서 산 사람은 겨우 10명에 불과하였다. 이들은 퍼붓는 총탄 속에서 뛰어 나왔으며 혹은 수많은 시체 속에 휩싸여 겨우 죽지 않고 4~5발의 총탄을 맞고 전신이 피로써 물든 중상자들이다. 우리 인민군대가 7월 29일 이곳에 도착하자 죽음의 지옥에서 나온 이 10명은 인민군대를 만나 눈물에 목매인 말로 이 참상을 말하면서 하루 속히 원수 미군을 우리 강토에서 물리쳐 달라고 말하였다. 그 중에는 10여 명의 가족이 전부 학살당하고 아홉 살 나는 소녀아이가 두 살 나는 동생을 업고 동리사람들과 같이 불탄 자기 집을 찾아가고 있었다. 이 광경을 목격한 전투원들은 이 불행한 사람들에게 자기 먹을 것까지 주었으며 ○○련합부대장 동지는 어린애들을 안고 위로하여 주었으며 밥을 먹이고 돈 2,000원을 내어 주었고 부상당한 어머니들을 치료하여 주었다. 문화일꾼들은 찾아오는 인민들에게 해설사업을 하고 전투원들에게서 모은 돈 6,000원을 주어 생계를 임시적이나마 유지하게 하고 어린이들을 잘 길러서 부모들의 원

---

12) 노획문서, SA2009 3/35, 「조선인민은 도살자 미제와 리승만역도들의 야수적 만행에 복쑤하리라」에 포함된 인천, 평택, 대전, 공주, 원주, 진천, 충주, 임계리/주곡리 사례들의 마지막 기사. 그 후에 일어난 부여, 군산, 전주, 광주 등이 빠진 것을 보아 영동 사건 직후에 만든 책자라고 생각된다.

수를 갚게 하라는 부탁을 하자 그들은 눈물을 흘리면서 인민군대와의 작별을 애석히 여기면서 석양을 등지고 집을 향하여 발걸음을 옮기었다.……(ㅇㅇ부대 보고 자료에 의함)

이 기사에서도 발견한 날자가 29일이고 저녁놀에 한길을 걸어가는 생존자들을 보고 묻는 장면만 수록되어 있다. 여기에 나오는 연합부대장은 영동군을 공략한 제65모타화(化)연대(속칭 65機步聯. 代号 206군부대), 3사단 7연대·8연대·9연대, 2사단 6연대와 각 사단에 배속된 탱크부대의 일부 등을[13] 지휘한 사람이었을 것이다. 당시 미군은 206군부대를 65th Motorcycle Regiment라고도 불렀으므로 박웅걸의 글에 나오는 생존자 아기를 태운 '모타찌클'은 당연히 65기보련(機步聯)의 구성원이었을 것이며 아마도 터널의 참상을 처음 목격한 사람들도 이 부대 대원이었을 가능성이 높다. 문화일꾼들이 찾아오는 인민들에게 해설 사업을 하고 생존자들에게 군인들로부터 모은 6,000원을 주었다고 하니 관찰하러 나온 주민들이 있었을 것이고 시체가 미군 비행기에 촬영되지 않은 것은 방역을 위하여 재빨리 치웠기 때문이라고 생각할 수도 있다. 이 살육 장면을 찍은 사진이 책자에 있는 것 같은데 너무 희미하여 무엇이 무엇인지 분간할 수도 없는 것이 애석하다.

4. 노근리가 맞는가?

미국 연구자 가운데는 정말 노근리에서 일이 터졌는가 의심하는 사람이

---

[13] 206군부대 76미리포대대 상급부관 서성린의 작전종합보고에 따르면 추풍령을 넘어 8월 2일 김천을 포위한 인민군은 "우측 3사단 7, 8연대, 좌측에는 2사단 6연대, 공격 전면은 206기보련 3사단 9연대 땅크가 배치되었으며 1950년 8월 2일 오후 3시까지 김천 시내를 완전 포위하였다"고 한다. 이상의 부대들이 영동군에서 작전한 문서들도 많이 남아 있다.

있는 것 같다. 현재의 생존자들 가운데 확실하게 노근리라고 말할 수 있는 사람이 하나 둘밖에 안 된다는 이야기인데 사실상 살육이 일어났다는 것이 더 중요하다고 생각된다. 인민군 측의 작전을 기준으로 본다면 7월 31일 새벽에도 황간-구교동-내동을 사이에 두고 양쪽이 동서 고지에서 대치 상태에 있었다. 따라서 사건이 일어났다면 황간에서 철도를 따라 서쪽으로 찾는 것이 정도(正道)일 것이다. 즉 영동읍에서 황간 사이의 철도 교량 밑 이라는 것이다. 제2사단(235군부대) 공병대대(251군부대) 류병준(柳炳俊) 대대장과 정명순 참모장의 이름으로 제2사단 공병장(工兵長) 이갑녕(李甲寧)에게 보고한 1950년 7월 31일 오전 8시의 정찰 보고가 이러한 상황을 분명히 하는 데 도움이 될 것이다.[14]

제235군부대 공병장 동지 앞

정찰보고건

30일 10시에 파견한 도로정찰대는 적 화력으로 인하여 12시경에 황간 市街地 洞口前 은폐부에 17시경까지 중지하고 있었음. 그 후 완전 전투준비하고 황간 시내를 통과하여 암흑기를 이용하여 계속 정찰을 진행하였는 바 그의 결과는 다음과 같다.

정찰 통과한 경로, 황간 신촌 내동 좌측도로 연변으로 통하여 梅谷面 孝村里 부락까지 통과하여 행군하여도 교량이 없으므로 돌아서서 도로분제(sic)지점에 도달해 보니 철교 밑으로 자동차의 通過跡이 있으므로 O橋방향으로 약 300m 동북방면으로 돌아와 보니 南城里방향으로 二等통로를 발견하여 매교, 구교동, 교동 방향으로 돌아갔음(남성리 방향으로 있는 도로는 지도상에는 없음).

道路급 橋梁상태
1) 황간 市內 中心지점에 있는 30m가량의 콩쿠리製橋에 폭약 2상자를 전기

---

14) 노획문서, SA2010 3/43, 「235군부대 5科 보고접수철」.

장치한 것을 발견하여 橋柱마다 있는 전선을 中斷했음.

2) 돌아오는 길에는 즉 지도상에 나타나 있지 않은 도로를 통하여 오는데 ○橋 지점에서 적의 통화음성이 있으므로 山절벽으로 통해 있는 전화선을 중단시켰음(m수는 불명확함). 그 후 廣坪里부락까지 돌아섰다가 적의 포 사격이 심함으로 向○○ 남성리 방향으로 나오다가 구교동 지점에서 地雷原을 발견하여 11개 매설 중 땅크부대에 배속된 공병성원이 3개 해제했고 정찰성원이 8개 해제함. 再發장치한 것은 3개였음. 현재 정찰대성원은 지뢰해제지점인 구교동 은폐부에 ○하고 있음. 지뢰해제 시간은 밤 3시경이었음. 작업인원은 정찰성원 11명임.

간단한 적정은 內洞과 老川里 양쪽고지와 長城里 泥村고지 급 廣坪里 ○교 지점에 적이 있음. 정화한 力量은 判定 못함. 적의 砲聲은 溪龍里와 德谷방향에서 砲火가 보임. 3步師 땅크는 내동 산밑 길에 있었는데 새벽3시경에는 敵砲 사격소리와 함께 땅크가 후퇴하여 들어오는 기적이 있다 함.

貞察結果 : 地雷結果(sic)8개 재발장치 1개(17시~3시까지). 황간 30m 공쿠리 다리에 폭약장치한 것을 발견하여 현재 정찰성원은 구교리 지점에서 집결 중에 있으며 정황에 의하여 계속 정찰을 진행할 예정임. 이상.

제251군부대
부대장 柳炳俊
참모장 정명순

이 정찰보고에 붙은 '정황약도(情況略圖) No.1'은 피아(彼我)의 포진을 인민군 3사단 적선(赤線), 미군 청선(靑線)(여기서는 적선과 청선을 각각 굵은 점선과 굵은 실선으로 표시함—편집자)으로 그려 놓았는데 이 지도로 판단해도 노근리는 이미 미군의 통제하에서 떠난 것이 분명하다(아래 지도 참조). 또 제2사단 소속의 정찰중대 문화부 책임자라고 생각되는 군인의 일기에서 영동 작전 부분을 흥미있는 것만 발췌하면 다음과 같다.15)

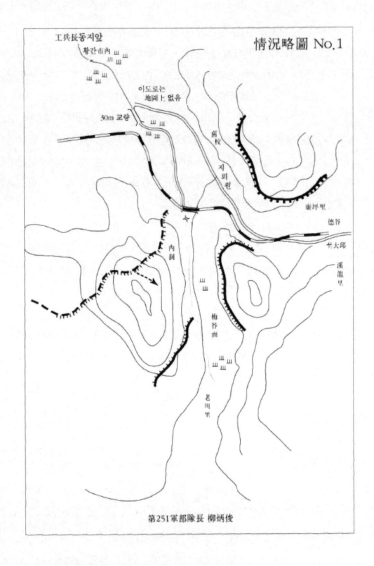

情況略圖 No.1

第251軍部隊長 柳炳俊

7월 23일. 보은을 출발. 영동 27km 지점에서 도하.

7월 24일. 영동 19km 지점에서 휴식(2시간). 동지에서 공습 4시간 받음. 2분대장이 8명 척후 보냄. 김영, 유병수 적 포탄에 부상. 도하 후 3분대장

---

15) 신 노획문서, #200872호. 이 문서는 9월 20일에 노획된 것이며 소지자의 성명은 미상이다.

임무를 실행 못함(감시). 특무장 식사 조직 않고 후방에 떨어짐.

7월 25일. 龍山面 戰鬪. 최용호 특무장 있는 곳에 보냄. 나와 성근이 특무장을 찾아감. 비행기습격 포사격을 만남. 문화부 사단장께서 주의 들음. 특무장과 경리분대장 중대에 도착. 1분대장 외 8명 4연대 전방에 정찰(4시경). 1분대장 발 부상당함. 송용익…(불명)…오고 포로(sic)는 공습이 있다 하여 죽이고 왔음.

7월 26일. 김학서조 황간 정찰 갔다 임무달성 못하고 옴. 부과장 외 신학현, 이광철, 염창섭조 적정정찰 나감. 4분대장조 영동방향으로 나감. 문화부 사단장에게서 계획서 비준받음. 2과장 군사재판에 넘어감. 중대를 청화리로 이동시킴. 리인걸이 적 후방 정찰에서 연락옴.

7월 27일. 용산면전투 계속. 중대를 산림지대로 옮겼는 바 잊어버려 하루종일 찾아다니다. 밤에야 찾아감. 중대장명령으로 김학서조 5명 전방으로 감. 산정에서 정찰대대와 만남. 김종국이 공습 포탄이 무서워서 아무 것도 하지 못하겠다고 함. 염창섭 연락왔다가 중대에서 잠. 밤에 포사격을 만나 부락으로 이동함.

7월 28일. 용산면전투 계속(비가 나림). 염창섭, 김봉식 지휘처에 파함(8시). 인원조사. 1소대 9, 2소대 7, 지휘분대 8, 경리 4, 합계 30명. 모범 정찰병 보고. 2소대장 등 김천방향정찰 나갔다가 임무달성 못하고 밤에 돌아옴. 부과장 호출로 지휘처에 갔다 옴.

7월 29일. 용산면전투 계속. 유격대 4명 중대도착. 인원조사. 적 후방정찰조 조직(필자주: 10명에 유격대 5명 배속). 19시에 출발(김천 목적). 유격대 4명 중대에 도착. 병으로 공작나가지 못하고 뒤떨어졌던 동무들임. 김인걸, 림○○ 임무 망각하고 잠을 잠.

7월 30일. 용산면전투 계속. 용산면에서 白虎山으로 지휘처 이동. 지휘처에 가서 지시받고 신문 가져옴.

7월 31일. 지휘처 이동 황간 ○○로.

8월 1일. 박인걸 외 6명, 의용군 3명 김천방면에 포로하러 감. 특무장 후방부 비상비 구하러 보냄. 지휘처 이동. 봉대산을 지나 추풍령으로.

8월 2일. 지휘처 이동. 추풍령을 지나 김천방면으로(관리에서 적 포사격 만남).

(다음 페이지는 다시 7월 25일부터 시작됨)

7월 25일. 감시정찰 황간 뒷산에서.

7월 26일. 友梅里에서 야간수색공작으로 미군 1명 사살, 1명 생포하여⋯⋯호송.

7월 27일. 적 후방정찰조(황간-관리間) 결과(를) 2904시까지 임무완수하여 참
　　　　모부에 보고. 적 포진지 적 력량 적 배치정형 자동차수 도로상태를
　　　　정확히 정찰. 전후석, 김준기, 유격대 3명.

7월 28일. 각 보병대대에 3명씩 파견하여 감시정찰함. 결과 적의 배치상태를 판
　　　　정하여 대대에다 보고.

7월 29일. 유격대와 11명으로서 적 후방정찰. 관리에서 적 포진지 참모부습격
　　　　공작. 결과 31일 목적지까지 무사히 도착. 행동계획 수립하였으나 我
　　　　方이 봉대산을 점거하자 적은 당황하여 김천방향으로 퇴각하여 임무
　　　　를 달성 못함.

　여기서 알게 된 사실로는 1) 제2사단이 영동군 용산면의 전투에 25일부
터 30일까지 매달렸다는 점, 2) 황간 북쪽의 우매리에 26일 밤까지 미군이
있었다는 점, 3) 27일 밤에 미군의 포사격을 받았다는 점, 4) 유격대와의 연
계 공작이 밀접하였다는 점을 들 수 있다.

　또 제2사단 공병대대 본부는 7월 25일 21시에 옥천군 청산면을 출발하
여 영동군 용산면 상용리에 26일 4시 30분까지 집결하였고 27일 17시에 영
동과 황간 사이 도로의 요충 지대인 황간면 용암리에 도착하였다. 이곳에
서 '전차 및 자주포의 행로를 보장하기 위하여' 아마도 다음 날인 28일 새
벽 어두울 때를 이용하여 원촌리까지의 지뢰 해체 작업을 했는데 불의의
습격을 받아 교도중대 중대장 외 6명의 부상자를 냈다고 한다.[16] 용암리와
원촌리 사이 도로와 초강천이 병행하고 있으며 남쪽으로 하나의 고지를
넘으면 노근리가 있다는 점(3km)이 주목된다. 북쪽에서의 제2사단의 위협
이 26일 무렵에는 노근리에서도 가시화(可視化)된 것이 아닌가 생각된다.

---

[16] 235군부대 공병장 이갑녕의 7월 26일, 28일 보고 참조. 노획문서, SA 2010 3/43, 「공병장 보
　고접수 및 보고철」.

공병대대 본부가 노근리에서 지척지간인 용암리에 27일 오후에 도착하였다면 일선 부대는 그보다 훨씬 이전에 도착하였다고 보아야 되기 때문이다.

또 남쪽의 제3사단의 8연대 소속 포병 본부대는 28일 새벽 5시에 '영동 동남방 삽령(揷嶺)에 집결'하였다고 하는데[17] 이곳은 일명 삽재라고도 하며 또 무근점고개라고 불리운다.[18] 이 일대 고지(400m)에서 밑 분지(盆地)의 노근리는 사정(射程)이 불과 3km이고 노근리 북쪽에서도 제2사단 포병 부대가 접근하고 있었다고 믿어진다. 참고로 영동시의 점령은 25일 저녁 8시 무렵이었고[19] 삽재에 3사단 8연대 포병본부가 도착하기 훨씬 이전에 전초 부대들이 삽재를 점령하였을 것이다. 제3사단의 공병대대라고 생각되는 부대 성원의 전투 일기에 따르면 영동을 점령한 후 26일 4킬로미터, 27일 2킬로미터, 28일 2킬로미터 더 전진하여 영동에서 8킬로미터 전진하였다고 했고 야간과 29일 다시 전진하여 30일 적과 접촉하면서 전진하였다고 한다. 이로 미루어 볼 때 28일에는 명륜동/탄막 근처까지 도달한 것이 되어 노근리와는 불과 몇 킬로미터의 거리밖에 되지 않았다고 생각된다.[20] 따라서 노근리 수비병들은 26일 무렵에는 남북으로부터 위협을 받아 굴다리의 피난민들을 어떻게 하여야 될지 생각해야 할 상황에 들어간 것으로 상상할 수 있다. 물론 29일이면 처리를 결정하는 최종 단계인 것이다. 전욱 기자가 생존자의 말을 인용하여 29일 아침에 대포소리가 점점 가까워졌다고 쓴 것은 노근리가 포사격 사정 내에 들어갔다는 이야기로 노근리의 미군으로서는 이제는 후퇴하여야 할 시기가 된 것이다. 그리고 29일에는 비단 노근리뿐만 아니라 영동－황간 사이의 미군은 일제히 도로를

---

17) 「제8보병연대 포병참모부(1950.7.30) 작전전투보고」 참조. 신 노획문서 #200400호.
18) 충북 영동군청 이준황 님의 설명에 의함. 이준황 님에게 감사의 말씀을 전한다.
19) 노획문서, 200320호, 「일기」에 의함. 이 일기의 소지자는 제3사단 군인이었다고 생각되며 일제 시대 1941년의 일기책으로 영동군 농회 축산과 崔聖煥 전용이라는 필적이 있다.
20) 「예비 검토」 9집, 제7문건.

파괴하고 철수했다고 짐작된다.

65기보련 76미리포대대 참모부의 전투 보고를 보자. "적은 7월 29일 10시에 아군의 맹렬한 포화력(砲火力)에 의하여 계속 김천방향으로 퇴각하고 있음"이라고 한 것은 황간시 이서(以西)의 배치 부대를 말하는 것이다. 왜냐하면 2사단 공병대대가 30일 밤 황간-내동 일대를 정찰했을 때 그곳은 진공 상태였기 때문이다. 또 같은 보고는 "아군 보병은 계속 진공하고 있으며 본대대는 7월 29일 20시부터 행군하려고 하였으나 적이 도로를 파괴하였기에 행군하지 못하고 본대대는 금일 은폐하고 있음"이라고 하여 미군의 29일의 도로 파괴와 철수를 언급하였다. 이어서 같은 보고는 "30일 18시부터 적을 추격하여 행군을 계속 중입니다"로 끝을 맺고 있다.[21] 그런데 31일 새벽까지는 황간시에 도달하지 못하고 3사단 소속 전차들의 움직임만 있었을 뿐이라는 것은 위의 제2사단 공병정찰대의 보고가 분명히 말하고 있는 바이다. 미 제1기갑사단의 「전쟁일기」 7월 29일에도 "29일 오전 5시 30분, 야간에 포 사격과 전차포 사격을 받을 제7기갑연대 1대대는 철수 명령을 받았다. 제1대대는 제2대대보다 앞서 철수하여 계획에 차질이 생겨 철수가 지연되었다. 8시 20분에는 1대대와 2대대가 황간 기차역을 지나 새로운 지역으로 이전하였다.……피난민들을 계속하여 철수시키고 있는데 많은 불면을 가져왔다"[22]고 적혀 있다.

결국 황간시 이서(以西)에 경부선을 따라 많은 기차 굴과 교량이 있고 반드시 노근리가 아니어도 무방하지만 전욱을 '로응리' 언급, 그리고 인민군 작전 보고의 언급을 종합하여 보아 아무래도 노근리가 가장 적절한 피해 장소라고 생각해 본다.

---

[21] 제206군부대 76미리 포대대 상급부관 서성린의 7월 30일 「전투보고」 참조. 노획문서, SA 2009 6/28.

[22] RG 500 Records of U.S. Army Commands, 1942-, 1st Cavalry Division. Box 131, War Diary.

5. 피난민 포격/기총소사의 문제점

피난민의 이동을 엄금함! 각자의 집으로 돌아가든지 혹은 행길을 떠나 산속에 머물러라. 어떤 사람이나 행렬을 막론하고 유엔군 쪽으로 오는 자는 총살함. 유엔군총사령관.

Movement of refugee is forbidden. Return to your homes or move off roads to the hills and remain there. Any persons of columns moving toward the United Nation Forces will be fired on. Commanding General UN Forces.

위에 인용한, 한글과 영문으로 된 포고문은 1951년 초 중국군이 38선을 넘어 서울을 점령하고 경기도 남부 지방까지 진공(進攻)할 무렵 공중에서 경기도 일대에 살포(撒布)된 전단의 내용이다(전단 참조).[23] 영문에서 '사격한다'는 의미로 'fired on'이라고 쓰인 것이 한글 전단에서는 '총살한다'(shoot to death/execute)라고 매우 직설적인 표현으로 쓰인 것이 인상적이다. 사실 당시의 피난민 행렬에 참여한 사람들이 많이 생존하고 있어 그때의 공포를 증언할 사람의 수는 수십 수백에 국한되지 않을 것이다. 미국 AP 통신사의 종군 기자 스윈톤의 목격기를 인용해 본다.[24]

사랑하는 부모님:

지금은 차가운 천막 속의 깊은 밤입니다. 예기되고 있는 중국군의 반격이 전개될 것인지 기다리고 있습니다. 그리고 이 시각은 오래 동안 지연되었던 부모님께 편지를 쓰는 좋은 기회입니다.……

이 마지막 진격에서 가장 충격적인 부분은 우리 기총소사로 수백의 피난민

---

[23] 이러한 전단은 미국 국립공문서관을 비롯한 여러 군 연구소 도서관에 수집되어 있다. 한국 전쟁 당시의 남북 전단집은 근간 예정인 한림대학교 아시아문화연구소 자료집 참조.

[24] *S. M. Swinton Collection(AP correspondent)*, Box 1, Bentley Historical Library, University of Michigan.

들이 죽고 있다는 것입니다. 그 대부분은 여자들과 어린애들입니다. 저들은 한 길 곁에 기어가듯 죽어 넘어지고 있습니다. 비행기의 50미리 구경 기관총탄이 그들을 掃射할 때 어머니들은 한두 살짜리 밖에 안되어 보이는 아기들을 업고 있었습니다. 아기들은 총에 맞지 않고 모친의 등에서 떨어져 나가 길옆에서 얼어죽고 있습니다. 저는 많은 전쟁을 보았지만 이것은 가장 잔혹한 광경이었습니다. 우리 공군은 이것이 필요하다고 합니다. 적이 피난민 행렬에 침투하고 있다는 것입니다. 그럴 수도 있습니다. 그것은 인정합니다. 그러나 저는 적의 군인 하나 죽이는 데 25명의 민간인들을 죽이고 있다고 계산하고 있습니다. 이것이 할 만한 일입니까? 민간인을 적으로 만들어 우리가 빨갱이들에게 손실을 입힘으로써 얻는 상쇄 효과를 더 더욱 상쇄시키는 것이 아닐까요? 제 견해로는 예, 그렇습니다.…… 1951. 1. 30.

Jan. 30

Dear Mother and Dad:

It's a late at night in a cold tent. I'm waiting to see if an expected Chinese counter-attack will develop and it is a good time to get a long-delayed letter off to you……

The most horrifying part of this last advance has been the hundreds of refugees killed by our strafing……women and children, mostly. They lie crawled out in dath by the roadside. Many of the little children, only one or two years old, were being carried by their mothers when the planes' 50 calibre bullets hit them. The children weren't hit: they just tumbled off the mothers back and froze to death by the roadside. I have seen a lot of war but this has been one of the most horrifying spectacles of all. The air force says it is necessary: enemy troops infiltrate refugee column. Sometimes they do. That I grant. But I would estimate that when we strafe refugee column on the road(as opposed to tactical air strikes on designated enemy targets superintended by a forward air controller), I would estimate we kill 25 civilians to every enemy soldier. Is it worthwhile? Do not the enemies we make among the civilians population counterbalance and more than counterbalance the damage we do to the Reds? In my view, yes. It is part of our utter political naivety. We are losing the battle of thoughts and persuasion as we have always been losing it in Korea. The military tide has turned but you cannot win in Asia with bullets.

1951년 1월에 일어난 일들이 미군 참전 시부터 도처에서 일어났다. 미 항공기들은 비단 적과 민간인들에게 의도적인 공격을 가했을 뿐 아니라, 한국군도 자기 지상부대까지 오폭(誤爆)하였다. 필자는 제1기갑사단의 예만 들어 보겠다. 제1기갑사단 제8공병대대에 종군하던 퍼겟(Maurice E. Furgett)은 낙동강에 떠 있는 임자 없는 배들을 파괴하고 있을 때 우군기(友軍機)의 기총 사격을 받았고, D중대가 대구의 학교에 주둔하고 있을 때 멍청한 조종사의 기총 사격을 받아 화가 난 동료들이 응사하여 기체에 몇 군데 구멍이 나게 했다고 증언하였다. 이것은 노근리 학살 사건이 일어난 후의 회상이 아니고 1980년대의 증언기록이다.[25] 또 바로 노근리 사건과 관련된 것으로 알려진 제7연대의 기록인데 그 1대대 본부의 차량 2대가 7월 27일 아침 7시 15분경 우군기의 공습을 받아 파괴되었다.[26] 이것은 29일 아침의 사건에서 2일 전의 일이었다. 필자가 오폭 이야기를 꺼낸 이유는 자기들의 대구 부대까지 오폭하는데 적으로 간주하는 흰 옷 입은 사람들의 집단쯤이야 좋다고 총탄을 퍼부을 유혹이 상당히 컸을 것이 아닌가 하는 추측 때문이다. 따라서 피난을 유도당한 임계리, 주곡리 일대의 주민 등 '2,000명'(숫자가 좀 과장된 것 같다)이 항공기의 습격을 받아 '전멸'했다는 이야기는 그런대로 가능성이 많다고 생각해 본다. 구일본군에는 소위 '군대 민화(民話)'라고 부르는 것이 있어 잠재적인 원망(願望), 공포감 등이 사실인 것으로 믿어져서 유포되었다고 한다. 당시의 미군들에게 '민간인은

---

[25] 미 육군부 軍史硏究所 소장 *Army Service(Korean War) Questionnaire*, 제1기갑사단 상자에서 검출.

[26] RG 500 Records of US Army Commands, 1942-, UNITS RECORDS. Cavalry Regiments, 1940-67, Box 41. Headquarter 7th Cavalry: War Diary.

곧 인민군의 가장', '민간인을 총알받이로 앞세운 공격'이라는 확신 또는 '민화'가 널리 유포되지 않았나 생각해본다. 제7기갑연대 1대대가 7월 28일로 보고한 바에 의하면(바로 사건이 일어난 시기이고 사건을 일으켰다는 연대의 소속) 1대대의 좌우측에서 침투하려는 적을 일시적으로 격퇴시켰는데 "적은 민간인 군중을 앞세워 공격하는 그들의 전형적인 전술을 썼다"(The enemy was following a typical pattern of attack by forcing mobs of civilians ahead of their troops into the line of fire)라는 것이다.[27] '침투'라고 했으니 대부대가 아니라 소부대에 의한, 인민군이 당시 흔히 사용하던 유격대를 동원한 공격일 것으로 생각된다. 위에서 인용한 인민군의 일기에서도 그 중대에 배속된 유격대와의 동행을 수차 언급하고 있었던 점을 상기해야 할 것이다. 당시 제1군집단 지휘부는 유격대 문제에 대하여 다음과 같이 명령을 내리고 있었다.[28]

> 관하 각 연합 부대들의 공격 전면에서 활동하는 인민유격대들이 아군과의 연계도 없이 개별적으로 행동하여 작전상 큰 좋지 못한 영향을 주는 일이 많다.……또한 부대 후방에서 군대에 입대하지 않고 무질서하게 떠도는 무수한 의용군과 부분적 인민유격대들이 많다. 각 연합 부대에서는 이러한 인원들을 속히 모집 장악하여 사단의 보충 대대를 편성할 것이다.

여기서 무질서하게 떠도는 '부분적 인민유격대'라고 언급했을 때 부분적인 인민유격대는 이미 각 부대에 편성된 질서 있는 유격대도 있었다는 것을 시사한다. 좌우간 민간인을 총알받이로 또 지뢰 제거용으로 이용하였다는 서술은 더 검증할 필요가 있는 부분이다.

원래 제8군에서 7월 26일 '피난민통제령'을 발포했을 때 그것은 꽤 온건

---

27) 각주 23)과 같음.
28) 신 노획문서, 201103 제2사단 참모부철. 8월 4일 명령 참조.

한 것이었다. 통제의 주요 내용은 1) 피난민의 일선 넘나들기 금지, 2) 무리를 이루는 이동 금지, 3) 미군 사령부의 허가 없이 한국인에 의한 주민철거 불허, 4) 작전상 주민의 철거가 필요할 경우를 위하여 각 사단에 3인의 한국인 경찰 연락관을 배속시킬 것 등이었다. 주민 철거 방법을 보면한국 경찰은 질서정연하게 주민들을 지정한 노선을 통하여 일출부터 일몰사이에 철거시키며 음식을 제공할 것, 일몰에서 일출까지는 야외 이동을 금지할 것, 그리고 이 명령을 삐라로 뿌려 주민들에게 주지시킬 것 등이었다.[29] 이 명령이 밑으로 내려가면서 각 사단이 직면한 환경에 따라 통제의내용이 수정되고 강경해진 것으로 보인다. 즉 7월 27일 25사단의 8군 명령시달에 따르면 전투 지역을 이동하는 민간인은 적으로 간주되었다.[30] 즉사살해도 무방하였던 것이다. 이러한 상황은 제1기갑사단도 비슷하게 나타났다. 제1기갑사단의 제61야포대대의 7월 29일자 일일 전투 보고에는 다음과 같이 기술되어 있다. "일선 지구에서의 민간인 철수는 많은 문제를해결했다. 이제부터 출현하는 자는 누구나 적으로 간주된다. 우리 30마일후방에 대규모 게릴라 행동이 있었다."[31] 일선 대대 지휘관들이 이러한 심리 상태에 있었던 까닭에 노근리 주둔 미군 소부대가 상부에 굴다리에 있는 한국인들을 어떻게 하고 철수할 것인지 문의하였다면 상황이 급박하고상부의 시달도 있고 해 또는 무심결에(이 피난민 무리의 역사를 망각하고)"적이니 처치하고 철수해"라고 지시하였을 가능성도 염두에 두어야 할 것이다. 이것은 물론 29일에 피난민에 대한 기총소사와 생존자의 처치가 있었다는 전욱의 이야기 줄거리를 따라서 구축한 상황이다. 8월 2일자 제1군단의 시달문과 피해 생존자의 증언대로 26일 무렵에 사건이 일어났다면 26일의 8군 명령이 시달된 직후 남북 양쪽에서의 인민군 접근을 피부로 느껴

---

29) RG 500 前揭 제1기병사단 기록철 Box 127, CG EUSAK 261000 July 1950 참조.
30) RG 407 Command Reports, 1949-54, 25 Infantry division July 1950, Box 3746.
31) RG 407 First Cavalry Division, HQ 61st Artillery Battalion Daily War Diary.

처치 결단을 내렸을 것으로 짐작된다. 아마도 임계리 등의 주민을 철거시킨 부대와 폭격시킨 부대의 명령 계통이 달랐든지 부대 교체의 와중에서 사건이 일어난 것이 아닌가 생각해본다.

6. 결론

필자는 미군 보병에 의한 노근리나 그 부근 굴다리에서의 민간인 집단 학살이 있었던 것으로 보고 있다. 이미 앞에서 살펴보았기 때문에 여기서 중복하지는 않겠지만 이 사건에 대해서는 대대장급 또는 중대장급 지휘관의 오판이라는 가설, 또는 비행기의 맹폭으로 무고한 양민들을 대량 학살한 사실에 아연실색해 나머지도 죽여 입을 막으려고 했을 것이라는 가설, 소수의 강간범이 26일 또는 29일 증거 인멸을 위하여 피폭 생존자 50~60명을 학살하였다는 가설, 이복훈이 모종의 역할을 했을 것이라는 가설 등을 상정해 본다. 소설적인 전개로는 29일 철수가 임박한 시점에서 모든 사건이 일어났다고 보는 것이 박진감이 있어 보이나 생존자들의 증언과 상치되는 흠이 있다. 필자는 전욱 기자의 서술대로 임계리와 주곡리의 철거 주민들에 대한 비행기 습격과 대량 살상, 또 터널 안팎에서의 비행기 사격과 포 사격에 의한 살육과 피폭 생존자들의 마지막 살육부분을 구분하고 싶지만 최종 살상이 26일에 일어났는지 29일에 일어났는지를 결정하지 못하고 있다. 터널 안과 밖에서의 최종 사망자수는 100여 명에서 400명 사이일 것이지만 필자는 100여 명 쪽으로 보고 있다. 즉 8월 2일자 현지 보고에 의한 제1군 집단지휘부의 시달과 8월 4일 이태준 작가가 황간을 거쳐 김천으로 가면서 견문한 100여 명을 기본으로 삼은 것이다. 미 육군 부대에 의한 민간인 대량 학살은 남한에 국한할 경우 이것이 처음이요 마지막이라고 필자는 믿고 싶다.(사주(使嗾)라는 개념을 도입하면 문제가 달라질 수 있

지만). 또 북쪽에서 미군 소행이라고 말하는 '신천 대학살'의 주요 하수인
들은 당지(當地)의 반공 주민들과 국군 보조 부대였다는 것이 필자의 견해
이다.

노근리 사건에서 우리가 짚고 넘어 가야 할 부분은 개전 초기에 남쪽 군
경에 의한 전국적으로 전개된 보도연맹원과 형무소 재소자 등의 말살 공
작이요, 또 북한군 후퇴 시에 일어난 비슷한 행위들이다. 특히 노근리 사
건 전에 전개된 남한 군경의 amok 증후군적 충동이[32] 대전 전투 이전에
영동군(永同郡) 사회에서 어떻게 작용했었는지 한번 검토해볼 만하다.

노근리 사건에 접근하는 하나의 길은 당시 영동군 일선을 취재 중이던
종군 기자의 소재를 찾고 그 취재 메모를 확보하는 것일 수 있다. 필자가
알기에도 앞에서 인용한 제7기갑연대의 7월 27일 전쟁일기에는 7연대 본부
를 방문한 기자의 이름이 "Tom Lambert (AP), Davis Warner of Daily Telegraph
and London Herald in Melbourne, Stanley Massey of the Consolidated Press in
Sidney"로 적혀 있다.

또 7월 23일 두 명의 기자와 한 명의 미군 사진 기자가 영동군청 안에서
육중한 금고를 도끼로 깨고 있는 사진이 있다.[33] 이들 기자의 신분이 확정
되면 이들의 취재 메모를 추적할 수도 있을 것이다. 당시 미 극동군사령부
는 종군 기자들의 취재에 신경질적 반응을 보였다. 기밀 누설과 적에게 유
리한 보도를 하는 것을 꺼린 것이다. 예를 들면 한 기자는 수원에서의 좌
익 학살을 기사화하기도 했다. 위에 언급한 AP의 램버트 기자와 UP의 카

---

32) amok 또는 amuck라는 단어는 피에 굶주려 살해 의욕에 미칠 지경인 경우를 가리킨다.
    "short-lived explosive psychosis" 또는 "hypereridic rage reaction" 등으로 해석되기도 하는데 어
    느 민족에 독특한 것이 아니고 일정한 불안감 등의 압력 아래 발작이 일어나는 것으로 보
    인다. 관동대지진 당시의 조선인 학살이 하나의 예가 될 수 있을 것이다. David Landy(ed.),
    Culture, Disease and Healing Studies in Medical Anthropology, New York : Macmillan Publishing
    Co., 1977, pp.342~343 참조.
33) 미 국립공문서관 보관 군 사진 SC344081호, 벽에 "5월 30일 총선거, 감언이설에 속지 말라"
    는 표어가 벽에 부착되어 있고 금고의 크기로 보아 군청이라고 짐작했다.

이셔(Peter Kaischer)는 전쟁 취재차 한국에 왔다가 동경에 일시 귀환하자 7월 15일자로 재입국이 금지되었다.[34) 그러다가 맥아더의 특별 허가로 다시 한국 전선에 귀환할 수 있었는데 특히 램버트의 경우 황간 전선에 들어갔었다. 그의 취재 메모가 흥미를 끄는 소이(所以)가 여기에 있다.

필자는 이 글을 2000년 6월 3일까지 필자가 소지한 자료에 의하여 작성한 것이다. 차후 새로운 자료가 나와 졸설(拙說)이 전복되면 그것을 기꺼이 받아들이지 못할 이유가 없다. 그러나 현 시점에서의 필자의 소신은 아마도 전복되지 않을 것이라고 생각된다. 즉 미군이 노근리나 유사 지점에서 의도적이건 의도적이 아니건 간에 무고한 양민 다수를 살육한 불행한 사건은 있었다는 것이다. 한국군도 저지르고 북한군도 저지른 그 많은 불행한 사건중의 하나로서 있었다는 것이다.

❖ 『精神文化硏究』통권79호, 한국정신문화연구원, 2000

---

34) *New York Times*, July 16, 1950의 기사 "M'ARTHUR cancels ban on reporters" 참조.

1946년 북한 경제통계의 일 연구

1. 머리말

1945년 8월, 일본이 항복을 한 후 북한의 중앙 및 지방의 행정은 어떠한 형태로 진행되었던가. 소련 군청의 실태는 어떠했는가. 즉, 1946년 · 1947 에서의 북한은 과연 이 시기의 남한의 미군정과 어떻게 달랐던가? 구체적 으로 1946년의 인민위원회의 행정은 어떠한 것이었나? 우리는 이 시기의 북한잡지, 논문 또는 책들을 통하여 그 대략은 짐작하여 왔다. 즉 남한에 서의 미군정 형태보다는 일본에서의 미군정을 많이 닮아 실질적인 행정 업무는 인민위원회가 주체적으로 수행하였다는 것이었다.

그런데 필자는 북한의 건국원년은 1948년이 아니라 마땅히 1946년으로 보아야 한다는 입장이다. 미국은 한반도에 통일 정권을 세우려 했으나, 소 련은 처음부터 단독 정권을 배양하여 이 정권의 건실한 성장으로 통일정 권의 전부 또는 주요 몫을 차지하려 했었다고 보아왔다. 북한이 1946년부 터 실질적으로 독립 국가의 형태를 취했었다는 것은 다음에 열거하는 세 가지의 상징적인 증거들로서 뒷받침된다. 첫째, 인민위원회 발행의 외국 여권의 존재이고[1] 둘째, 북한의 인민위원회가 1947년 3월 소련 관계 당국

---

[1] 새로 기밀 해제시킨 북한 노획문서 중에는 1947년 발행 외국 여권뭉치가 있다. 표지에는 태

과 협정을 맺어 청진(淸津), 나진(羅津), 웅기(雄基)의 세 항구를 30년간 소
련측에 양도했다는 문서의 존재이고[2] 셋째, 이곳에서 논하려고 하는, 1946
년부터 국가예산을 수립하고 있는 것으로 보이는 통계집의 존재이다. 근
래 1947년 말에 편찬된『1946년도 북조선 인민경제 통계집』이라는 '극비
통계집'이 발견되어[3] 이에 의하면 북한의 1946년의 상황은 많이 해명될 단
계에 이르렀다. 또 이와 같이 「북조선 인민경제 발전에 대한 예정숫자」[4]
와 「1948년도 북조선 인민경제부흥발전에 관한 대책」[5] 및 기타 중요 문건
들이 발견되어 적어도 1950년도까지의 북한의 경제 발전을 대략이나마 처
음으로 통계적으로 접근할 수 있게 되었다. 본 논문이 목적으로 하는 것은
통계 숫자를 통하여 첫째, 6·25전쟁 이전의 북한 사회의 실태를 확인하고
둘째, 과연 남·북 어느 쪽이 더욱 발전 했었던가 또는 살기 좋았는가 하
는, 소박하고 기초적인 문제에 냉정하게 수치적으로 해답을 얻고자 하는

극기 마아크가 그려진 外國 旅行證이라 적힌 것이 있고 내용은 국한문, 영어, 러시아어로
된 인민위원회 위원장 김일성과 외무국장 리강국의 이름으로 "上記와 如히 旅行함을 證明
함 國內外 諸關係 當局은 上記 旅行人에게 萬般更宜와 幇助를 提供하여 주시기를 務望함"
이라고 찍히고 소련행인 경우에는 "조선문제에 관한 정치고문단기관(Аппа рат Группы Пол
итсоветника По Вопросам Кореи 즉, Apparatus of Group of Political Advisor Concerning
Problems of Korea)"이란 도장이 사증란에 찍히고 있다. 이것은 일본 동경대의 와다 하루끼
(和田春樹) 교수의 자문을 받았다.

2) 새로 기밀 해제시킨 북한 노획문서에는 北朝人委 指示 제74호가 있는데 이것은 '항구양도
에 관한지시'로 된 김일성의 지시인데 "1947년 3월 25일 서명한 소베트 사회주의공화국 외
국 무역자와 북조선인민위원회간에 조·소해운주식회사 '모로트란쓰' 창립에 관한 결정서
제5조에 의하여 좌기 항구를 양도 양수증서에 서명하는 방법으로 조·소해운 주식회사에
30년간 기한부로 양도할 것을 지시합니다…"로 되어 있고 9월 16일에는 이 회사 총사장 포
멘꼬가 淸津항 인수증서, 羅津항 인수증서, 雄基항 인수증서 등을 인민위원회로 보내고 있
다.

3) 北朝鮮 人民委員會 企劃局에서 1947년 12월에 발간했는데 "極秘番號 2. 管守 : 委員長"이라
는 도장이 찍혀있다. 본문이 총 163면이고 작고 치밀한 서체로 등사된 것이지만 깨끗이 제
본 되었음.

4) 위의 기관에서 나왔으며 이것은 책자로 나온 것이 아니라 참고 문건으로 나왔고 큼직한 서
체로 조잡하게 등사되었음. 극비라는 도장이 찍혔고 총 76면이고 1947년도라고 만년필로
적혀 있음.

5) 역시 위 기관에서 나온 등사문서로 1947년도 말에 나온 것으로 추측된다. 극비라는 도장이
찍혀 있음, 내용만 총 151면.

견해에 일조가 되고자 함이고, 셋째, 1960년의 북한과 남한이 도대체 어떠한 차이점들을 가지고 어떻게 비교할 것인가? 필자가 오랫동안 가졌던 흥미에 암중 모색적인 접근을 시도해 보겠다는 것들이었다. 이 논문에서 열거하는 통계자료는 상기한 목적에 접근하는데 도움이 될 것이라고 필자가 판단한 '표'들만 선택하여 나름대로 통계 수치들을 첨가하여 제시한 것이다.

북한은 1960년 초기에 이르러 공개적으로『조선민주주의인민공화국 인민경제발전 통계집, 1946~1960』이란 것을 우리말, 영어, 중국어 등 여러나라 말로 반포하여 세계 주요 도서관에서 열람할 수 있게 하였다. 이것은 하나의 과시 행위인데 이 통계집이 사실에 접근하였는지의 여부는 이상에서 언급한 여러 극비 통계집으로 어느 정도 검증 할 수 있게 만들었고[6] 또 현재 접근할 수 있는 북한의 여러 공개된 1990년대의 통계에서 역으로 과거의 통계를 규명하려는 미국 연구자 Eberstadt의 노력과도 연관질 수 있는[7] 계기도 제공한다. 이렇게 새로 발굴된 자료의 가치는 매우 크다. 앞으로 전문가의 자세하고도 치밀한 연구가 있어야 되겠지만 발굴자의 견해로 나름대로 분석을 시도하며 비판을 감수하기로 한다. 다만 이것은 역시 하나의 연구로서 시도이지, 경제 통계전문가의 그것이 아니라는 점을 밝혀둔다.

참고로 경제통계집의 '발간사'를 소개하며 이 통계집의 중요한 위치를 대변케 해 본다.

1947년은 우리 民族의 歷史 위에서 처음으로 人民經濟 復興發展에 關한 數

---

[6] 1950년과 1960년에 있어서 남·북한 경제 실체의 비교연구는 매우 중요하다. 특히 1960년도의 북한경제가 남한보다 매우 앞섰기에 5·16이 일어났다는 설을 검증하는 기초를 제공하기도 한다.

[7] Nicholas Eberstadt, *Population and Labor Force in North Korea : Trends and Implications*, Korea Research Monographs No.17. Institute of East Asian Studies, University of California. Berkeley, 1992. "Material Progress in Korea Since Partition, 1945-1990" (typescript paper).

字를 樹立하고 그 實行을 爲하여 全勤勞 人民이 熱烈히 鬪爭한 結果 全部門에 있어서 計劃을 超過 達城하는 偉大한 成果를 거두운 해 이었다.

이것은 北朝鮮에 있어서 소련 軍隊와 소련 政府의 積極的인 援助와 우리 民族의 英明한 領導者 金日成 委員長의 正確한 指導 밑에서 人民의 政權 北朝鮮人民委員會가 實施한 土地改革 主要産業 國有化等 諸般 民主主義改革의 勝利的 成果로 말미암아 可能하였던 것이며 또한 이러한 諸民主改革의 成果는 人民經濟를 計劃的으로 管理 條件을 지어주었던 것이다.

그런데 人民經濟 復興發展을 計劃하여 組織하는데 있어서 統計事業은 絶對的 必要性을 가진 것이며 또한 지난 統計數字들을 集成하여 두는 것은 우리 事業의 앞으로의 發展에 큰 도움을 주는 것이다.

여기에 우리는 1947年度 人民經濟復興 發展計劃樹立의 基礎的 統計가 되었던 1946年度의人民經濟에 관한 모든 統計 數字들을 集成 發刊하여 關係 各部門의 參考資料로 提供하며 人民經濟 復興發展시키는 事業에 이를 널리 利用하여 주기를 바라는 바이다.

그러나 本 統計를 利用하는데 있어서 반드시 注意 事項을 嚴守하여 주기를 附言한다.

1947年 12月 日

北朝鮮人民委員會 企劃局

여기서 '주의 사항'이라고 말한 것은 각 통계의 앞에 *표가 붙은 것은 국가 기밀이라는 것이다. 따라서 본문에서 "1946년도의 인민경제에 관한 모든 통계 숫자들을 집성"이라 하고 있듯이 이것은 따로 기밀성 숫자를 제외해 놓지 않았다는 이야기일 것이다.

* 본문 중에 사용할 약어는 다음과 같다.

DPRK/46-60	1946-1960 『조선민주주의인민공화국 인민경제발전 통계집』
NKS/46	『북조선인민경제통계집(北朝鮮人民經濟統計集)』 1946년도
SKS/48	『북조선경제통계연감(朝鮮經濟統計年鑑)』 1948년도

P/48 　　　　『북조선인민경제부흥발전(北朝鮮人民經濟復興發展)에 관한 대
　　　　　　책』1948년도

SUM 　　　　Summation of United States Army Military Government Activities
　　　　　　In Korea 시리즈. 여기에는 South Korean Interim Government
　　　　　　Activities 시리즈도 포함.

2. 1946년도의 북한의 인구

1946년도에 있어서의 북한의 인구에 대해서는 다음과 같은 자료가 알려
져 왔다. 그 첫째는 『조선민주주의인민공화국 인민경제발전 통계집』(이하
DPRK/46-60이라 약칭)이고 둘째는 1989년도에 북한이 유엔 인구기금(United
Nations Population Fund)에 제공한 북한의 인구동태에 관한 여러 자료이다.
DPRK/46-60에 의하면 1946년에서 1960년까지의 북한인구의 변화는 다음과
같다.

〈표 1〉 1946~1960년간 북한인구추세

(인구 단위: 천명)

연도 구분	1946년말	1949년말	1953/12/1	1956/9/1	1959/12/1	1960말
총인구수	9,257	9,622	8,491	9,359	10,392	10,789
인구의 성장(%)	100	104	92	101	112	117
성별(%) 남	50.0	49.7	46.9	47.8	48.3	48.4
성별(%) 여	50.0	50.3	53.1	52.2	51.7	51.6

또 Eberstadt가 인용한 후자에 의하면[8] 1946년에서 1987년에 이르는 인
구의 추이는 다음과 같다.

---

[8] Eberstadt, 앞의 책, p.32.

<표 2> 북한이 공표한 1946~1987년간 인구추세

(단위: 천명)

연도	총계	남	여	비율	연도	총계	남	여	비율
1946	9,257	4,629	4,628	100.0	1970	14,619	7,127	7,492	95.1
1949	9,622	4,782	4,840	98.8	1975	15,986	7,433	8,553	86.9
1953	8,491	3,982	4,509	88.3	1980	17,298	8,009	9,289	86.2
1956	9,359	4,474	4,885	91.6	1985	18,792	8,607	10,185	84.5
1960	10,789	5,222	5,567	93.8	1986	19,060	8,710	10,350	84.2
1965	12,408	6,067	6,341	95.7	1987	19,346	8,841	10,505	84.2

그런데 1946년도의 NKS/46은 다음과 같이 되고 있다. 즉,

<표 3> 1946년 자료에 나타난 북한의 총인구

(인구단위: 명)

	총 수	조선인(남), (여)	중국인	일본인	기타 외국인
인구총수	9,296,772	9,257,317(4,633,197), (4,624,120)	37,690	1,650	115
호수	1,530,999	1,524,158	6,505	310	26
세 대 수	1,695,995	1,687,820	7,709	433	33

註: 保安大隊部 營內居住者와 敎化所 收容人 및 소련 軍籍을 지닌자를 包含하지 않음.

〈표 3〉에 의하면 〈표 1〉, 〈표 2〉에서 1946년도 인구총수를 9,257천명이라고 한 것은 엄격히 한인만을 다룬 것이고 실상에 맞는다고 본다. 그러나 남녀의 비율에 이르러서는 1946년의 남녀 비율을 의도적으로 50%로 만들기 위하여 9,077명이나 많은 남자에게서 4,000여 명을 빼어내어 조정을 했다. 따라서 비율은 50.05% 대 49.9%, 또는 Eberstadt의 비율계산법으로 하면 100.2%가 된다. 북한통계가 일관하게 통계에서 제외하는 인구는 군영 내(軍營內) 거주 군인과 교화소(형무소) 재소자들로서 이것은 NKS/46이 명기하고 있는 바다. 군인을 통계에서 제외하는 북한의 관습은 유엔에 제출한

북한 자체의 자료에도 명기되어 있다(Eberstadt, 1992. 13쪽). Eberstadt는 1970년 이후 남녀간의 인구비율이 급격하게 변화되고 있음에 주목하여 아마도 이때부터 군인은 인구총계에서 빼는 관습이 생긴 것이라고 추측했고 (동상, 32쪽) 미국에서 만든 북한인구 증폭의 연차별적인 모델과 북한당국이 제출한 인구통계를 비교하여 북한의 군대 총인원은 120만에 달한다고 주장했다. 이것은 북한위협 강조자들에 호의적으로 접수되어 일부에서 북한군의 병력을 '규정'하는 기초가 되기도 했다. 그러나 그 추산방법을 재검토하여야 될 뿐만 아니라 그 산출한 120만이라는 숫자가 정당하다고 해도 이중에는 형무소·사상범수용소의 재소자, 각종 노력봉사대에 징발된 청년, 그리고 군인들을 상정할 수 있은 즉 무턱대고 120만이라는 비생산적인 직업군인을 상정하는 것은 북한 청년층 총수와 120만이라는 비율로 봐서도 수긍하기 힘들지 않은가 한다.

그러나 이 1946년의 통계에서 분명히 볼 수 있는 것은 1946년에 있어서의 군영 내 군인과 형무소 수감자들이 제외되었다고 명기되고 있음으로 당연히 이들도 남자인구에 가산하여야 된다는 것이다. 1947년 초의 미군 정보문서에 의하면 1946년도의 북한무장역량은 치안대(민병), 보안(무장경찰대), 경비대(북한군)로 조직되어 있었고 경비대의 병력은 75,000명 이하라고 추산했었다.[9] NKS/46에서 "보안대대부 영내거주자"를 인구통계에서 제외한다고 했을 때 '보안대대부'라는 명칭은 당시의 북한군의 공식명칭 이었음으로[10] 당시의 군영 내 거주 병력을 5만 명으로 추산하고 교화소 수용자를 1만 명으로 추산하여 6만 명을 북한 남자인구에 가산한다면 북한 남자인구는 약 4,693천 명이 되어 남녀 간의 비율은 50.7 대 49.3% 정

---

9) Headquarters, United States Army Forces in Korea 『Intelligence Summary Northern Korea—駐韓美軍北韓情報要約』 제1권, No.30, 16 February 1946, 한림대학교 아시아문화연구소 1989.

10) 같은 책, 제2권, 221쪽(No.39, 30 June 1947)에 다음과 같이 적혀 있다. "It is still (as of June 1947) the only official title for the thousands of troops which have passed through its training detachments and who call themselves the Peoples Army"

도가 될 것이다. 1946년 9월의 남한에서의 남녀 간의 비율이 50.5 대 49.5%
라는 것이 참고가 된다.[11] 즉 지적하고 싶은 것은 근래의 북한 통계에서
기준으로 삼고 있는 1946년도에 있어서의 북한의 성별 비율이 50 대 50이
아니라 남자측이 1% 내지 그 이상 많았다는 것이다.

  1946년 북한에 있어서의 호수(戶數)와 세대수의 비율은 1호당 조선인이
1.10세대, 중국인이 1.18세대, 일본인이 1.39세대가 되며 한 세대당 평균 인
원은 조선인 5.48명, 중국인 4.88명, 일본인 3.81명이 된다. 1946년도 북한
의 인구통계는 군(郡)단위로 되어 있는데 태평양전쟁 초기 1942년의 통계
와 도별 그리고 강원도 군단위로 비교해 보면 다음과 같음을 볼 수 있다
(한국인 만).

〈표 4〉 1942년과 1946년의 북한인구 비교

(단위: 명)

인구	1942	1946	증감율
평남(평양시포함)	1,782,501	1,804,747	1%+
평북	1,826,602	1,972,360	8%+
황해	1,926,166	1,708,480[12]	6%+
함남	1,972,617	1,618,942[13]	3%-
함북	1,140,778	932,128	18%-
강원		1,220,660	
원산시	106,158	102,867	3%-
文川	93,598	94,078	0.5%+
安邊	102,509	102,586	0%+
平康	79,444	84,270	6%+
淮陽	84,936	85,164	0.2%+
金化	102,239	102,586	0%+
華川	46,772	51,773	11%+

---

[11] 미 군정청 보건후생부 生政局 「南朝鮮(三八度以南) 地域及性別現住人口」 1946년 9월 현재
제1표 참조.

伊川	75,140	80,683	
鐵原	104,869	131,867[14)	
蓮川	77,101(경기도)	71,349	
楊口	56,066	57,454	3%+
麟蹄	73,120	37,799(38선분할)	
襄陽	83,220	65,345(38선분할)	
高城	85,333	77,935	9%-
通川	69,780	69,948	0.2%+

이 북한의 인구증감 추세를 남한과 비교하기 위하여 1946년 9월 미 군정청 보건후생부에서 편찬한 「남조선지역급성별현주인구(南朝鮮地域及性別現住人口)」와 비교해 본다. 이것은 면단위까지 내려가고 1944년도의 통계를 이용했지만 참고로 1942년도 것까지 기재해 보았다.

〈표 5〉 일제시와 1946년의 남한인구 비교

(단위: 명, %)

연도 지역별	1942	1944	1946	증감율
남한		15,879,110	19,369,270*	22.0+
경기	2,067,394	2,264,336	2,486,369	9.8+
서울	941,101	826,118	1,141,766	38.2+
충남	1,638,582	1,647,044	1,909,405	15.9+
충북	969,598	970,623	1,112,894	14.7+
전남	2,548,852	2,486,188	2,944,842	18.4+
전북	1,684,529	1,639,213	2,016,428	23.0+
경남	2,370,933	2,318,146	3,185,832	37.4+

---

12) 연백군(198,649명)과 옹진군(122,791명)을 38선 이남이라는 이유로 제외하고 경기도에서 長豊郡을 집어넣은 숫자일 것임.

13) 원산시와 문천군, 안면군은 일제시 함경남도에 소속해 있었으므로 비교하기 위하여, 이 세 곳의 1942년의 인구 302,265명을 1946년도의 함경남도 인구에 포함하여 보면 총수 1,921,207명이 된다. 1942년보다 3% 감소되어 있다.

14) 38선 이남의 포천군도 포함.

경북	2,588,933	2,561,251	3,178,750	24.1+
강원		946,643	1,116,836	18.0+
제주	222,785	219,548	276,143	25.8+

필자 柱: *는 원전 그대로 옮겼다(합계를 하여보면 19,369,265명으로 나타나고 있다).

미 군정청 보건후생부 생정국(生政局) 미인고문 Theodore Pritzker의 설명문에서 요점들을 다음과 같이 들고 있다.

(1) 유치장 구류자, 학생 등은 본적지에서 등록되고 군인, 광산취무자 등은 현지에서 등록되었다.
(2) "실재조사는 인구조사표에 의한 道도 있고 戶口조사표에 의하여 수집된 道도 있다. 이 기록은 조선 재래의 관습과 또 그것이 식량 배급의 기준으로 이용되어 있으므로 신중히 보존 되었든 것이다."
(3) 전체적으로는 22%, 숫자상으로는 3,490,160명이 증가되었다.
(4) 제주도를 제외하고 여자의 수적 우세로부터 남자의 우세로 전환함. 이 비율이 달라졌다는 것은 주로 징병장정과 징용자의 귀환에서 유래함.
(5) "의무처의 기록에 의하면 외국으로부터 남조선에 귀환한 동포와 북선인의 이동은 1946년 10월 2일 현재로 합계 1,877,679명에 달한다고 한다. 귀환동포를 처리하는 기관에 수립된 것은 1945년 10월 15일인 바 이전에 약 32만명이 등록하지 않고 입국하였고 또 어떤 사람은 그 후 혹은 밀선, 혹은 육로로 역시 신고없이 38선 이북에서 입국하였든 것이다."
(6) 일본인의 인구조사에 의하면 조선의 인구 자연증가율은 1944년 전에 있어서 매년 1.7%이다.

미군정에서는 일제시대 인구통계의 정확성에 극히 회의적이었는데[15]

---

15) Korean population data for the period of the Japanese occupation generally are recognized as not having a high degree of accuracy. The annual reports of the Government-General consistently listed the natural increase at less than the total growth, even though it was recognized that there was a net immigration from Korea(Statistical Analysis of Population in South Korea, South Korea Interim Government Activities No.34 July-August 1948, p.12).

위의 〈표 5〉에서 인용한 1942년과 1944년간의 인구변동에도 의심나는 점
이 보인다. 즉 경북·경남·전북·전남이 각각 27,682·52,787·45,316·
62,664명씩 줄어들었는데 충남과 경기는 8,462명과 196,664명이 증가하고
있다. 물론 이들 지방에 공장이 밀집해 있었다고 추리해 볼 수 있다. 일제
시대의 인구통계에 대하여는 1946년도의 북한에서도 비판적인 글이 나왔
었다. 즉 문회표(文會彪)는 다음과 같이 쓰고 있다.[16]

첫째로 세대를 단위로 한 배급대상 인원과 연령차이에 대한 양곡등급의 조
사결정의 방법은 자기들이 전쟁목적을 원활히 집행하기 위하여 조직한 町會長
과 반장에게 일임하는 방법으로써 수배 할 세대주는 거주계나 혹은 기류계와
또는 轉居住屆나 혹은 전기류계에 기류초본을 첨부하여 이를 반장을 통하여
町會長에게 제출한다면 정회장은 이에 의하여 식양배급 통장을 작성하여 소관
府 또는 面에 제출케 함으로서 府급 面은 이를 증명하는 동시에 이 숫자의 통
계에 의하여 양곡수급 계획을 세워 이를 군, 도에 보고 급 신청을 하였으며,
둘째, 배급기구와 및 절차는 도가 府郡의 보고에 의하여 각 府郡에 양곡을
할당하면 부군은 이를 직접 관리 하되 부군은 실지 사무에 당하고 식량의 배급
은 자기들이 비교적 충실하다고 믿는 상인들을 구역별로 그 장소를 선정하여
적립금을 세우게 하는 조건 밑에 배급소를 설치케하고 상인에게는 그 취급수
당에 따라 수수료를 취급하였든 것이다.(중략).
과거 일제가 남기고 간 일체의 숫자가 항상 믿을 수 없는 것을 보는 바이거
니와 더욱이 이 배급을 중심으로 한 人口 숫자에 있어서는 보다 더 부정확한
것임을 우리 식양배급대상 인구조사를 통하여 다시금 재인식하게 되었다. 만일
일제시대의 숫자가 정확한 숫자일진데 1년 6여 개월이 지난 오늘에 있어서의
숫자는 불어야하고 붇는 것이 원칙임에도 불구하고 이것이 4분의 1이란 엄청난
숫자가 줄었다고 하는 것은 이를 여실히 실증하는 것이다.

이상의 글은 일제시대의 유령인구와 인구통계에 대한 하나의 분석으로

---

16) 文會彪, 「食糧 傳票制 實施와 그 意義」, 『人民』 창간호, 1946년 11월 28일.

서 일제시대의 인구통계가 그렇게 믿을 수 없는 면이 있음을 말해준다. 그렇지만 저자가 '4분의 1이란 엄청난 숫자가 줄었다'고 말한 것은 개별적인 고장에서 일어난 것으로 추측되나 북한인구의 도별 증감율을 보며 함경남·북도를 제외하고는 대체적으로 조금씩 증가하고 있음을 보이고 있으나 함경남·북도의 경우도 25%의 감소율까지 가지는 않는다. 문제는 함경북도의 18%의 감소율은 북한 각도에서 최고인 바 일제시의 1942년과 북한의 1946년의 함경북도 인구동태를 다음 표에서 비교해 본다.

〈표 6〉 함경북도 인구의 비교(1942년과 1946년)

(단위: 호, 명)

지역·연도	구분	한인호수	인구수		
			계	남	여
함경북도	1942	211,099	1,140,778	593,453	547,325
	1946	156,856	932,128	464,140*	467,938
淸津시	1942	38,479	199,609	106,824	92,785
	1946	15,544	102,656	51,254	51,402
羅南시	1942	-	-	-	-
	1946	4,267	26,032	12,815	13,217
城津시	1942	15,283	76,569	39,232	37,337
	1946	6,082	44,818	22,053	22,765
羅津시	1942	5,924	29,036	15,473	13,56
	1946	5,044	27,068	13,635	13,433
鏡城군	1942	22,315	118,962	61,677	57,285
	1946	16,148	98,766	49,275	49,491
明川군	1942	20,818	122,948	61,142	61,806
	1946	21,824	117,715	57,880	59,835
吉州군	1942	18,666	101,102	50,935	50,167
	1946	16,507	91,267	44,668	46,599
鶴喊군	1942	10,053	56,525	30,825	25,700
	1946	12,106	69,997	34,123	35,874

富寧군	1942	10,053	56,525	30,825	25,700
	1946	7,351	43,897	22,146	21,751
茂山군	1942	18,091	95,311	50,802	44,509
	1946	14,909	83,929	42,695	41,234
會寧군	1942	12,896	72,070	38,458	33,612
	1946	9,516	61,152	30,707	30,445
鐘城군	1942	6,605	36,188	18,412	17,776
	1946	6,261	37,189	18,771	18,418
穩城군	1942	7,354	38,031	19,563	18,468
	1946	5,792	35,242	17,448	17,794
慶源군	1942	7,789	45,491	22,816	22,675
	1946	6,574	40,509	20,471	20,038
慶興군	1942	16,194	84,211	45,091	39,120
	1946	8,931	51,891	26,249	25,642

필자註 : *는 원전에는 464,140명이지만 아마 464,190명의 잘못이다.

〈표 6〉에 의하여 본다면 경흥군의 경우 남자의 인구가 42% 줄고 여자의 인구가 35% 줄었고, 회령군의 남자인구가 20% 줄고 부령군의 남자인구가 28%, 여자인구가 15% 줄었고, 경성군의 남자인구가 20%, 여자인구가 140% 줄었음에 반해 학성군에서는 남자인구가 11%, 여자인구가 40%가 증가되고 있다. 그밖의 감소비율은 일부 도시를 제외하고 현저하지 않다. 그러면 이 줄어든 인구층이 대략 연령적으로 어느 층에 해당될 것인가를 알아보려면 '1946년의 연령별 인구표'를 참고로 할 수 있다. 〈표 7〉에서 총수와 함경남·북도의 숫자만 발췌하여 나열해 본다.

〈표 8〉과 같이 북한의 인구총수를 '인구(人口)나무' 도표로서 표시해 보면 다음에 보는 바와 같이 거의 전형적인 인구나무를 형성하는 것 같다. 매 5살마다 한 조(組)를 이루게 했는데 15~16세 그룹은 평분하여 인접 그룹에 포함시켰고 40세 이상은 분류를 포기했다. 이 인구나무의 특색은

1~20세와 21~40세의 두 그룹으로 2분되는 데 있으며 이 추세는 함경남·북
도에서도 같다.

<표 7> 1946년도 연령별 인구

(단위: 명)

구분\연령	總數			함 경 남 도			함 경 북 도		
	남	여	계	남	여	계	남	여	계
총수	4,633,197	4,624,12	9,257,317	813,417	805,525	1,618,942	464,190	467,938	932,128
1이하	158,242	155,089	313,331	32,993	32,141	65,134	10,813	11,007	21,820
2-5	508,881	504,507	1,013,388	89,956	89,232	179,188	50,414	50,189	100,603*
6-10	589,687	578,519	1,168,206	97,620	95,303	192,923	60,444	60,044	120,488
11-14	464,870	452,819	917,689	80,531	77,923	158,454	46,210	45,649	91,859
15-16	241,860	233,274	475,134	47,657	44,652	92,309	23,090	23,079	46,169*
17-18	216,053	214,364	430,417	39,736	38,460	78,196*	21,510	21,630	43,140
19-20	201,466	203,008	404,474	37,344	36,832	74,176	19,950	21,459	41,409
21-25	369,777	372,995	742,772	64,607	63,399	128,006	37,835	39,198	77,033
26-30	346,321	343,179	689,500	62,395	62,199	124,594	37,690	36,949	74,639
31-35	323,023*	319,643	642,666	50,868	50,459	101,327	33,943	33,857	67,800
36-40	278,610	277,412	556,022	49,462	49,066	98,528	28,901	28,853	57,754
41-50	391,027	392,437	783,464	69,059	69,856	138,915	39,084	39,141	78,225
51-59	281,656	289,735	571,391	48,329	50,366	98,695	27,753	28,823	56,576
60이상	261,724	287,139	548,863	42,860	45,637	88,497	26,553	28,060	54,613

필자註: *는 원전에는 각각 100,602명, 46,159명, 78,190명, 325,023명으로 되어있으나 필자가 계
산하여 확인한 결과 轉寫의 잘못이 분명하여 바로잡았음.

그런데 함경남도와 강원도에서는 1~40세의 모든 그룹에 있어서 남자가
여자보다 우세한데 함경북도에서는 남자의 인구가 19세에서 25세까지 여
자보다 오히려 3,000명 줄어들었다. 함경남도에서는 이들 그룹에서 남자가
여자보다 1,720명 많으며 황해도에서도 2,251명 많고 평안남도(평양 포함)
에서 남자가 3,084명 적고 평안북도에서도 남자가 3,096명 적다.

이것은 함북, 평북, 평남에서 청년층이 5,000명 정도씩 줄어들고 있다는

증거이다. 남한에서는 1947년도 중에 경찰당국에서 식량배급을 위하여 충북, 충남, 전남, 강원, 제주 5도의 연령별 인구조사를 한 기록이 있었고 미군정에서는 이 기록을 이용하여 연령별 백분비 통계를 발표한 일이 있었다.[17] 참고로 이 통계와 1946년도의 북한 통계 중에서 필요한 숫자를 수합 계산하여 보았다.

〈표 8〉 북한 연령별 총인구의 인구나무

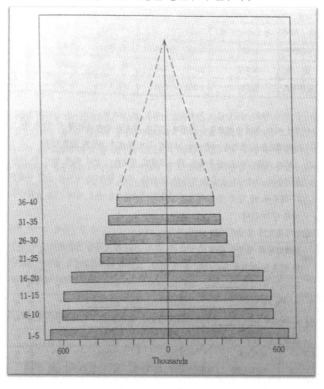

---

[17] South Korean Interim Government Activities Nov 34(July-August 1948) p.14 Table 3. Population of South Korea : Percentage distribution by age and sex.

〈표 9〉 남·북한 19~25세층 인구 비교

(단위: %)

19~20세	총계에 대한 %	남	여	21~25세	총계에 대한 %	남	여
총 북한	4.369	2.176	2.193	총 북한	8.024	3.995	4.029
함북	4.442	2.140	2.302	함북	8.264	4.059	4.205
남한 5도	3.714	1.901	1.813	남한 5도	8.249	4.224	4.025

이상의 여러 통계상 증상(徵象)들을 종합해 본다면 다음과 같이 추론할 수 있다. 즉,

(1) 일반적으로 남북한을 막론하고 남자의 수적 우세가 고정화되고 있다.

(2) 그런데 평북, 평남, 함북에서 19~25세의 청년층이 눈에 띠게 줄어 든 것은 소련으로의 노동차출과 군대에의 동원을 상정할 수 있다. 특히 함경북도에서는 소련 연해주와 근접되고 있기 때문에 이 당시 잘 알려지고 있었던 시베리아로 돈을 벌러 가는 노동인구의 실태를[18] 생각할 수가 있다.

(3) 함경북도가 유달리 다른 도에 비하여 1946년의 인구가 급격하게 줄어든 이유로서 일본군대 관계인원의 귀향에 관계가 있을 수 있다. 소련과 접경한 군(郡)들에서 특히 인구가 급격히 줄어든 이를 여기에 결부시켜 볼 수 있다. 그러나 여자인구까지 상당히 감소된 이유에 대하여는 이상의 이론만으로는 설명 부족이다. 따라서 이 도(道)에서 특히 유령인구의 존재가 컸다고 생각할 수 있다.

(4) 1946년에 있어서의 북한의 인구증가율이 남한에 비하여 전반적으로

---

18) 노획문서 중에는 시베리아로 노동차출되어 가는 노동자들에 관한 문서들이 산재하고 있다. 그 일례를 든다면 제201226호 문서는 소련 동부지구어업성 원산 파견대표와 원산시 인민위원회간에 3년에 걸쳐 해결 못한 소련 측의 배상요구에 관한 문서이다. 소련 어업성 측에서는 1946년 원산시 인민위원회에 시베리아행 노무자들에게 미리 지급된 전도금 12,250원이 탈취당한 책임이 원산시 인민위원회에 있다고 했고, 후자는 배에 탄 노무자가 탈취 도주한 것임으로 책임이 없다고 맞섰던 문서 7매로 성립되고 있다.

낮은 것은 북한인구의 상당 부분이 남한으로 이동한 까닭이었다고 해석하는 것이 옳다.

3. 1946년의 북한의 직업실태와 노동력

남북한의 연령별 비율을 비교하여 본다면 그 추세가 10대와 그 이하를 제외하고 거의 나타내고 있다.

〈표 10〉 남북한 연령별 비율(백분비)

(단위: %)

연령 구분	1-10세	11-20세	21-30세	31-40세	41-50세	51-59세	60세이상
남한	31.3	20.7	15.3	12.1	8.8	6.0	5.8
북한	26.9	24.1	15.5	12.9	8.5	6.2	5.9

또한 60세 이상과 1~14세(42.7%)를 제외한 효과적인 노동인구는 대략 60%선이다. 그러나 다음 〈표 11〉에서 볼 수 있듯이 북한인구 총수에서 무직으로 표시된 숫자가 2,456,729명(남 1,093,054 · 여 1,363,675)으로 총 국민의 26.5%에 지나지 않는다. 이 무직 항목에는 마땅히 10세미만 어린이와 공부하는 학생들이 들어가야 할 것인데, 10세 미만 어린이들만이 벌써 국민의 26.9%를 차지하고 있다. 북한의 학생수는 인민학교생 1,182,707명, 중학생 70,311명, 대학생 3,137명, 사범대학생 4,845명, 초급기술학교 학생 19,781명, 기술전문학교 학생 5,058명으로 모두 국민총수의 14%를 차지한다.

이상의 〈표 10〉을 보면 북한 10세 미만이 벌써 26.9%의 총인구를 차지하는 마당에서 중학생이나 대학생은 기타업에 들어가는 것으로 간주된다.

그래도 이 표만으로 보면 10세 미만의 아동 중 총인구의 0.4% 즉 최고
37,000명 이상이 노동인구에 들어간다는 이야기이다.

〈표 11〉 직업별 인구

(단위: 명, %)

직업별 \ 구분	남	여	합계	백분비*
총 계	4,633,197	4,624,120	9,257,317	100
농 업	2,530,536	2,552,438	5,052,974	54.6
어 업	60,463	48,895	109,358	1.2
광 업	75,933	54,311	130,244	1.4
공 업	161,197	103,460	264,657	2.9
상 업	130,498	94,129	224,627	2.4
교통업	55,358	25,704	81,062	0.9
사무원	185,542	105,006	290,548	3.1
기타업	330,651	306,502	647,118	7.0
무 직	1,093,054	1,363,675	2,456,729	26.5

필자註 : *는 필자가 계산 한 것임. 한편, 원전에 나타난 各道의 性別직업인구와 직
업별 남·여 합계를 계산하여 맞추어 보면 농업의 여성 2,552,438명은
2,522,438명의 誤寫이고, 기타업의 남자 330,651명은 340,616명의 잘못 표기
이다.

만약 60세 이상의 인구에서 무직에 할당된 사람들이 있다면 유소년 노
동인구는 더욱 증가될 가능성이 있다. 즉 초등학교 학생인 인민학교 학생
나이(8~14)에 해당되는 약 30만의 소년소녀들이 노동인구에 들어간다는
것이 된다.[19] 기본적으로 무직 항목은 유소년을 위해 설정된 항목이고 그

---

19) 북한 6~14세의 총인구가 2,085,889명으로 북한인구의 22.5%를 차지한다. 8~14세의 인민학교
(1946년은 아직도 6년제) 학생수가 1,182,707명으로 북한 총인구의 12.8%이다. 북한 6~7세의
정확한 숫자는 미지수이지만, 6~10세 인구 1,168,200명 중 절반인 584,100명을 6~14세 총인구
인 2,085,889명에서 제거해도 나머지가 16.2%로 1946년 통계중의 인민학교 학생수보다 적다.
따라서 인민학교 학생수라는 것은 즉 8~14세 인구를 통틀어 말하는 것일 것이다. 북한 1~14
세의 총수는 3,412,614명으로 총인구의 36.9%인데 무직자가 북한인구의 26.5%라면 14세까지

외는 모두 일했다고 생각된다.

<표 12> 주민의 사회 그룹별 구성

(단위: %)

연도 그룹별	1946년 말	1949년 말	1953/12/1	1956/9/1	1959/12/1	1960년 말
총수	100.0	100.0	100.0	100.0	100.0	100.0
노동자	12.5	19.0	21.2	27.3	37.2	38.3
사무원	6.2	7.0	8.5	13.6	13.4	13.7
농업협동조합원	-	-	-	40.0	45.7	44.4
개인농민	74.1	69.3	66.4	16.6	-	-
협동단체가입수공업자	-	0.3	0.5	1.1	3.3	3.3
개인수공업자	1.5	0.8	0.6	0.3	-	-
기업가	0.2	0.1	0.1	-	-	-
상인	3.3	1.7	1.2	0.6	-	-
기타	2.2	1.8	1.5	0.5	0.4	0.3

<표 12>의 DPRK/46-60에서는 무직을 제외하고 계급성분을 가미하여 백분비를 만들었기 때문에 그 직업별 구성비율이 달라지고 있다. 즉, 이 DPRK/46-60에서는 농민의 백분비가 74.1%로 나타났는데 NKS/46에서는 54.6%이다. 그러나 무직을 제외한 총수 6,800,588명에 대한 백분비는 74.3%가 되니 마땅히 무직과 중학생의 수를 제외하여 계산한 것으로 추측된다. 전자에서는 노동자의 백분비를 12.5%로 정했는데 후자에서는 노동자의 범위가 몇몇 직종에 걸쳐 분포되고 있기 때문에 대조가 되지 않는다. 특히 전자의 사무원이 6.2%인데 후자의 사무원은 3.1%이다. 그 이유는 아마 교통업, 상업, 제조업 등에 분포되고 있는 사무원끼리 흡수하여 통계를 만들었던 연고라고 추측된다. 그러므로 단순히 전자와 후자를 비교하려는 작업은 의미가 없다.

다음에 NKS/46에서는 북조선 직업동맹 조직인원과 미조직 인원의 통계

의 약 10%, 즉 34만 명이 노동인구에 들어가는 것이 된다. 이 점에 주목하여야 될 것이다.

가 있는데 산별(産別) 통계는 다음과 같다.

〈표 13〉 북조선 직업동맹조직 산별(産別) 총수

(단위: 명)

구분 \ 산별	광산	금속	출판	섬유	목재	전기	토건	통신	화학	보건
조직원수	45,822	23,795	3,367	10,543	27,255	8,161	26,427	4,687	44,627	2,614
미조직원	277	181	25	112	774	138	220	46	163	7

	식료	교원	교통	사무원	어업	일반	平鐵局	咸鐵局	총수	
조직원수	11,160	24,906	13,827	64,902	20,725	13,641	17,366	22,281	386,106	
미조직원	124	487	39	958	901	348*	518	672	5,100***	

필자註 : *는 원전에는 20명인데 계산하면 220명이 맞다.
　　　　　**는 원전에는 648명이나 계산하면 348명이 맞다.
　　　　　***는 총 5,990명이 맞을 것이다.

〈표 14〉 북조선 직업동맹조직 연령별 총수

(단위: 명)

총 수			14세 이하		14~16세		17~19세		20~30세		31~60세		61세 이상	
계	남	여	남	여	남	여	남	여	남	여	남	여	남	여
386,106	356,796	29,310	16	12	3,027	5,326	20,297	10,070	166,678	9,828	150,091	3,963	2,777	111

이상에서 보이는 북조선 직업동맹 조직원의 수는 산별 근로자의 액면 그대로의 총수를 의미하는 것인지 애매한 점이 있다. 예를 들면 〈17. 교육 문화〉 통계에서 북한의 교원수가 총 21,937명이라고 했는데, 〈8. 노동〉 통계에서는 교원직업동맹 조직자가 24,906명이고 미가입자가 487명으로 되어 있어 교원 총수 보다 많고 어업 직업동맹 조직원수는 여기서 20,725명이고 미조직원은 901명인데 〈6. 수산업〉을 보면 수산업을 기업자 총 호수 29,253호에 노무자 총 호수 30,630호로 나누고 그 밑에 어로(漁撈) 양식 제조별로 나누었다. 따라서 이 산별 직업동맹 가입자와 미가입자의 직업별

총수는 재고해 볼 필요가 있는 부분이다. 추측컨대 각 부문에서 조직의 성적을 나타내려고 가입자수를 불려서 올린 것이 아닌가 생각된다.

4. 1946년도 북한의 국가총생산액에 대하여

극비 계획문서 「북조선인민경제부흥발전(北朝鮮人民經濟復興發展)에 관(關)한 대책(對策)」에는 1947년도의 북한 총생산액을 기준으로 하여 1948년도의 예정숫자 또한 1946년도의 비교숫자를 제시한 귀중한 부분이 있어 우선 필요한 것만 발췌하여 나타내면 다음과 같다.

<표 15> 총생산액

(단위: 원)

연도 부문별	1946년	1947년	1948년
국영공업 총생산액	4,926,139,644	11,112,679,905	15,674,936,627
전매처 총생산액	488,744,130	997,585,800	1,106,854,000
지방산업 총생산액		242,582,000	534,491,000
민영산업 총생산액		1,676,299,000	2,391,906,000
생산합작사 총생산액			231,394,000
농림수산 총생산액		19,648,100,000	23,055,700,000
농산물	9,767,700,000	9,881,700,000	12,860,200,000
잠업	164,800,000	192,000,000	345,300,000
축산		3,650,200,000	3,670,300,000
산림		1,943,000,000	1,965,700,000
수산(水産)	1,870,700,000	3,981,200,000	4,214,200,000

1946년의 북한 총생산액을 확정하려면 <표 15>를 볼 때 액수가 나타나고 있지 않은 지방산업, 민영산업, 축산, 산림의 생산액을 가산하여야 될

것이다. 북한에서 지방산업이라고 규정한 것은 고무신, 운동화, 간장, 된장, 성냥, 연필, 사발, 칠기, 책상, 의자, 비누, 연탄, 견직물, 탈곡기, 선풍기, 보습, 엿, 분무기, 양산, 이동의복 등으로 (P/48, 지방산업부문 참조) 소위 생필품을 일컫고 있다. 이 부문은 1947년도에서도 민간산업이 압도적이어서 〈표 15〉에서 민영산업과 국영지방 산업과의 비율이 87% 대 13%임을 보이고 있다. 이것은 인민위원회가 개인자본을 이 방면에 끌어들여서 개인기업의 자본주의적 욕구를 자극하여 생필품의 생산을 제고하려는 목적하에 이루어진 것이다. 따라서 개인기업의 생산성을 자극하여 민영에서는 적어도 가격면에서 목적을 초과 달성했고 국영에서는 달성 못한 교훈적인 실례를 남겼다. 참고로 김일성의 연설내용을 적어 본다.

　　각도 인민위원회 관할하에 있는 지방산업은 반드시 광범한 수요품 제조 확장에 대하여 거대한 역할을 가질 것입니다. 일본인의 식민지정책은 북조선에 광범한 수요품 '의복, 양화, 식료품, 금속제품, 전기설비 및 기타' 생산이 얼마 없게 하였습니다. 1947년도에 우리에게 중대한 과업은 즉 국내 경제발전에서 이러한 결점을 퇴치하고 광범한 수요품 생산발전에 관한 각 지방인민위원회 개인들의 창발력을 장려할 것입니다. 각도 인민위원회는 개인자본들을 산업기관에 용감하게 흡수할 것입니다. 1947년도에는 각도 전체에서 162,190만원 가격 (1946년가 격)의 광범한 수요품을 제조할 책임을 집니다. 다시 말하면 국영산업기관에서 24,800만원 가격의 산품과 개인기업소에서 137,361만원 가격의 산품을 공헌하여야 할 것입니다.[20]

물론 후기하다시피 북조선의 이 시기의 인플레가 심했음으로 초과 달성이라고 할 수 없겠으나 '가격면으로' 따지면 그렇고 국영기업에서는 그것도 이루지 못한 것이 특기할 만하다. 하여간 민영산업이라고 규정된 것은

---

20) 김일성 "1947년도 북조선인민경제발전에 관한 보고" 1947년 2월 19일 북조선 도, 시, 군 인민위원회대회에서 『人民經濟計劃에 관한 報告集』, 國家計劃委員會 出版社, 1949. 3, 12쪽.

민간에서 생산되는 생필품임으로 그것이 1947년도의 절반수준으로 내려가지 않을 것으로 보여진다. 그러므로 통계에서 나타나고 있지 않는 상태에서 1946년의 민영, 지방산업의 생산액 합계를 1947년의 합계인 1,918,881천 원의 절반정도로 개략적이나마 평가하여 959,440천 원이라고 보고,[21] 또 축산과 산림도 이렇게 절반으로 계산하여[22] 〈표 15〉에 나타난 부문별 생산량 합계에 가산하면 총 20,974,123천 원 즉 대략 210억 원이 된다는 계산이다.

또 다른 방법이 있는데 그것은 DPRK/46-60의 다음 표를 이용해서 산출하는 방식을 들 수 있다.

〈표 16〉 사회 총생산액의 인민경제 부문별 구성

(단위: %)

부문 \ 연도	1946	1949	1953	1956	1960
사회 총생산액	100.0	100.0	100.0	100.0	100.0
공업	23.2	35.6	30.7	40.1	57.1
농업	59.1	40.6	41.6	26.6	23.6
운수체신	1.6	2.9	3.7	4.0	2.2
기본건설	-	7.2	14.9	12.3	8.7
상품유통	12.0	9.4	6.0	10.8	6.0
기타	4.1	4.3	3.1	6.2	2.4

〈표 16〉을 보건대 1946년도의 공업은 총생산액의 23.2%이다. 그러나 P/48에서 보면 국영공업에다 지방산업(민영포함) 1946년도분을 1947년 수준의 절반으로 개략 평가하여 가산하면 585,580,144원이 되고 이 숫자에서

---

[21] 〈표 15〉에서 국영공업과 전매처의 1947년을 100%로 보고 1946년도의 백분비를 계산하면 각각 44%와 48%이다. 민간공업이 국영보다 50% 이하가 되지 않을 것으로 추측하여 50%선으로 계산했다.

[22] 농산물의 1947년대 1946년의 비율이 100:99, 또 잠업이 100:86이 되므로 축산과 임업은 대략 80% 정도가 된다고 생각하나, 1947년의 축산과 임업 합계 55억 9,320만 원을 50%로 보수적으로 推計하였다. 따라서 실제에 있어서는 10억 원 더 늘려야 될 것 같다.

100%를 계산한다면 총생산액은 25,368,879,930원이 되고 국가공업만 계산한다면 21,233,360,530원이 된다. 또 농업이 59.1%됐다는 통계에 유의한다면 {9,767,700천원(1946년 농산물 총생산액) : x = 59.1 : 100}의 방식으로 100%인 16,527,411,170원을 얻을 수 있으나 농업에 잠업, 수산업을 가산한다면 (DPRK/46-60에는 수산업 항목이 없고 기타에 들어가는 액수가 너무 많고 상품 유통에 들어가는데도 의문점이 있어 가산 시도함) 북한 총생산액이 19,971,563,600원이 되어 대략 잡아서 200억 원 규모로 산출된다. 이상의 여러 가지 계산 방법으로 본다면 1946년도의 북한 총생산량은 200억에서 250억이 되리라 생각되며 여기서는 잠정적으로 210억 원을 기준으로 정하여 북한국민 1인당 생산액을 산출해 본다. 즉,

21,000,000,000원 ÷ 9,257,317명 = 2,260원(1인당 총생산액)

또 후기하다시피 1946년의 북한의 무역환율이 158원=$1.00이었음을 감안하여 210억원을 달러로 환산한다면 다음과 같다.

21,000,000,000원 ÷ 158원 = $132,911,392(국민 총생산액)
$132,911,392 ÷ 9,257,317명 = $14.35(1인당 총생산액)

단 이들 숫자는 서비스활동, 은행, 운송 등에서의 수익을 표시하지 않았으므로 자본주의 체제하의 GNP, GDP와는 단순하게 비교하기 곤란한 점들이 있다. 북한의 1947년의 총생산액은 〈표 15〉를 보면 그 총액이 33,677,246,705원이 되므로 이 해의 대소 무역환율 188원대 1달러를 기준으로 잡는다면[23] $179,137,482가량이 된다. 또 1인당 총생산량이 19달러 미만이 될 것이다. 달러 환율을 기준으로 한다면 약 34%의 성장율을 보이고 있으며 인플레를

---

[23] P/48 p.98 대소무역면 참조.

고려하지 않은 '원'의 숫자를 그대로 표시하면 약 60%의 성장율을 외관상 보이게 된다. 그런데 DPRK/46-60 중 〈7 사회 총생산액의 장성〉을 보면 다음과 같은 표가 있다.

연도	1946년	1949년	1953년	1956년	1959년	1960년
사회 총생산액(%)	100	219	163	355	785	797

이 표에 의하여 그간의 화폐개혁, 물가앙등에 구애받지 않고 1960년에 실질적인 규모가 7.97배로 성장했다고 본다면 1960년도에 있어서의 북한의 총생산액은 $132,911,000 × 7.97=$1,059,300,670이 되는데 797%라는 것이 그동안의 물가상승율, 화폐조정율 등 제 요소를 모두 포함시켰다고 가정하여 이 숫자에 도달한 것이다. 그렇지만 후술하는 대로 여러 전문가들의 추정치(推定値)에 훨씬 미달임으로, 797%라는 성장율에는 그 어간의 물가변동 요소들이 완전 포함되지 않았다고 상정하여 1946년에서 1960년의 미국달러 물가상승을 고려하여 여기에 포함시켜24) 계산해보는 각도도 있겠다. 그래서 북한의 1960년의 1인당 총생산액은 $1,059,300,000÷10,568,000명 (1960년의 북한인구)=100달러 정도에서 최고치 $140달러 선까지의 어느 점에 위치하는 것으로 생각된다. 그런데 DPRK/46-60에서는 또 〈11. 국민소득의 장성〉 백분비가 있어 국민총생산액과 국민소득액이 구분되고 있다. 즉,

연도	1946년	1949년	1953년	1956년	1959년	1960년
국민소득 총계	100	209	145	319	680	683

이 표에 의한다면 국민소득은 국민총생산액보다 약간 밑도는 숫자가 될

24) U.S. Department of Commerce Bureau of the Census, *Historical Statistics of the United States-Colonial Times to 1970*, Part 1 p.210의 물가지수를 보면 1967년을 100으로 잡고 1960년이 88.7%이며, 1946년이 58.5%가 되고 있다. 따라서 1946년의 58.5%를 100으로 하면 1960년은 151.6%가 된다.

것이다. 참고로 1959년도의 한국인 1인당 소득은 UN Statistical Yearbook에 의하면 $132이고[25] 고토(後藤富士男) 등에 의하면 $81이다.[26] 물론 남한의 개인 소득은 북한과 단순히 비교될 것이 아니며, 북한의 경제성장이 동시 점의 남한과 비교하여 개인생활의 윤택한 면이 아니라 산업 면에 있어서 괄목한 바가 있지 않았나 생각된다. 환율의 인위적인 억압을 고려에 넣고 서도 1950년대 말기의 북한 산업의 전개양상이 활발했다는 것이 사실일 것이다. 1960년도에 있어서의 북한 총생산액의 계산으로서는 이풍(李豊)의 4,305억 원, 연하청(延河淸)의 3,348억 원[27] 그리고 고토(後藤) 등의 3,488억 원이[28] 있는 것을 보았는데, 본인은 앞의 개략적인 산출에 기초하여 1960 년의 북한 무역환율 257원 대 1달러를 계산해서 2,570억 원을 밑으로 하여 상향 조정할 수 있다고 본다.

물론 북한이 과시한 7.97배라는 것이 허위라고 증명된다면 훨씬 낮은 숫 자가 얻어질 것이다. 개인당 총생산량은 앞에 열거한 연구자의 차례대로 들면 $123, $158, $140, 그리고 $100+이다. 필자는 경제학자가 아니지만, 경 제학 이론을 다양하게 운영하여, 단편적인 증거들을 보고 고심하여 추정 해 놓은 연구자들의 추정치에, 역사학도에 지나지 않는 필자로서 단순 추 정치가 이 정도라도 접근하고 있음을 다행으로 생각하며, 이 숫치를 대략 적인 견지에서 보아주기를 바란다. 차후 필자의 자료가 공개될 때 경제 통 계학자들은 더 자세하고 치밀한 추정치를 내어 놓게 되리라고 믿는다. 그 날을 기대하며 역사학자로서 꼭 짚고 넘어가고 싶은 점은, 남한에 있어서 의 5·16이라는 것은 남한 자체에서 주동적으로 일어났건, 외국의 조종하

25) 山田雄三, 『經濟の成長と型』, 동경, 1968, 14쪽.

26) Haruki Niwa and Fujio Goto, "Estimates of the North Korean Gross Domestic Account" *Asian Economic Journal* Vol. Ⅲ, No.1, March 1989.

27) 延河淸, 「北韓의 經濟政策과 運用」 제5장, 「北韓經濟總量推定」, 한국개발연구원, 1986.

28) 주 26)의 논문을 수정하여 보내온 것에 의하면 인쇄된 논문에는 347,741백만 원이라고 되어 있고 수정된 것에는 348,842백만 원으로 되어 있다.

에 일어났건 간에 단시일에 북한의 경제를 초월하려는 몸부림이라고 이해
하려는 견해가 이 통계숫자들을 통하여 토론될 단계에 왔다는 것이다.

5. 물가와 임금

1946년도의 남한과 북한이 모두 인플레와 물가앙등으로 고생했다는 이
야기는 수없이 들었는데 미군정 측과 북한의 1946년의 물가지수로 이것이
유감없이 증명되고 있다.

〈표 17〉 1946년 남·북한의 하반기 물가지수 비교

(단위: %)

	북한(1945년 8·15일 기준)[29]	남한(1945년 8월=100)[30]
1946/ 5	428.2	831
1946/ 6	427.9	882
1946/ 7	475.5	956
1946/ 8	520.2	1,125
1946/ 9	635.8	1,307
1946/10	669.5	1,539
1946/11	847.3	1,833
1946/12	1,040.9	2,516

이상의 양쪽의 물가지수를 비교하면 1946년 말에 있어서 북한은 1945년
8·15일을 기준하여 물가가 10배 뛰었으며 남한은 무려 25배 뛴 것으로 되
어 있다. 북한에 있어서의 1946년의 물가 지수는 5월에서 12월까지 뿐이며
그전 것이 결여되어 있는데 이것은 임시인민위원회가 2월에 성립되고 3월

---

29) NKS/46 p.109 〈물가개황〉.

30) "Noce Mission Report, South Korea, Prepared for Major General Daniel Noce, Chief of the Army
Civil Affairs Division" by Departmen of Commerce, USAMGIK, April 1948.

에 토지개혁에 관한 법령이 발포되고 4월에 제5차 북조선임시인민위원회
가 개최되어 1946년도의 예산총액을 11억 6,863만 2천36원으로 정하여[31]
정부로서의 기능이 5월쯤에야 완전히 잡혔다는 것을 의미할 것이다. 북한
의 이 시기의 물가지수는 68가지의 물자 가격을 총평균하여 얻어진 것이
다.

그것들은 백미 · 좁쌀 · 대두 · 소두 · 고량 · 소맥 · 생선 · 잉어 · 명태 · 닭 ·
계란 · 염장조기 · 편포 · 쇠고기 · 돈육 · 감자 · 파 · 무 · 배추 · 마령서(감
자) · 사과 · 배 · 밤 · 간장 · 된장 · 고추가루 · 멸치 · 생강 · 명란 · 두부 · 과
자 · 소주 · 미역 · 솜 · 내의 · 광목 · 명주 · 목면 · 연초 · 백분 · 전구 · 치약 ·
백지 · 비누 · 못 · 성냥 · 연필 · 솟 · 노동화 · 여자고무신 · 양화 · 양말 · 타
올 · 동탄 · 분탄 · 목탄 · 장작 · 紅松 · 杉松 · 松丸太 · 전차삯 · 신문대 · 잡지
대 · 목욕탕 · 이발 · 집세 · 시멘트 · 백회였고 이들의 매달 가격이 적혀 있
었다. 소금이나 설탕은 들지 않고 있는 것이 특기할 만하다. 이중에서 생
활에 꼭 필요로 한 것들을 들어 한달의 최저 생활비가 어느 정도 들 것인
가를 짚어 보면 다음과 같다.

〈표 18〉 1946년 북한의 하반기 생필품의 가격과 물가지수

(단위: 원, %)

연·월 구분	1946/6		1946/7	1946/8	1946/9	1946/10	1946/11	1946/12	
	가격	지수	가격	가격	가격	가격	가격	가격	지수
백미(상등 5승)	265.00	155.9	295.00	291.67	296.69	285.00	275.00	450.00	264.8
수찰(상등 5승)	221.67	158.3	246.67	251.67	253.33	271.67	256.67	400.00	285.7
배추(상 1관)	11.67	778.0	20.00	30.00	26.67	24.33	30.00	50.00	3,333.3
파 (백 몬메)	4.00	500.0	6.17	9.00	7.17	7.50	8.50	12.00	1,505.0
마령서(〃)	9.00	450.0	4.00	4.50	4.67	3.33	-	7.00	350.0
계란(1개)	4.50	300.0	5.67	5.33	5.67	5.00	6.00	6.70	446.6
간장(상등 1승)	15.00	1,293.1	14.33	13.00	13.67	15.00	16.67	22.50	1,939.6

---

[31] 국사편찬위원회 편, 「解放後四年間의 國內外重要日誌」, 『北韓關係史料集』 Ⅶ, 국사편찬위
원회, 1989, 610쪽 참조.

된장(백 몬메)	5.00	3,846.2	6.33	7.00	7.17	7.50	-	10.00	7,692.3
고추가루(1승)	130.00	260.0	133.33	180.00	176.67	266.67	276.67	220.00	440.0
멸치(상 백몬메)	30.00	375.0	35.00	35.00	38.33	40.00	38.33	35.00	437.5
두부(한모)	2.50	250.0	2.50	2.50	2.50	2.50	2.50	4.10	410.0
미역(1매 상)	20.00	66.7	21.67	-	25.00	25.00	23.33	25.00	83.3
내복(상의 1착)	120.00	200.0	123.33	160.00	155.00	200.00	281.67	350.00	583.3
연초(희망10개)	7.50	75.0	7.50	7.50	7.50	7.50	9.17	10.00	100.0
성냥(덕용)	71.67	286.6	58.33	93.33	105.00	53.33	45.00	40.00	100.0
노동화(1)	160.00	133.3	150.00	160.00	220.00	310.00	316.67	335.00	279.2
양말(목면 1개)	20.00	200.0	20.00	20.00	5.00	0.00	38.33	60.00	600.0
목탄(1표)	70.00	304.3	75.00	90.00	96.67	120.00	213.33	275.00	1,195.6
전차값(1구역)	0.42	420.0	0.50	050	0.50	0.50	0.50	0.50	500.0
산문(노동신문 1월)	12.00	480.0	20.00	20.00	20.00	20.00	40.00	40.00	1,600.0
방세(上 1간)	43.33	866.7	50.00	50.00	76.67	88.33	80.00	-	-

이상 의식주 필수 요건들의 물가상승율을 보면 미역만 가격이 내렸고 담배가 오르지 않은 것 외에는 모두 점진적인 물가앙등율을 보였고 1946년 12월에 물가가 급등하고 있음이 특징적인데 이것은 이해 말에 화폐개혁이 있을 것이라는 예측과 무관하지 않을 것이다. 이 시기에 있어서의 북한인의 임금이 얼마였나 하는 단서는 NKS/46에서는 찾을 수 없으나 P/48에 다음과 같은 기록이 있어 참고가 된다.

〈표 19〉 노동임금

(단위: 천원)

연도 부문별	1947	1948				
		총계	노동자	기능자	기술자	사무원
국영공업	1,615,369	1,630,986	904,074	595,577	55,411	75,924
국영지방산업	22,157	53,747	41,088	8,358	1,260	3,041
운수부문	514,326	611,323*	401,691	137,660	25,983	96,045
농림부문	428,138	514,605	453,881	21,480	6,048	33,196
체신부문	50,592	84,230	36,369	21,893	3,974	21,994

필자 註: *는 611,323천 원이 맞지 않지만 검증할 방법이 없어 그대로 두었다.

〈표 20〉 종업원 (월 평균)[32]

(단위: 명)

연도 부문별	1946	1947	1948				
			총계	노동자	기능자	기술자	사무원
공업부문	116,948	129,363	124,155	76,875	38,474	1,776	7,030
국영지방산업	-	2,208	4,193	3,261	560	84	288
운수부문	39,020	43,973	57,393	34,805	11,866	1,859	8,863
농림부문	-	-	47,432	42,026	1,790	382	3,234
체신부문	4,943	5,740	8,855	4,041	2,172	230	2,412

이상의 〈표 19〉와 〈표 20〉에 따라서 각 부문의 임금총수를 종업원수로 나누면 1년간의 종업원 1개인의 임금이 나올 것이며 또 이것을 12등분하면 한 달의 월급이 된다. 이 방식으로 계산해 본다면, 1947년도의 각 부류의 평균 월급은 다음과 같다. 국영공업 1,040.58원, 국영지방산업 836.25원, 운수부문 974.67원, 체신부문 734.50원이 되며 1948년도의 예상 평균월급은 국영공업 1,094.75원, 운수부문 887.62원, 체신부문 792.66원으로 대체적으로 1947년의 봉급 수준을 밑도는 경향을 볼 수 있다. 이것은 1947년 말의 화폐개혁의 영향을 감안하여 잡은 예산인 것으로 생각된다.

1946년도의 북한의 기관월급은 1947년도의 것을 넘지 않을 것임으로 이상의 표를 보아서는 우편배달부가 한달 700원의 월급을 받고 5인가족의 〈표 18〉의 생필품 물가대로는 살기 힘들 것으로 간주된다. 그러나 이상은 시장가격이고 북한은 당시 이중, 삼중의 가격제(배급제)가 실시되고 있었으므로 여기에 숨을 쉴 구멍들이 있지 않았나 생각된다. 국가기관에서 일을 하지 않은 국민의 생활 양상에 대하여는 좀더 심층적으로 들여다보아

---

32) P/48에서 보면은 국가기관의 종업원수는 표가 두개가 있는데, 하나는 각 부문을 부처(예를 들면 유색금속, 전기, 제련 등)로 분류한 것과 또 하나는 이상의 것을 포함하여 기술자, 노동자 등 기능직별로 인원의 통계를 잡은 것이 있다. 1948년 공무부문의 총 종업원수를 한 표에서는 124,155명으로 하고 또 하나는 124,157명으로 잡는 등 미소한 차이도 있다.

야 되겠지만, 먹고 살게 만들었다는 것이 일반적인 회답이고 더러는 시장
의 상인으로 잘 살았다는 증언도 있다.[33]

6. 인민위원회의 세입과 세출

전술한 바와 같이 인민위원회는 1946년 4월 1일 제5차 북조선 임시인민
위원회를 소집하고 1946년도의 예산총액을 11억 6,863만 2,036원으로 책정
하였으며, 실지로는 NKS/46이 보여 주는 바와 같이 세입이 9억 2,165만
9,085.05원, 세출이 8억 648만 7,968.34원이었다. 이 자료에 의하면 예산액
은 원래 802,810,520원이었고 조정액은 989,314,869.33원이었다. 불납 결손
액이 23,676,136.29원, 미수입액이 43,979,647.99원으로 나타나고 있다. 즉
공표한 예산액과 실체가 달랐다는 예를 제공하는 것이다. 이러한 추세는
1947년에서도 꼭 같다. 국내 책방에서 공매되었던 『북조선인민회의 상임
의원회 공보(公報)』 제2집에 수록된 「1947년도 북조선 종합예산에 관한 법
령」(1947년 2월 27)에서는 세입, 세출 총액을 각각 6,792,388,000원으로 규정
했고 북조선 인민위원회 예산은 그중에서 세출, 세입 각각 4,748,139,000원
으로 규정됐지만 실지로는 1947년 말에 편집된 NKS/46에 의하면 1947년도
종합예산은 세출, 세입에 각각 8,328,664,000원이 책정되고 있다. 1947년도

---

33) 1948년판 『北韓經濟年報』를 보면 "물가는 이중, 삼중가격제가 채용되고 있다…… 화폐개혁
   전의 물가추세는 남조선 물가추세와 대동소이 하였으며"(I-374쪽)로 되어 있다. 그러나 여기
   서 북한 물가에 대한 언급은, 노획문서에 나타난 자료를 보면 그 정확성을 음미하여 보아야
   될 것들이 있다.
   펜실베니아대학의 이정식 교수는 1948년 3월에 만주에서 평양으로 들어가서 쌀 장수를 하
   였다고 말하고 있는데 당시 북한의 미곡 정책에 대하여 아는 바가 많으며 노획문서의 자료
   와 합치되고 있다. 그는 쌀 징수로 생활이 윤택한 편이었다고 증언한다. 그리고 한달 월급
   이 쌀 한 말 값이 되지 않았다고 회상했는데, 노획문서 제201256호 1948년 1~2월 '시장물가
   조사표'들에 의하면 2월 8일자의 백미는 중품 소두로 410원이고 대두 한 말에 800여 원이 되
   므로 우체부 월급 한 달 치보다 높다.

의 북한 종합예산이 산업의 회복 발전과 인플레에 발을 맞추어 크게 성장
하고 있음을 보이고 있는데 1947년도의 약 10분의 1 규모의 1946년도의 북
한세입의 구조는 다음과 같다(백분비는 필자가 가산).

〈표 21〉 북한의 세입(1946)		
		(단위: 원, %)
租稅輸入	726,483,863.56	78.8
전매사업수입	144,461,370.00	15.7
교통사업수입	15,100,000.00	
잡 수 입	24,584,804.58	2.7
전년도繰越金	11,029,046.91	1.2
총 계	921,659,085.05	100.0

〈표 22〉 1946년 租稅 수입의 구조		
		(단위: 원, %)
酒 稅	246,067,508.06	33.9
농업 현물세	232,363,092.51	32.0
수 익 세	115,454,894.56	15.9
영 업 세	66,006,686.47	9.1
관 세	29,814,923.53	4.1
기 타	-	5.0
총 계	726,483,863.56	100.0

1946년도의 북한 세입의 특징은 조세수입이 절대 우세였고 조세 수입중
에서도 주세가 농업 현물세보다 많았다는 데 있다. 필자가 '기타'에 집어넣
어 위에 나열하지 않은 조세수입 명목은 지세(地稅), 상속세, 청량음료세,
돈세(頓稅), 물품세, 건축세, 법인자본세, 자본이자세, 특별행위세, 광세(鑛
稅), 유흥음식세, 직물세, 골패세(영어번역에는 마쟝으로 되어 있음), 임시
이득세, 특별법인세 이었다.

앞에서 언급한 1947년도의 북조선 종합예산에는 '기타 세외수입'이라는
글이 있어 교화소 수입을 50,459,000원으로 책정했고 세출(행정비 및 건설비)
안에 교화소를 위한 지출이 66,979,000원으로 되어 있어 1946년에 이러한
교도소에서의 수입에 관한 부분이 있는가 보기 위하여 '잡수입'의 각 항목
을 열거해 보면, 그것은 벌금료, 몰수품수입, 도서 판매수입, 생산품 매각
수입, 잡수입 등으로 되어 있는데 생산품 매각수입과 잡수입에 들어가 있
는지 모르겠으나, 이 두 항목의 수입액은 각각 177,401.76원과 10,548,724.56원

이었다.[34)]

1946년도의 세출의 내용을 보면 다음과 같다(큰 항목만 제시, 백분비는 필자가 계산).

<표 23> 북한의 1946년 세출
(단위 : 원, %)

정무비	255,622,496.72	36.8
특별비	123,000,000.00	17.7
교육비	105,622,496.72	15.2
보건비	50,975,016.50	7.3
건설비	42,408,698.32	6.1
수리사업비	36,524,420.88	5.3
産業助成비	29,499,014.42	4.2
잡지출	21,705,109.77	3.1
국영기업보조금	15,851,700.00	2.3
기타	-	2.0
소　계	694,321,870.69	100.0
국고 미수입액	112,166,097.65	
計	806,487,968.34	
익년도 조월금	115,171,116.71	
합　계	921,659,085.05	

<표 24> 정무비의 구성
(단위 : 원, %)

중앙청비	27,252,470.22	10.7
지방청비 보급금	199,688,750.84	78.1
세관비	12,022,353.71	4.7
직원양성비	1,546,121.95	0.8
연구생외국파견비	4,145,600.00	1.6
38선경비비	2,000,000.00	0.8
水上보안대비	6,467,200.00	2.5
기관지설치비 (민주조선, 인민)	1,000,000.00	0.4
국영인쇄소설치비	1,500,000.00	0.6
합　계	255,622,496.72	100.0

이상의 1946년 세출내용을 보면 치안유지를 담당하는 보안대의 비용과 소련 주둔군 유지 비용이, 북한의 세출에서 나오는가 아니면 소련에서 나오는가를 살펴보았지만 나타나지 않고 있다. 정무비속에 38선경비비와 수상보안대비가 들어가 있지만 각도에 배치된 치안유지 부대의 유지비가 어

---

34) 국사편찬위원회 편, 「北朝鮮 教化所長 제1차 회의 결정서(1946년 11월 12일)」, 『북한관계사료집』 IX, 국사편찬위원회, 1990, 277쪽을 보면 "북조선에는 10개소의 교화소에 소원 천여 명, 재소자 약 6천명, 연 작업생산량이 6천만원을 돌파하는 거대한 세력을 가지고 있는 바…"로 지적하고 있어 이만한 돈이 들어갈 곳을 찾아야 된다.

디 들어갔는지 궁금하다. 추측하건대 정무비 안의 지방청비 보급금이 거의 2억원이 되므로 이런데서 지출했을 수도 있다. 또 의문스러운 항목은 지출의 17.7%에 해당되는 2천만 원이 넘는 '특별비'의 사용 목적이다. 이것은 남쪽의 조선공산당 박헌영파의 지원금이었든지 또는 소련 주둔군 지탱비에 해당하는 것이 아닌가 싶지만 연구자들이 이 문제에 주의를 돌려주기를 희망한다. 그 이유는 교육비보다 더 많은 숫자이기 때문이다.

교육비의 내용에도 살펴 볼 점들이 있어 교육비 지출내용을 검토해 본다.

〈표 25〉 1946년도의 교육비 지출

(단위: 원, %)

전문대학		
고등사범학교	5,640,264.00	5.4
平壤醫專	1,212,000.00	
함흥의전	1,829,000.00	1.7
평양공전	847,000.00	0.8
김일성대학	24,088,768.00	22.8
직할중학		
사범학교	6,806,600.00	6.5
함흥産姿?전문	100,000.00	
인민교육비		
인민교육확충보충금	38,575,167.00	36.6
도서편찬비	23,795,221.45	22.6
중학교원양성비	382,100.00	0.4
외국어강습소비	599,447.00	0.6
문화사업비		
문화단체 조성비	1,167,000.00	
체육장려비	241,000.00	0.2
총계	105,283,567.45	100.0

이상의 교육비 중에서 제일 큰 것이 인민 교육비 약 3,857만 원으로 교육비 지출의 36.6%이고 다음이 김일성대학이 22.8%, 다음이 도서편찬비가 22.6%이어서 이 세 항목을 합하면 79%선에 이른다. 그런데 1946년에 있어서의 인민학교 교원수는 21,937명이었고 중학교 교원수는 2,041명이었는데, 김일성대학의 1.5배 정도 밖에 배당되지 않은 인민교육비에서 소학교 2,482개소를 유지 할 수 없음으로 소학교의 유지는 각 지방에서 관리한 것으로 생각된다.

이상 1946년도의 세입, 세출을 개관하면서 세입의 원칙, 세출의 분포 또 특색들을 소개하였다. 1946년의 북한 세출총액(국고 미수입액과 익년도 조월금) 694,371,870.69원에 대한 국민 1인당 부담은 75원이었고 국고 미수입액을 가산하면 1인당 87원을 부담하는 것이 된다. 1946년말 북한 세입, 세출을 논하던 이홍근(李弘根)은 다음과 같이 쓰고 있다.[35]

---

[35] 李弘根, 「民主主義建設과 財政政策」, 『人民』 1947년 1월호, 94쪽. 이 논문에는 북한의 1945년도 10월 1일에서 12월 말일까지의 세입, 세출 일람표가 있어 참고로 여기 소개한다.

세입(단위: 천원)

	중앙	%	각도	%	합계	%
조세	72,951	81	21,004	14	93,955	40
재산 및 기업수입	12,700	14	6,865	5	19,565	9
영조물수입	3,874	5	5,304	4	9,178	4
잡수입	-	0	56,404	38	56,404	23
道債	-	0	57,549	39	57,549	24
계	89,525	100	147,126	100	236,651	100

세출(단위: 천원)

정무비	79,267	92*	21,138	14	100,405	43
교육비	3,800	4	11,478	8	15,278	6
보건후생비	-	0	11,896	8	11,896	5
산업비	-	0	21,173	14	21,173	9
건설비	440	1	10,517	7	10,957	4
잡지출	6,018	7	67,383	47	73,401	31
道債	-	0	3,541	2	3,541	2
계	89,525	100	147,126	100	236,65	100

"금년 9월 4일부로『민주조선』지에 게재한 李鳳洙씨의「북조선 재정 금융의 회고」에서 씨가 계산한 바에 의하면 일제가 패망하던 1945년도 조선총독부 세출예산 1인당 평균 부담액은 약 100원, 1946년도 미군정하 남조선 세출예산 1인당 평균부담액 536원(12개월간)에 대하여 북조선 임시인민위원회 중앙 세출예산 1인당 평균 부담액은 60원 70전이라 하니 북조선에 있어서의 인민부담이 경감을 통하여 민주화 과업이 진행되고 있는 현실적 차이를 볼 수 있을 것이다. 특히 물가변동의 사실을 고려에 넣을 때에 그 차이는 일층 명확하여질 것이다."

이 저자가 인용한 북한의 세입, 세출표에 나타난 총계는 각각 중앙이 624,136,000원, 지방이 304,620,000원, 합계 각각 928,756,000원이었는데 참고로 계산하여 보면 624,136천 원(중앙지출)을 9,257천 명(북한인구)으로 나누면 67원 42전이 되고 중앙, 지방 모두 포함하여야 되기 때문에 928,756천 원을 9,257천 명으로 나누면 100원 33전으로 되고 있다. 아마도 인구의 숫자를 과다하게 잡았던 모양이다.

7. 1946년의 농업

1946년은 북한의 춘궁기 식량부족으로 매우 고생한 것으로 간주되고 있다. 노획문서에서 나타난 그 당시의 사정을 옮겨보면 다음과 같은 것이 있다.[36]

金川郡 해방 이후 각군 식량 부족량의 대부분은 연백군에서 반입되는 것이 38도선 문제로 인하여 반입 두절된 후로는 기 부족량을 보충할 방도가 전무이

필자 주 : *는 88의 잘못 표기일 것이다.

[36] 국사편찬위원회 편,「정세보고」(황해도 관내 재판소 · 검찰소),『북한관계사료집』Ⅸ, 국사편찬위원회, 1990, 113~213쪽까지의 각지 식량사정 참조. 또, 평안북도 인민위원회 사법부「사업보고서」, 1946년 4월. 노획문서 2006 13/64 참조.

므로 현재는 세민층의 대부분이 기아 선상에 방황하고 있다. 구체적 예를 들면 기아로 말미암아 사망하는 자도 있고 현재 군 소재지만 통계하더라도 기아로 매일 침상에서 소일하는 호수가 실로 백여 호에 달하는 현상이어서 심히 우려 중이다(1946년 4월).

安岳郡 본군의 식량 사정은 그 생산지적 상태에 있으면서도 자못 궁핍하고 결핍 상대에 있다(동상)

평북 3월말 현재 本道 식량관리국의 식량 조작 상황은 매상수량 512,909석, 소비수량 488,708석(도내 배급 53,753석, 도외반출 14,840석, 붉은군대 인도 420,115석), 差引재고량 23,201석으로서 대단히 부족한 긴박한 상태에 있고······ 심히 우려되는 식량 사정에 처하였다고 사유함.

금후(自4월 至9월) 職城배급 소요량	148,454석
금후(自4월 至9월) 일반 비농가 배급 소요량	371,160석
在庫對比 職城배급 부족량	125,253석
在庫對比 일반배급 부족량	347,959석
在庫對比 職城급 일반배급 부족량	496,413석

이렇게 북한의 1946년 봄의 양곡사정은 매우 심각한 것이었는데, 평안북도 인민위원회가 매상한 양식 중의 92%를 소련군대가 가져갔다는 문서의 존재는 이 악화된 양곡 사정에는 단지 해방 후의 과소비에 있지 않고, 소련군이라는 큰 바위덩어리를 짊어져야 했기 때문에 더욱 힘들었다고 보여진다. 소련군이 농촌에 주는 부담과 여러 명목의 납세에 대하여는 다음과 같은 자료가 있다.

平北內護 제226호. 농민은 단일한 농업 현물세를 실시하였으므로 자기의 부여된 의무를 실행한 나머지는 완전히 자기의 것으로 기뻐하는 현상이나 지방적으로 10여종, 심지어 20여종에 잡세를 징수하는 옳지 못한 현상이므로 농민은 대단히 불만을 가지고 있음.

<표 26> 농촌 부담제 납세종목 조사표(1947년 2월말 현재)

(단위: 원, 호)

세금부담종별	稅額高	戶當부과액	負擔 戶數*
붉은군대 유지비	1,339,854	82.25	16,290
인민학교 유지비	2,140,539	74.02	28,918
교육문화 유지회비	3,004,720	21.54	139,494
인민병원 설립비	2,429,370	128.33	18,930
산거비 부담	2,357,535	55.20	42,708
洞 유지비	1,676,392	44.84	37,386
면 유지비	4,080,161	40.25	101,370
保安隊비	1,335,653	18.92	70,594
선전비	71,635	12.40	5,777
도로건설비	297,201	17.62	16,867
성인학교비	3,723,884	136.50	27,281
학교증축비	16,855,845	394.61	42,715
각기관 수선비	838,403	27.50	30,487
교육비	289,390	9.44	30,655
공공단체유지비	10,962,611	53.60	204,526
학교신축비	14,382,209	100.18	143,563
소방대비	239,712	19.00	12,616
가축위생연구비	255,320	65.93	3,872
8·15기념비	807,286	11.54	69,955

필자 주 : *는 필자가 계산하여 첨가한 것임.

<표 26>에서 보는 여러 종류의 '세금' 중 어느 것이 기부금적 성격을 가졌으며 어느 것이 국세 또는 지방세적인 성격을 가졌는지 알아보기 위하여 세액고(稅額高)에서 호당(戶當)부과액을 제하여 대략 몇 호가 부과당했으며 또는 기부행위에 참가했는가 알아보기로 했다. 1946년도에 있어 평북의 총호수는 31만 5,914호이며 총세대수는 35만 1,473세대이므로 20만 호(아마 세대)가 참가한 공공단체 유지비, 약 14만 세대가 낸 교육문화 유지비와 학교 신축비 그리고 10만 세대가 낸 면 유지비 같은 것은 범 평북 도

세(道稅)적인 성격을 띠었다고 볼 수 있다. 그리고 보안대비가 지방세적인 성격을 가졌다고 보이며, 38선 경비대와 수상보안대는 국가에서 내고 지방의 보안대는 중앙의 보조 외에 자체적으로 해결하는 것이 아닌가 생각되기도 하다. 딴 것들은 각지의 공권력이 자의적으로 징수한 일종의 자치 정부세로 볼 수 있다.

1946년에 있어서의 북한 농민의 통계를 본다면 농업종사자 총수가 5,052,974명, 호수로는 1,121,255호에 화전민이 169,143호가 되어 화전민을 합친 농업호수가 129만 398호이었다. 그런데 〈표 22〉에 나타난 대로 농업현물세가 232,363,092원이었으니 1호당 농업현물세가 불과 평균 180원 정도가 된다. 비옥한 농경지와 화전의 차이에서 오는 수확고를 감안하여도 그 다과(多寡)는 짐작할 수 있겠다. 그렇기 때문에 1946년도의 세출, 세입 통계로만 1인당 또는 1호당 세액을 계산하려는 것은 매우 위험한 것이라고 할 수 있다. 또 많은 도에서 농업 현물세를 제대로 보고하지 않은 경향성이 있었을 것도 고려에 넣어야 될 것이다. 이 평북의 농민위에 부과된 각종 세금은 1946년의 통계집에는 나타나지 않은 것으로 이런 종류의 통계집의 한계성을 보이고 있다고 말할 수 있겠다. 어떤 지방에서는 소련군의 유지비로 1호당 80여 원씩 내고 있는데 양식은 징발해 가고 유지비는 내야하고 지방 정권에서는 자의적으로 세금을 징수하고 하니 도대체 북한의 농민 생활을 양곡사정을 통하여 어떠한 양상이었는가 알아보는 것이 매우 중요하다고 생각된다. 이하 이런 시각으로 북한의 1946년의 농업 통계를 개관해 본다.

우선 1946년에 있어서의 남·북한 농업의 기본 상황을 개관하면 다음과 같다 (북한자료는 NKS/46, 남한자료는 쌀과 작부면적은 SKS/48[37])에 의하

---

37) 조선은행 조사부에서 편찬한 이 1948년의 통계집은 매우 유용한 것이지만 표에 따라 숫자가 틀리기도 하고 1949년도의 연감에 실린 숫자와 다른 것이 가끔 있다. 그렇지만 북한의 1946년도의 숫자를 사용하는 가운데서 이와 근접한 통계를 사용하는 의미에서 이것을 사용한다.

고 딴 곡식 현황은 북한과의 비교에 도움이 될 수 있는 톤을 단위로 사용
하는 SUM No.34에서 옮김).

〈표 27〉 남 · 북한의 식량 생산고

농업종업 호수	북한 1,290,398	남한 2,137,288		
	작부면적 (단위 : 정보)		수확고 (단위 : t)	
	북한	남한	북한	남한
미곡	395,081	1,107,156	1,115,612톤[38]	12,047,123석 또는 현미 1,836,800톤[39]
대맥	69,206	407,503	27,316	373,600톤
나맥	-	192,974	-	218,000
소맥	76,833	82,952	41,448	60,300
라이맥	8,514	29,418	3,440	17,300
蕎麥	47,889	33,252	25,261	12,800
연맥	30,229	1,070	15,961	200
粟	396,409	136,788	270,752	73,900
稗	50,670	2,831	49,181	600
黍	8,164	1,390	5,809	400
蜀黍	61,332	12,902	63,936	7,700
옥수수	174,236	21,082	164,788	11,100
豆類	350,947	254,726	214,324	148,100
薯類	113,365	83,286	492,188	488,000

이상의 농작물을 주식(主食)품목으로 간주하여 많은 열거된 식품 중에

---

[38] DPRK/46-60에서 1946년도의 벼 생산량을 1,052,000톤으로 잡고 있는데 견주어 보면 이 숫자
는 벼이다.

[39] 남한의 12,047,123석이라는 숫자는 농업 제39표 '남조선 미곡생산량'에 의했다. 그러나 곧 그
다음의 표인 제40표 '남조선 도별 미곡생산량'에서 보는 총계와 모순된다. 후자는 11,870,308석
이다. 또 1949년도판 『조선 경제연감』에는 12,050,388석으로 되어 있다. SUM No.34, p.32
Table 1은 brown rice 즉 정미 안한 것의 생산고가 1,836,800톤이라고 하였다.

서 선택하였는데 두류(豆類)와 서류(薯類)를 제의한다면 북한은 1946년에 1,783,504톤의 양식을 생산한 것이 되며, 이 두 품목을 합하면 2,490,016톤을 생산한 것이다. 그럼으로 두류와 서류를 제외한 양식의 북한주민 1인당 할당량은 1,783,504,000kg/9,296,772명(북한 주민총수 중국인, 일본인 등 포함)=192kg이 되고 이것을 365일로 나누면 하루 1인당 약 526그램 분배할 수 있는 것이 된다. 만일 고구마, 마령서, 대두, 팥 등을 여기 포함시키면 1인당 일년 265킬로그램이 되고 1인당 726그램이 할당되는 계산이다. 그런데 북한에서 쌀의 생산량을 계산할 때 벼로 하는 것이 통례임을 감안하면 껍데기와 알곡의 비중을 보아 하루 할당량은 더욱 내려갈 것이다. 북한에서는 일반인에게 하루 알곡 500그램, 8세 이하 300그램, 중노동자 800그램을 지급한 것으로 알려져 왔다.

이것을 기준으로 삼는다면 1946년 말에 있어서의 북한 주민의 양식사정은 겨우 자급자족할 전망이 섰다는 단계였던 것으로 추측할 수 있다. 남한의 양식사정은 미군정의 통계의 정확성이 문제가 되겠지만 위의 표에 의하여 약산(略算)해 본다면 감자, 콩류를 제외한 생산고가 2,612,700톤으로 집계되어 남한 주민을 19,370,000명으로 개산(槪算)하여 1인당 135킬로그램 또는 1인 1일당 369그램이 할당되는 셈이다. 미 군정문서에 의하면 1946년에 있어서의 남한의 모자라는 양곡의 총수는 65만 톤이라고 했다.[40]

---

[40] "The Impact of the War and Japanese Imperialism upon the Economic and Politaical Rehabilitation of Korea-A Background Summary" By J.T. Suagee and Major Neis W. Stalheim, Civil Affairs Division, January, 1947. National Archives Collection : RG 407 Records of the Adjutant General's Office, Occupied Area Reports, 1945-1954. Box 2059.
참고로 관련된 부분을 인용하면 다음과 같다.
"The most Important Single fact concerning the food situation in South Korea is the critical shortage of rice, and the urgent need of immediate imports of rice or equivalents to maintain even a minimum diet. All pre-war statistics indicate substantial exports of rice and other foodstuffs to Japan. Between 1940 and 1944, exports of grams and pulses from South Korea alone(considered to be more agriculture al than North Korea) averaged about 200,000 metirc tons per year. It is therefore difficult for the uninformed to believe that the food deficit in American occupied South Korea is approximately 650,000 metric tons for the current year.

그래서 2,612,700톤에 650,000톤을 가산한다면 3,262,700톤이 되고 1인당 168키로, 1인 1일당 460그램이 된다는 계산이다. 1인 1일당 표준 500그램을 확보하려면 355만 톤은 있어야 됨으로 여기서 65만 톤을 빼면 290만 톤이 되어 미군정이 개산한 남한의 양식 자급량은 약 300만 톤 수준이었다고 보여진다. 그래서 미군정은 1946년에 약 18만 1,141톤의 양곡을 남한에 보냈었다.[41]

북한의 춘궁기의 경험은 북한에서도 양곡의 수입에 박차를 가하게 만들었다. 즉 북한은 1946년에 소련에서 약 2만 5천 톤의 양곡을 수입했고 중국에서 1만 4천여 톤을 수입했다.

〈표 28〉 1946년도에 있어서의 북한의 양곡 수입(소련에서)

(단위: 톤, 달러)

월		수 입 량	금액
5월	잡 곡	11,780(남포무역소)	706,800
8월	잡 곡	2,875(무역부)	172,500
9월	잡 곡	6,400(남포)	384,000
10월	잡 곡	2,120(홍남)	127,000
11월	잡 곡	270,259(홍남)	22,161
12월	잡 곡	1,166.764(홍남)	70,006

〈표 28〉의 5월부터 10월까지 1톤당 모두 60달러로 계산되고 있으며, 12월의 70,006달러를 60달러로 나누어 보면 1,166.766이 되어 1,166.764에 근접하고 있어, 11월달의 수입량은 전사(轉寫) 시의 잘못이 있는 것 같다. 이것으로 소련에서의 잡곡수입에는 1톤당 60달러가 계산되고 있음을 알 수 있는데 미국에서 남한으로의 수입가격은 1톤당 110달러와 146달러의 두

---

[41] RG 59 Decimal Files 695.00/2-1849, South korean Imports, 2945-48. American Mission in Korea 에서 1949년 2월 18일 작성. 이에 의하면 밀가루 17,429톤($2,538,451.86), 소백 147,318톤($16,241,813. 90), 옥수수 15,958톤($1,759,369.50), 기타 436톤($161,615.95)으로 합계 181,141톤이며 금액으로는 $20,701,251.21이었다.

가지가 있었다.[42]

한편 중국에서의 양곡수입은 다음과 같다.

〈표 29〉 1946년도에 있어서의 북한의 양곡수입(중국에서)

(단위: 톤, 원)

	수 입 량	금액
백미	538.9	17,811,840
대두	2,871.6	74,480,250
小豆	737	1,474,000
包米	709.5	7,094,520
稗	2.6	13,000
麥粉	914.6	18,101,505
粟	5,968.9	161,840,230
소맥	239.7	5,190,458
감자	30.7	613,780
高粱	5,162.3	68,404,754
小米	80.8	33,944,440
大黃米	9.1	429,345

이상에서 대황미(大黃米)라는 것은 현미이고 소미(小米)는 좁쌀알곡, 속
(粟)은 조, 포미(包米)는 옥수수인데 수입월을 적고 있지 않아 어느 때 즉,
1947년에 대비하기 위하여 연말에 집중적으로 수입하였는지 춘궁기에 많
이 수입했던 것인지 분명하지 않지만 고량, 소맥같은 한국인이 많이 먹지
않는 종류까지 수입했다는 것은 "닥치는대로" 수입했다는 느낌이 있다. 다
시 말한다면 북한의 농업호수(戶數)는 화전민까지 합하여 1,290,400호선이
었고 두류(豆類)와 서류(薯類)를 포함해서 식량 생산고가 2,490,016톤이었
으니 1호당 1.9톤 생산한 것이 되고 이 중에서 4분의 1을 농업 현물세로 바

---

42) 원 출전 385~390쪽 참조.

치면 1.4톤이 농가의 수입이 되는데, 농가 1호당 평균 인원이 4명(5,053,000
명 1,290,400호)이었음으로 4인분의 1년 필요양식(1인 1일 700그램씩 한 가
족 2.8킬로그램 1년에 약 1톤)을 제외하면 동원할 수 있는 양곡이 오로지
400킬로그램 밖에 없는 것이 된다. 이것으로 농경 유지비, 의복, 잡세, 기
부금들이 충당 되었다고 보여진다.

8. 1946년의 무역

1946년도에 있어서의 북한의 무역을 개관한다면 다음과 같다.

〈표 30〉 1946년도 수출입 총액

(단위: 천원)

	총액	소련	중국	남한
수입	862,129	387,797	450,745	23,587
수출	717,455	470,642	223,177	23,636

이상의 〈표 30〉에서 볼 수 있듯이 소련과의 무역에서는 출초이었고 중
국과의 무역에서는 입초, 남한과 무역은 수입과 수출이 비슷하게 2천3백만
원대이었다. 각국과의 무역 상황을 본다면 다음과 같다.

　〈소련〉 소련에 대한 수출은 10월에서 12월까지만 기재되어 있는데 품목은
세탁비누, 가정소다, 아세틸렌, 니켈강, 코발트, 粗鋼, 탄산소다, 아비산, 카바이
드, 전기연, 전기동, 아연, 시멘트, 베릴륨, 탄탈륨 등 광물과 공업제품들이었다.
　수입은 5월부터 기록이 되어 있는데, 잡곡, 휘발유, 사당, 화물자동차, 성냥,
모빌유, 항공유, 약품, 왁친, 메리야스, 화장품, 면사 등이었는데 거래를 미금으
로 하게 되어 있어 당시의 무역 환율을 알 수 있는 계기를 제공한다. 즉 당시의
북한의 무역환율은 158원 대 1달러이었다.

〈중국〉 중국에 대한 수출로는 휘발유, 세탁비누, 소금, 명태, 고등어, 멸치, 해삼, 사과, 생선류, 산소, 카바이드, 양말, 군화, 광목, 마대, 우피, 모포, 시멘트, 무연탄, 중국에서의 수입으로는 잡곡, 한약, 낙화생기름, 비료, 大豆粕 등이 있었다.

〈남한〉 남한에 대한 수출로는 세탁비누, 화장비누, 양초, 글리세린, 硬化油, 명태, 미역, 명란, 과일, 가성소다, 카바이드, 시멘트, 암모니아수, 질소가스, 수소가스, 초산, 염소산칼륨, 유안비료 등이 있었다. 수입으로는 중유, 모빌유, 석유, 휘발유, 윤활유, 감자, 연필, 등사잉크, 한약재, 소독약, 산토닌, 다이진, 유황고약, 가성소다, 의복류, 광목, 양복지, 면사, 전구, 진공펌프, 건전지, 베아링, 드릴, 와이어, 동선, 타이프활자, 자동차타이어, 잡기구 등이었다.

이상에서 보는 바와 같이 1946년도의 북한의 수입은 소련과 중국에서 주로 잡곡의 수입에 총력을 기울였다는 인상이 있으며 또 남한을 포함해서 공업건설용 기본물품 석유, 휘발유, 약품 등의 수입에 힘쓴 것으로 되어 있다. 수출은 당시 북한의 수출 능력을 그대로 들어낸 것으로 광물, 해산물, 카바이드, 조강 등 공업 제품들을 들 수 있다. 그런데 1947년도에 들어가서는 공업제품의 수출이 활기를 띠고 있는데 이것은 공업 생산부흥이 순조롭게 진행되고 있다는 증거일 것이다. P/48에 의하면 1947년의 무역구조는 다음과 같다.

〈표 31〉 1947년도 수출입 총계

(단위: 원)

	총액	소련	중국	기타(남한)
수입	3,352,962,676	1,377,706,676($7,328,227)	1,570,689,000	404,567,000
수출	2,355,506,676	1,377,706,676($7,328,227)	639,624,000	338,176,000

〈표 31〉에 의하면 북한원 대 미화의 환산율은 188원 대 1달러로 1946년도에 비해서 1달러당 30원 많아졌고 북한원의 가치가 약 20% 떨어진 것으

로 되어 있다. 이곳에서는 1946년의 무역총액도 게재하고 있는데 중국, 남한과의 무역액은 같지만 소련과의 것은 다음과 같이 수정하고 있다. 참고로 NKS/46의 숫자를 비교하기 위하여 표로 작성하였다.

〈표 32〉 1948년의 자료에 의한 1946년도의 대소무역

	단위	1946(P/48에 의함)	1946년(NKS/46에 의함)
수입	$	2,978,747	2,454,413
	원	560,004,436	387,797,000
수출	$	2,978,747	2,978,747
	원	560,004,436	470,642,000

1947년 말에 만들어진 위의 표는 무엇을 말하는가 하면 우선 대소무역에 한하여는 수입과 수출이 동액이어야 된다는 관념이 있었고, 다음은 1946년도의 실제 무역환율은 158원 대 1이었는데 이것을 1947년 기준으로 188원으로 계산하여 수출액을 조정하고 수입액까지 조작했다는 것이다. 여기에는 소련 고문관을 의식하여 이렇게 적었을 가능성이 농후하다. 노획문서에 의하면 황해도 사리원의 방직 공장에서는 매달 실황표를 소련군 사령부에도 일부 보내고 있었던 사례가 있었다. 1948년의 무역액을 계획할 때 북한당국은 수입액을 1946년의 564배, 1947년의 174배로 잡았고 수출액도 수출액과 동액으로 잡아 1946년의 724배, 1947년의 248배를 기대하고 있었다는 것을 마지막으로 부언한다(P/48 : 98면 참조).

9. 결론

이상은 북한 건국 제1년이라고 할 수 있는 1946년의 북한이 어떠한 상황

하에 있었는지? 역사 연구자의 시각에서 들여다 본 것이다. 필자는 통계학
연구자도 경제학자도 아니나 다만 통계 숫자를 앞에 놓고 휴대용 계산기
를 이용하면서 나름대로 분석하여 보았을 뿐이다. 『1946년도 북조선인민
경제통계집』에는 이상에서 논한 분야 외에도 임업, 수산업, 공업, 운수, 체
신, 토목, 상업, 금융, 교육문화, 보건, 토지개혁, 선거 등 부분이 있다. 또
농업의 한 부분만 보아도 28항목의 통계표가 있으며 전체적으로 158항목
의 통계표로 구성되었다. 이것은 이 책이 북한연구의 입문서적(入門書籍)
가치를 지니고 있음을 말하여 주는 것이다. 아마도 이 책이 본 연구소에서
출간되는 날 연구자들에게 주는 도움은 매우 클 것으로 예상한다. 필자가
위의 자료에서 주목하고 주요한 점들은 다음과 같은 것들이 있다.

(1) 평북, 평남, 함북에서는 19~25세의 청년층이 눈에 띄게 줄어들었다.
    이것은 소련에서의 노동차출, 보안대 동원, 집단적 출타, 노동봉사를
    상정한다.
(2) 함경북도의 인구가 급격하게 줄어든 이유의 설명이 필요하다.
(3) 남한에 비하여 인구 증가율이 낮은 것은 남한으로의 인구 이동을 말
    하는 것이다.
(4) 1946년도 북한의 노동인구를 말할 때 10세 미만의 아동들도 4만 명
    선이 노동인구에 들어가고 8~14세 아동중 약 30만이 노동에 종사하
    는 것이 아닌가 하는 흔적이 있다.
(5) 1946년도의 북한의 조직된 産別 노동자의 수는 40만 명이 못 된다.
(6) 1946년 북한의 무역환율은 158원 대 1달러이며 1947년은 188원 대 1
    달러로 계산 된다.
(7) 북한의 1946년도 사회 총생산액은 $132,911,392이고, 1947년은
    $179,137,482로 槪算하였으며 여기에서 推計한 1960년의 북한 총생산
    량은 10억 6천만 달러선에서 상향 조정되는 숫자일 것이며, 1인당 총

생산액은 100달러에서 상향 조정된다고 본다.

(8) 1946년의 북한의 물가앙등은 남한의 절반 정도이었으나 그래도 심각한 것이었다.

(9) 이해의 북한 국가종업원의 봉급은 한달에 700원~1,000원으로 계산된다.

(10) 남한에서도 비슷했지만 북한 租税 중에 으뜸은 酒税수입이었고 중앙인민위원회에서 거둔 농업 현물세 보다 많았다.

(11) 북한의 농업수확의 4분의 1만 받는다는 농업현물세 수입은, 인민위원회 세입에 정확히 기재되지 않았고 통계숫자를 잘못보아 誤導되기 쉽다. 인민위원회의 세입과 세출은 지방의 것이 많이 누락되어 있다.

(12) 38선 경비대와 수상보안대 유지비는 중앙에서 내고, 보안대는 각도에서 내는 것으로 추측된다.

(13) 인민학교의 유지비도 세입, 세출에 제대로 반영되어 있지 않다.

(14) 북한은 1946년에 약 2,490,016톤의 양식(고구마, 감자 포함)을 생산했으며 1호당 1.9톤을 생산한 것이 된다.

(15) 1946년 북한의 무역 목표는 잡곡과 산업진흥 필수품의 수입이었다.

1950년 11월 22일 미군 암호해독반은 최용건이 김일성에 보낸 전보를 해독하였다.[43] 그 내용은 다음과 같다.

　총사령관 동무

　최일 동지의 보고에 의하면 중국에는 석유 비축량이 1,500톤 밖에 안 된다고 합니다. 이전에 중국에 빌려준 돈이 얼마나 되는지 알려 주시고 회답을 바랍니다.

최용건

---

43) 미8군 G-2 문서 Box p590 Joint Special Operation Center, Monitoring Branch SKA1-213호 참조.

전쟁시 북한인민군이 총붕괴하고 유엔군이 국경선 일대까지 도달한 시점에 일어난 이 전보의 뜻하는 바는 다음과 같은 것일 것이다. 즉 북한 정부와 잔여 인민군이 석유를 절실하게 필요로 하는 시점에서 중공의 비축된 석유 총량이 1,500톤 밖에 되지 않는다고 들었다. 그러니 예전에 중국에 차관으로 제공한 돈을 회수하여 이 돈으로 충당하던가 중공당국에 이 차관의 존재를 제기 하여야 될 것이라는 내용이었다고 해석 된다. 이것은 아마도 중공이 대 국민당 내전에서 사투를 벌리고 있던 1948~1949년간에 북한정부에서 모택동에 돈을 꾸어 주었다는 이야기로 북한이 자체 공업화를 해 나가면서 형제당에 돈을 댈 여력까지 있었다는 증거가 될 것으로 생각된다. 바꾸어 말하면 북한에 있어서 6·25발생 전의 산업부흥은 일정한 단계에 도달했다는 것이다. 이 단계가 어느 정도의 것인지 토론이 많으면 많을수록 좋다. 이런 의미에서 북한의 경제발전의 기초를 잘 분석하는 것이 매우 중요할 것으로 생각된다. 이 논문은 이러한 노력 속에 미소한 일부분이라도 되었으면 하는 마음으로 작성한 것이다.

1946년의 북한연구는 또 미군정과의 비교연구에도 필수적이다. 미군정의 통계문서는 많은 것 같으면서도 매우 부족한 것이 현실이다. 미군정의 연차 예산과 지출에 대하여는 미국 자체의 문서가 거의 기밀해제 되지 않았다. 미 점령군의 제 비용도 일본경제와 한국경제에서 많이 가져다 썼고 통계문서로도 남아 있지만 아직도 빙산의 일각이다. 또 본 논문의 출현으로 이러한 문서들의 발굴 노력과 연구에 박차를 가하는 하나의 계기가 될 수 있다면 다행으로 생각한다.

※ 이 글을 쓰는데 많은 분들의 도움이 있었다. 서대숙 교수가 주재하는 하와이대학교 한국학연구소의 보조를 받아 일본에서 개최된 회의에 참석 발표할 수 있었음을 감사한다. 일본의 젊은 북한 연구자 고토(後藤富士男) 교수 등의 북한의 생산고는 벼를 단위로 한다는 지적을 받아 들였다. 1948년 당시 북한의 평양에서 쌀장

사를 했던 펜실베니아대학의 이정식 교수를 장시간 괴롭혀 당시의 물가와 쌀사정에 대하여 들었으며, 일본 동경대학의 와다 하루끼(和田春樹) 교수에게는 노어문서의 자문을 받았다. 아울러 미국 경제연구소의 이진국 박사에게는 기초적인 계산 방식에 대한 자문을 받았으며, 유익한 조언을 주었다. 또 미 가톨릭대학교 경제학과 교수인 김웅수(金雄洙) 장군이 처음부터 끝까지 읽어 주었고 유익한 많은 지적을 했는데 그는 아동들이 무직 범주에 들어가지 않고 농업이나 어업직업에 포함되는 것이 아닌가의 의문을 제기했으나, 시간 관계로 통계집의 재검토를 다음 기회로 미루기로 한다. 그리고 아시아문화연구소와 이진국 박사가 오식된 숫자들을 철저하게 검증해주었다.

모든 분들께 감사의 뜻을 표한다.

❖ 『아시아문화』 제8호, 한림대학 아시아문화연구소, 1992

『1946년도 북조선인민경제통계집』 등
북한 경제 통계 문서의 해제

    필자가 1985년『노획북한필사문서해제(鹵獲北韓筆寫文書解題)(1)』[1]를 집필할 당시 많은 북한문서들이 영어번역으로 존재하고 있었지만 원문으로는 볼 수 없는데 의아심을 가진 적이 있다. 차차 이미 알려진 노획문서 외에 아직 기밀해제 되지 않은 북한에서 노획하여 온 문서들이 상당량 있다는 것을 확인하게 되었고 1990년 초에 정식으로 정보자유법에 의한 기밀해제를 신청하게 되었다.

    이 과정에서 이들 문서의 기밀해제를 관장하는 기관은 미 국무부인 것을 알게 되었고 우여곡절 끝에 1992년 여름에 30여 상자, 다음 20여 상자 그리고 마지막으로 70여 상자를 해제받고 지금 러시아어문서의 해금을 기다리고 있는 중이다. 이 문서군(文書群)의 발굴은 저 Troy(소아시아의 서북부에 있던 고대도시)의 대발굴의 흥분이 이런 것이 아니었던가 라고 상상하게끔 만든 본인 생애에 있어서의 특기할만한 소중한 한 토막이 되었다.

    이 문서군은 6·25전쟁 당시 미군에서 전쟁수행 상 꼭 번역하여 참고로 하고 싶었던 문서들로 따로 모아둔 것이었으며, 현재 본인이 목록작성 작

---

1) 方善柱, 「鹵獲 北韓筆寫文書 解題(1)」, 『아시아문화』 창간호, 한림대학교 아시아문화연구소, 1986, 41~156쪽.

업과 마이크로필름 제작 작업을 병행 중에 있어 조만간 연구자들에게 이
용되게 될 것이다.

그 내용을 유형에 따라 대별하면 다음과 같이 구분할 수 있다.

(1) 인민군과 중공의용군의 작전과 전술을 담은 문서

(2) 인민군과 중공군의 내부 상황을 서술하는 문서

(3) 인민군과 중공군의 군사교과서나 무기해설 문서

(4) 전쟁 전 또는 전쟁 중의 북한 사회 상황을 파악하는데 도움이 될 문서

(5) 남부 빨치산과 남로당 문서

(6) 러시아어 문서

이 책에 수록된『1946년도 북조선인민경제통계집』(약칭: '46 통계집)이
라는 극비책자와『북조선 인민경제발전에 대한 예정숫자』(약칭: 예정숫
자), 또『1948년도 북조선인민경제부흥발전에 관한 대책』(약칭: '48 대책)
이라는 극비 등사문서들은 위의 제(4)유형에 속한 자료들이다. 지금까지
이런 종류의 초기 북한경제통계문서들의 이용은커녕 그 존재여부도 몰랐
던 것이기에, 이 책의 출판은 6·25전쟁 전사(前史)연구에 지대한 공헌을
할 것임이 틀림없다. 특히『1946년도 북조선인민경제통계집』은 그 체제구
성면에서 일제시대와 대한민국 수립 이후의 각종 종합 통계연감과 궤(軌)
를 같이 하는 북한 유일의 종합적인 "통계연감"이므로 각 연구소, 도서관
은 물론 근·현대 한국사 연구자들도 반드시 좌우에 비치해 둘만한 중요
한 참고도서가 될 것이다.

이 자료의 원본은 비록 활자를 쓰지 않고 등사한 것이지만 깨알 같은 단
정한 자체(字體)로 정성들여 작성된 것으로 그 견고한 제본과 더불어 명실
공히 잘 만들어진 책의 범주에 들어간다. 이 책자를 편집하고 관련 각 부
문에서 내부 참고용으로 출판하였던 목적은 그 "발간사"에서 지적했듯이
국가경제 발전계획수립에 있어서 통계사업은 절대로 필요한 것이므로

"1947년도 인민경제 부흥발전계획수립에 기초적 통계가 되었던 1946년도의 인민경제에 관한 모든 통계를 집성 발간"했다는 것이다. 즉 이 책의 발간사에 따르면 1947년이야 말로 "우리 민족의 역사 위에서 처음으로 인민경제 부흥발전에 관한 숫자를 수립하고 그 초과 실행을 위하여 전 근로 인민이 열렬히 투쟁"하여 "전 부문에 있어서 계획을 초과 달성하는 위대한 성과를 거둔 해"이었으므로 이 빛나는 1947년 발전계획 착수와 달성의 기초자료가 되었던 1946년도의 제 통계 자료를 차후의 모든 연도에 있어서 통계의 기초 참고자료로서 영원히 남겨 두자는 의미로 해석할 수 있다. 여기에는 이의가 있을 수 없다. 그러나 이 통계자료를 연구하면서 다음에 언급하는 사항들에 유의해 주었으면 한다.

1. 소련 군정의 개입

필자는 졸고 「1946년 북한경제통계의 일 연구」[2]에서 북한의 실질적인 건국원년(建國元年)은 "1948년이 아니라 마땅히 1946년으로 보아야 한다는 입장이다."라고 주장했었는데, 실은 1946년은 아직도 소련군정이 북한인민위원회정권의 제 기능을 많이 제한해 놓고 있었던 때이었다. 예를 들면 위 논문에서 지적했듯이 1947년도 여름에 발행된 북한의 여권은 인민위원회에서 발행하고 소련행 비자인 경우에는 "조선문제에 관한 정치고문단기관"에서 내어 주었지만, 1946년의 여행증 발급의 경우의 주체는 "북조선 소련군사령부"이고 서명자는 "소련군 민정담당 부사령관 로마넨코 소장"이었다. 또 1946년은 위 논문에서 밝혔듯이 소련군의 식량수탈과 소련군의 제 비용부담으로 북한주민에게 적지 않은 짐이 되었었다는 것을 이 책자를

---

[2] 방선주, 「1946년 북한경제통계의 일 연구」, 『아시아문화』 제8호, 한림대학교 아시아문화연구소, 1992, 179~221쪽.

읽으면서 염두에 두어야 할 것이다.

특히 이 방면에 관한 참고자료로는 남하한 조선민주당에서 미군에 제출한『북조선실정에 관한 조사보고서』(1947년 8월, 古堂 曹晚植先生記念事業會 藏)를 들 수 있다. 이 등사문서에 의하면 1946년 소련군이 북한에서 반출해간 양곡이 약 290만 석이 되며 소가 13만 두, 돼지가 9만 두인데 가장 큰 문제가 소련군의 군표(軍票)남발이라고 했다. 즉 "소련군은 진주 당시부터 각 공장 내 기계와 부속품, 발전기, 서장 양곡과 중요 원료자재, 선박, 자동차, 생활필수품, 의약품 등 무려 5억 불 이상의 물화를 무상으로 반출하였을 뿐 아니라, 흥남공장생산물(비료, 비누, 양초, 카바이트, 화학약품, 화약 등)의 다량을 특명적으로 최저렴한 원가계산으로 반출하며, 식량과 가축과 목재와 광산물, 섬유품, 수산물 등 방대한 물자를 조소(朝蘇)무역이란 미명하에 생산원가로 반출하면서 그 대가는 전부 군표로 지불하는데 현재 군표발행고가 80억 원이라고 하지만, 그것도 역부족하여 소련지폐 4억 8천만 원을 1947년 3월에 북조선중앙은행에 예금하면서 대소(對蘇) 크레짓드 설정이란 교묘한 공작도 있는 것을 함경남도 재정부장이 언명하였다. 북조선의 적군표(赤軍票) 결제문제는 장래 크게 주목되는 바이다"라고 서술했다. 공산당이 싫어서 남하한 단체의『보고서』이지만 그 서술은 신빙성이 있는 점들이 있다고 본다. 1946년의 조소무역의 결제형식은『'46 통계집』의 내용에 나타나듯이 달러 결제 형식인데 북한원 대 미화의 환산율을 188원 대 1달러로 계산하고 있다.

2. 내용의 미비 문제

인민위원회의 세입과 세출은 지방의 것이 매우 부실한 불완전한 것임을 염두에 두어야 한다.

3. 내용의 편집 문제

이『'46 통계집』은 원재료의 활용과 편집면에 있어서 생각해 볼만한 취사선택이 많았을 것임을 다음 예로 보아서 짐작할 수 있을 것이다.

『'46 통계집』의 〈표144 전염병 환자 및 사망자〉에서는 각 도별의 전염병 환자 발생과 사망자수의 통계가 나타나고 있다. 그것은 콜레라, 적리(赤痢, 이질), 장티푸스, 파라티푸스, 천연두, 발진티푸스, 성홍열(猩紅熱), 디프테리아, 유행성뇌척수막염(腦脊髓膜炎), 유행성뇌염, 페스트, 재귀열(再歸熱)인데 노획문서 #201009호는 이 가운데서 적리, 장티푸스, 파라티푸스, 천연두, 발진티푸스, 디프테리아, 재귀열의 월별 발병 및 사망자수를 나타낸 대형 통계그래프의 7매가 미군정보기관의 번역대상이 되고 있음을 보여 주고 있다. 이는 지역별 발병사망 뿐만 아니라 월별 발병사망의 통계도 이들 전염병 이름 아래 포함된 유사 전염병 연구에 매우 도움이 됨을 부인 못한다. 6·25전쟁 시대에 유행하기 시작한 유행성출혈열(流行性出血熱)과 한때 구설수에 올랐던 Tsutsuga 벌레병(Scurb Typhus) 등이 재귀열, 발진티푸스, 장티푸스의 통계 속에 포함되었는지도 모른다. 여하간에『'46 통계집』을 보완하는 자료로서 이곳에 소개한다.

* 노획문서(#201009호)에 나타난 전염병 월별발생·사망자수

가. 적리

	1	2	3	4	5	6	7	8	9	10	11	12	총계
1946	15 (10)	27 (16)	27 (9)	72 (8)	25 (1)	319 (10)	720 (43)	347 (28)	375 (17)	89 (5)	49 (9)	9 (0)	2,074 (156)
1947	4 (0)	9 (0)	7 (1)	3 (0)	11 (1)	26 (1)	59 (1)	82 (8)	85 (9)	56 (0)	14 (0)	12 (0)	376 (21)
1948	29 (1)	8 (0)	19 (1)	16 (0)	121 (10)	285 (26)							

나. 장티푸스

	1	2	3	4	5	6	7	8	9	10	11	12	총계
1946	1202 (82)	1676 (99)	1821 (121)	1886 (227)	1478 (136)	1881 (161)	894 (105)	2414 (126)	124 (13)	185 (30)	262 (45)	356 (27)	14,179 (1,172)
1947	1014 (112)	993 (83)	566 (62)	560 (46)	738 (59)	644 (42)	574 (45)	276 (20)	148 (4)	117 (13)	231 (11)	347 (18)	6,210 (515)
1948	846 (51)	851 (37)	815 (44)	802 (73)	688 (41)	592 (36)							

다. 발진티푸스

	1	2	3	4	5	6	7	8	9	10	11	12	총계
1946	958 (115)	1180 (180)	847 (66)	1926 (200)	1033 (75)	1132 (100)	385 (38)	1813 (56)	61 (6)	57 (4)	142 (19)	248 (21)	9,780 (880)
1947	408 (24)	716 (51)	534 (43)	512 (42)	662 (39)	468 (42)	347 (31)	254 (14)	115 (9)	99 (10)	109 (12)	328 (28)	4,612 (345)
1948	1095 (64)	1187 (73)	1377 (110)	1049 (107)	1594 (95)	833 (70)							

라. 파라티푸스

	1	2	3	4	5	6	7	8	9	10	11	12	총계
1946	56 (2)	75 (3)	97 (3)	3 (2)	14 (1)	36 (3)	9 (1)	322 (12)	8 (0)	10 (0)	40 (3)	47 (5)	753 (35)
1947	37 (1)	34 (0)	43 (3)	61 (0)	43 (2)	64 (5)	52 (4)	33 (5)	11 (1)	3 (0)	25 (3)	17 (3)	423 (27)
1948	83 (2)	72 (5)	80 (7)	85 (5)	87 (1)								

마. 재귀열

	1	2	3	4	5	6	7	8	9	10	11	12	총계
1946	195 (22)	200 (25)	210 (30)	147 (5)	93 (11)	35 (0)	67 (6)	60 (2)	162 (13)	79 (0)	69 (3)	65 (4)	1,381 (121)
1947	86 (2)	162 (11)	171 (11)	95 (2)	105 (2)	220 (3)	603 (18)	294 (16)	292 (6)	241 (12)	186 (7)	225 (6)	2,680 (96)
1948	316 (9)	657 (27)	144 (36)	223 (7)	429 (16)								

바. 천연두

	1	2	3	4	5	6	7	8	9	10	11	12	총계
1946	1017	894	814	2646	1434	1567	202	1795	56	28	22	52	10,527
	(120)	(92)	(85)	(319)	(199)	(188)	(31)	(86)	(16)	(7)	(7)	(4)	(1,154)
1947	35	34	22	145	90	96	43	34	5	5	33	69	611
	(3)	(2)	(4)	(45)	(23)	(18)	(6)	(6)	(2)	(1)	(15)	(12)	(137)
1948	409	596	343	253	297	263							
	(107)	(226)	(84)	(71)	(84)	(88)							

사. 디프테리아

	1	2	3	4	5	6	7	8	9	10	11	12	총계
1946	31	82	90	255	112	99	23	57	21	30	70	86	996
	(9)	(10)	(12)	(33)	(3)	(14)	(2)	(6)	(4)	(6)	(9)	(14)	(122)
1947	86	114	117	58	64	45	41	34	36	107	144	173	1,019
	(14)	(12)	(18)	(9)	(6)	(7)	(4)	(9)	(5)	(12)	(36)	(38)	(170)
1948	213	186	334	432	278	138							
	(42)	(34)	(59)	(81)	(41)	(12)							

※ 201009호의 자료와 『'46 통계집』의 숫자 사이에는 약간의 차이가 있다.

『'46 통계집』이 1947년 말에 편집된 반면 『예정숫자』는 1947년 초에 편집된 것으로 추측된다. 원본은 72면으로 조잡한 자체(字體)에 등사잉크도 고르게 나타나 있지 않고 표지에는 북조선임시인민위원회 기획국『북조선인민경제의 발전』이라고 등사되고 있고 여기에 "~에 대한 예정 숫자"를 잉크의 글씨로 보충하였다. 〈1947년도 세입세출예산〉표에서 시작하여 〈국영식당 급 소비조합식당종업원〉까지 합계 36표로 끝나는데 『'46 통계집』의 숫자와 많이 차이가 나고 있으며, 『'46 통계집』의 "본 統計集을 利用하는데 있어서 몇 가지 주의하여야 할 點들"에서 제4항의 "본 統計集에 記載된 統計數字와 旣發表의 統計數字와 合致되지 않을 때에는 본 統計集에 記載된

統計數字를 法的數字로 한다"라는 서술에 나타나듯이 『예정숫자』는 『'46 통계집』을 만드는 과정의 숫자로서 연구의 가치가 있다 할 수 있다.

『'48 대책』은 북조선인민위원회 기획국에서 1948년 초에 편집된 것으로 추측되는 등사문서로, 그 내용이 총 151면과 기타 지면으로 구성되었다. 매우 단정한 필체로 정성들여 작성되었으며 등사잉크의 선명도도 손색이 없다. 이 문서는 앞의 『'46 통계집』과 비견할 수 있는 좋은 연구자료가 되는데, 그 이유는 1947년 전반에 걸친 통계자료가 극명하게 기재되어 있고 1948년의 계획량을 산출하고 있는데 연유한다. 이렇게 북조선인민위원회가 가지고 있던 1946년과 1947년의 거의 모든 기밀성 통계숫자의 자료가 한림대학교 아시아문화연구소의 노력으로 한 권의 책으로 묶여서 햇빛을 보게 되어, 한반도 현대사연구에 크나큰 공헌을 하게 되었다.

이 시기의 북한 경제통계를 연구하는데 도움이 될 만한 보충자료로는 1949년 3월 15일 북한의 국가계획위원회에서 공간(公刊)한 『인민경제에 관한 보고집-1947년, 1948년 및 1949~1950년』이 있고 미 국무부 Decimal Files에 이 시기 남북한의 경제를 다룬 반월간(半月刊)식의 보고시리즈가 있어 이 분야를 전문으로 연구하는 연구자들께 소개해 둔다. 또 이왕에 이 책의 자료의 가치를 더욱 높이기 위하여 이하 공간된 『1946~1960 조선민주주의인민공화국 인민경제발전 통계집』(평양, 국립출판사, 1961)에서 1946년과 관련된 통계만을 모두 발췌하여 비교·이용 참고하도록 하였다. (본서 pp.385~390 참조).

❖ 『북한경제통계자료집(1946·1947·1948년도)』, 한림대 아시아문화연구소, 1994

제 3 부

미주 이민 문제

한국인의 미국 이주

그 애환의 역사와 전망

1. 들어가기

대한민국 외교통상부의 공식 추계에 의하면 1999년 6월 현재 미국에서 생활하는 한인의 총 수는 2,057,546명이다. 즉 약 200만 명의 한인이 미국에서 살고 있는데 그 중 로스앤젤레스에 약 30%인 65만 명이 거주하며, LA를 포함한 서부 일대에 약 100만 명, 다른 지역에 약 100만 명이 거주하고 있다. 이것은 물론 일시체류자와 유학생을 포함한 추계이지만 1990년 미국의 국세조사에 나타난 799,000명(일본은 848,000, 중국은 1,645,000)과 이 국세조사에 의거한 남가주대학 다종족·다민족연구센터(Center for Multiethnic and Transnational Studies)의 추계 1,630,304명에 비하여 정확도가 높다고 생각된다. 바야흐로 미국은 전 세계 여러 나라 중에서 가장 많은 한인 이민들이 사는 곳이 되고, 장차 미국을 제외한 해외 한인 총수보다 더 많은 수의 한인이 사는 고장이 될 전망이다.

현재 남한 인구 약 20명 중에 1명 꼴로 미국에 살고 있고, 각 계층 골고루 미국에 근친 연고자가 있어 중국이나 일본, 러시아의 한인 자손과의 혈연관계보다 월등한 친밀도를 지니고 있다. 이것이 15 대 1 또는 10 대 1로 높아진다면 장래 한국사회에 큰 문제를 야기할 것이다. 그러니 이러한 이민의 추세에 대하여 우리는 깊이 생각해야 되고 또 이런 현상을 국익에 어떻게 활용할 것인가를 고려해야 할 것이다.

한국에서 태어난 필자는 현재 67세로서 20년간 중국에서, 36년간 미국과 캐나다에서 살아 왔고, 미국에서의 한인 독립운동사를 연구했다. 그 나머지 기간 동안 남한에서 대학교육을 받고 대학에서 교편을 잡았다. 즉 필자 자신이 소위 에누리 없는 '해외 한인'인 셈이고, 이 문제를 논할 수 있는 자격을 가졌다고 생각한다.

고대 그리스시대에는 그리스 본토 외에 지중해와 흑해 곳곳에 산재하였던 그리스 도시국가들이 있었다. 본토의 토지가 협소하고 척박하여 해외로 활로를 개척해 나가 세운 도시국가들이었다. 유명한 과학자 아르키메데스는 시실리섬에서 그리스인이 세운 도시의 주민이었고, 이집트의 그리스 사회에서 교육을 받았다는데, 많은 재미 한인들이 '해외 그리스인'으로 자처하며 또는 로마의 시민권을 가져 예수교의 포교에 힘쓴 유태인 바울에 스스로 비유하며 살고 있는 것을 목격하곤 한다.

미국에 한 도(道)의 인구에 버금가는 이주민이 급격히 생긴다면 그들의 정체성 인식을 검토하고 초기 이민의 발자취를 더듬어 보는 작업도 중요할 것이다. 그래서 이 글에서 필자는 재미 한인의 자기인증(自己認證), 혹은 정체성 인식(identity)의 역사와 앞으로의 전망을 살펴보고자 한다.

2. 미국 이민 초기의 정체성 인식

한국인이 최초로 미국에 발을 디딘 해가 언제인지는 아무도 모른다. 중국 노동자들을 따라 한국의 인삼장수들이 미국에 진출했을 가능성이 있기 때문이다. 적어도 1890년대의 한국 주미공관이 미국 서부에서 억울한 처지에 놓이거나 중국인에게 피살된 인삼장수를 위하여 미국 정부와 교섭한 통신문들이 남아 있다. 그러나 공식적으로는 갑신정변 직후인 1885년 6월 11일에 박영효, 서광범, 서재필 세 망명인사가 샌프란시스코에 도착한 것이 처음이다. 미국 시민권은 서재필이 1890년 6월 19일에 처음 받았고, 이어서 1892년 11월 18일에 서광범이 받았다. 미국의 4년제 대학을 처음 졸업한 사람은 갑신정변 망명객 변수(邊燧)로서 1891년 4월 농학사가 되었다. 또 미국에서 처음 학술논문을 발표한 사람은 「조선왕조의 교육제도」(1891)를 쓴 서광범이었고 거의 동시에 변수도 농무부 통계국 월보 89호에 「일본의 농업」(1891. 10)을 발표하였다. 또 미국에 묻힌 최초의 한국인은 아마도 1891년 10월 22일 기차에 치여 죽은 변수일 것이다. 그는 미국 시민권 증서를 받기 일보 직전에 사망했다.[1]

 그러나 본격적인 이민자들은 1902년 12월 22일 제물포를 떠난 일본 기선 현해환(玄海丸)에 몸을 실은 121명의 하와이 사탕수수밭 노동 희망자와 그 가족들이었다. 일본 고베[神戶]에서 신체검사에 합격한 102명이 다시 갤릭(Gaelic) 호를 타고 1903년 1월 12일 호놀룰루 항에 도착한 후 여기서 안질(眼疾)로 불합격한 8명과 그 가족 총 16명이 송환당하고 결국 남자 48명, 여자 16명, 어린이 22명만이 상륙하게 되었다. 하와이 이민의 자초지종은 최창희 교수의 논문에 잘 정리되어 있는데,[2] 최 교수에 따르면 일본의 방해 때문에 하와이 이민이 금지된 1905년 말까지 약 6,700명에서 7,040명이 배를 타고 가 하와이에 정착하였으며, 그 중 여자는 약 10%, 14세 미만 아동이 약 6%라는 기록이 있다고 한다. 여자가 남자의 약 10분의 1에 불과했으니, 후일 사진결혼이 성행하여 연로한 남편에 젊은 부인이 많아져 종종 사회문제를 야기했다는 이야기가 전해진다.

 한편 하와이 이민이 시작되기 수개월 전 미국 본토에서의 한인 인구는

---

[1] 방선주, 「徐光範과 李範晉」, 『崔永禧先生華甲紀念 韓國史學論叢』(1987) ; 「구한말 망명객 변수 이야기」, 『워싱턴신문』, 1982년 7월 10일 참조.
[2] 崔昌熙, 「韓國人의 하와이 移民」, 『國史館論叢』 제9집, 1989, 147~238쪽.

어떠했을까? 1902년 10월 25일『황성신문』기사는 다음과 같이 말한다.

　　근일 미국에 입적한 각국인이 통계 340~350만 명인데, 그 중 청인이 2만 명
이오, 일인이 2천 명이오, 한인은 5명이니, 유람 체재한 사람은 차수(此數)에 부
재(不在)하였다 하고, 목하 미국에 재류하는 한국 유학생[샌프란시스코]에 8명, 각
지에 산재하는 자 10명 좌우 또 오하이오 대학교에 부인 1명이 재(在)하다더라
(최창희 논문에서 전재).

오하이오의 부인 유학생이란 하란사(河蘭史)였고, 뉴욕에는 신성구(申
聲求), 김헌식(金憲植), 박승렬(朴勝烈) 등이, 워싱턴 부근에는 김규식(金奎
植), 김윤정(金潤晶), 안정식(安廷植)이 포함되었던 것은 확실한 것 같고,
이상의 인사들 외에 기타 지방에 백상규(白象圭) 등 10명이 1901년 공사관
명단에 유학생으로 올라 있었다. 즉, 미국 본토 한국인의 대부분은 유학생
이나 관리 출신으로 하와이 이주 한인들과 성분이 다르다. 단, 샌프란시스
코에는 소수의 인삼장수와 1902년 10월 14일 유학 목적으로 도착한 안창호
(安昌浩) 등 소수 지식인들이 체재하고 있었다고 생각되며 하와이 노동이
민 중에서 미주 본토로 새어나간 한인들이 점차 늘어가는 추세에 있었다.
그래서 1945년까지 신도유학생(新渡留學生)을 포함하여 미국에서의 전체
한인 수는 하와이 7천~8천 명과 본토 2천여 명 도합 만 명 내외라는 것이
일반적인 견해이다.

　　그러면 이제 다음은 이들 만 명에 이르는 동포가 한국 역사에 어떠한 공
헌과 영향을 끼쳤는가 생각해 보자. 간추려 결론만을 말한다면 조국광복
운동에 대한 재미한인들의 역할은 대단했다. 이것은 칭찬에 칭찬을 더해
도 모자랄 듯하다. 우선 ① 스티븐스 숙청 (1908. 3. 23)과 이재명의 귀국
및 이완용 습격(1909. 11. 22) ② '대한인국민회'의 임시정부화와 그 영향
③ 3·1운동의 도화선 역할 ④ 한국독립운동의 병참기지화 ⑤ 애국가 보급
⑥ 미국에서의 끈질긴 외교활동 등을 꼽을 수 있고, 임시정부 지원을 위한

이민 각자의 경제적 희생은 미국 내의 어느 소수 민족도 따라가기 힘들 만큼 컸다.[3]

그러면 이렇게 열성적으로 애국활동을 하게 된 동기와 활력의 근원은 무엇이었던가? 우리는 당시의 미국 신문보도를 통하여 중국의 화교나 폴란드 이주민들의 모국을 위한 활동보다 한국인의 것이 더욱 극렬했다는 인상을 받는다. 한국인들이 미국 하와이로 이주하게 된 배경에는 고국에서의 경제적 어려움이 크게 작용했음을 부인하지 못하지만 더욱 중요한 것은 그들이 미국에 도착하여 나는 조선 또는 한국이라는 나라의 국민임을 더욱 깊이 자각하게 됐다는 점이다. 실제로 교포들로부터 해외로 나왔기 때문에 자신의 소속이 어딘지를 깨달았다는 이야기를 많이 듣는다. 1905년 하와이 이주에 나선 백일규(白一圭)의 사례를 보자.

백일규는 1880년 평남 증산군 성도면 오화리 중농집 차남으로 태어났는데, 7세에서 20세까지 서당교육을 받으며 농사를 지었다. 아마도 일찍이 연상의 여성과 결혼한 듯하며, 1902년경에 아들 하나를 두었다. 그는 동학의 접주(接主)이기도 했다. 친구들과의 술자리에서 "우후청산여천벽취중인면화홍(雨後靑山如天碧 醉中人面如花紅 : 비 개인 후의 푸른 산은 하늘처럼 푸르고, 술을 마신 사람 얼굴 꽃과 같이 붉도다)" 운운의 한시도 지었다고 기억하니 분명히 그는 그 고을의 지식인층에 속했을 것이다. 그러한 그가 이민선을 타게 된 동기는 무엇이었던가?

> 그때에 우리 고을사람 중에 '이민'이라는 글자 뜻도 모르는데 오직 강명화 선생이 공립학교의 부교원으로 계시면서 서울 왕방을 하실 때에 하와이 이민길이 터진 것을 알게 된 바 강선생이 필자에게 말씀하시기를 '나는 불원간에 하와

---

3) 방선주, 「미주지역에서 한국독립운동의 특성」, 『한국독립운동사연구』 제7집, 1993 ; 「3·1운동과 재미한인」, 『한민족독립운동사』 3, 1998 ; 「1921~1922년의 워싱턴회의와 재미한인의 독립청원운동」, 『한민족독립운동사』 6, 국사편찬위원회, 1989 ; 「1930년대의 재미한인독립운동」, 『한민족독립운동사』 8, 1990 등 참조.

이 이민 가기로 작정하였으니 한동안 서로 만나 볼 수 없게 되었네.' 그래서 본
기자가 놀랍게 그 말씀을 듣고 반문하기를 '나도 하와이에 같이 갈 수 있는가?'
이에 강선생 답변인즉 '그대가 부모 슬하를 떠나 나를 쫓아 하와이로 가게 되면
그대의 부모가 나를 원망하지 않겠는가?' 나는 이에 대하여 반문하기를 '왜 선
생님은 부모 슬하를 떠나서 하와이로 가시는데 나도 가지 못할 것이 무엇입니
까?' 이에 강선생 답변은 '그대가 참말로 나를 따라가기 원한다면 명일 아침에
삼화 진남포 가는 길로 향하여 가도록 준비하오' 했던 것이다. 그 당시 필자의
성명은 '백윤조'로 또 지금 국민회 중앙집행위원장인 박재형씨는 '박을목'으로
행세하였는데, 필자가 박군을 오화리 서당에서 서로 만나 내가 '하와이 이민을
떠나기로 작정하였노라' 한즉 박군 역시 마찬가지로 '내가 같이 갈 수 있는가?'
이에 대한 필자의 대답은 '박군이 나와 같이 가기를 원한다면 명일 아침에 진남
포로 가는 길 옆에 내가 신었던 신짝을 벗어 놓고 갈 터이니 그 신을 보고 쫓아
오시오.[4]

이렇게 구성된 강명화를 위시한 이민 일당은 강명화(1911년 국민회 부
회장), 그의 아들 강영소 부부(1916년 국민회 회장), 강영상 · 강영호 부부,
백일규(다년간 국민회 총회장), 박재형(1960년대 국민회 중앙집행위원장),
그리고 남편이 첩과 동거한다고 일가를 인솔하고 하와이 이민을 결행한
황마리아와 그의 아들 강영승 부부(이민시 17세, 1922년 법대 졸업, 대한인
국민회 회장, 부인은 대한여자애국단 3대 부회장), 강혜원(20세 대한여자
애국단 초대 단장), 강영옥(남 7세) 등이었다.[5] 백일규의 서술에 의하면,
백일규와 박재형은 짐도 꾸리지 않고 '오늘' 이민을 결정하고 '내일' 승선했
다는 것이니 참으로 그들은 하와이 이민을 너무나 안이하게 생각하였다.
돌아오고 싶으면 언제든지 돌아올 수 있으리라는 막연한 생각으로 떠난

---

4) 『신한민보』, 1962년 4월 3일, 「오늘날 정부에서 뿌라질 이민정책을 읽고 필자가 회상되는
   미주 초기의 몇 가지 잡상록」, 또 필자의 「在美 3 · 1運動 總司令官 白一圭의 鬪爭一生」,
   『朴永錫教授華甲紀念. 韓國獨立運動史論叢』, 1992 참조.
5) 백일규의 서술에는 강영옥이 없으나 민병용, 『美州移民 100年』, 한국일보사, 1985를 보고
   보충했다.

것이 분명하다. 그러나 이들이 미국에서 모두 독립운동의 지도자급으로 헌신한 것을 보면 '을사보호조약'이 눈앞에 다가오는 광풍노도 시대에 향학열과 나라를 위하여 무언가 해야 되겠다는 일념이 있었음은 분명하다. 미주 한인들이 불렀던, 그리고 백일규가 소개한 구한말에 유행한 애국가의 제2절은 이러한 그들의 심정을 대변해 준다.

　동해물과 황해바다 동서남북 3면에 6대양과 상통하니 처사국(處士國)은 안일세.
　건곤감리 태극기가 반공에 날릴 제 충의남녀 손들어 이혈보국(以血報國) 맹세하네.

즉, 황해바다와 동해물을 통하여 미국까지 상통하여 미국으로 이주하니 어찌 한국이 '처사국', 즉 '은둔국'이라 할 수 있는가? 현재의 우리도 미주에서 충의남녀로 손들어 이혈보국 맹세하고 있지 않은가! 26세에 하와이에 도착한 백일규는 1년 후 캘리포니아주로 거처를 옮겼다. 닥치는 대로 노동하면서 보수적인 대동보국회(大同保國會) 회원이 된 그는 1908년 약 반 년 동안 기관지『대동공보』의 주필로 있었다. 그해 가을 네브래스카주로 옮겨 이곳에서 1년간 영어공부를 했다고 하며(즉 소학교를 다님), 박용만이 지도한 네브래스카주립대학을 1년간 다니다『신한민보』사의 주필로 초빙되어 샌프란시스코로 가서 1918년 버클리에 소재한 명문 캘리포니아대학 경제과를 졸업한 후『한국경제사』를 저술하였다. 그는 1962년에 별세할 때까지 국민회의 대들보로, 한인사회의 원로로 존경을 받았다.

　그에게는 미국에서 재혼한 부인과의 사이에 1남 2녀가 있었고, 자손들 모두 고등교육을 받았지만 백일규와 달리 한인과의 교류도 거의 없고 한국어도 잘 모른다. 도산 안창호 선생의 후손 역시 비슷한 형편이다. 결국 미국에서 직업을 크게 제한받았던 세대의 모국을 위한 무한한 헌신성은 아시아인의 지위 향상과 더불어 희박해질 수밖에 없었다. 이로써 한인은 급격히 미국 사회에 동화되었다. 미국에서 법대를 나오고서도 변호사가 될 수 없어 과수원에서 과일을 따야 했던 1945년 이전의 한인 1세들의 정체성 인식과 보다 포용적인 사회에서 미국을 조국으로 인식하는 2, 3세의 정체성은 다를 수밖에 없다. 이 점은 뒤에서 더 논할 것이나 백일규의 사례에서 보는 것처럼 한국 이주민들은 미국에 도착하여 더욱더 한국인이라는 정체성이 강해졌다.

1942년 이전[6]에는 모든 사회진출의 길이 막힌 한인 1세들의 정체성 인식과 그 생활상의 애환은 교포들의 시와 글에 가장 잘 나타난다. 추수감사절의 풍경을 묘사한 시 한 편을 보자(글자가 분명하지 않은 부분은 자의로 해석했다).

감사일 노래

김창만(金昌晚, 1918. 11. 28)

1. 화장실의 허스밴[남편]은   수염깍기 분주하고
   키친[부엌] 안의 와이프는   띠너[저녁]하기 겨를 없소.
   채경 옆의 누이들은   머리단장 S자로
   사치하는 오라비는   적은 신에 짤룩 짤룩
2. 젖먹이는 자다 깨어   마마 마마 울어대고
   귀먹어리 머슴군은   혼자 성이 잔득 나서
   추수 끝에 쉬는 날이   즐겁고도 분주한데
   사리문에 백발 쌍친   집난이를 반기노라.
3. 앞뒤 뜰의 피는 국화   식탁에서 간들 간들
   갓 구어낸 터키고기   은 쟁반에 김 서렸다.

---

[6] 태평양전쟁이 일어난 후에 한인들은 완전 고용되었다. 일본어를 조금이라도 하는 교포는 모두 미국 정부기관이나 우체국에서 검열·번역·통역 직종에 동원되었고 전시경제 호황으로 한인 노동자들의 수입도 훨씬 나아졌다.

허스밴이 창과 칼을	좌우 손에 갈라 쥐어
솜씨 있게 베어 놓고	머리숙여 하나님께
4. 농부들아 같이 와서	한번 흠씬 먹고 놀자
논물 쌈에 흘린 정을	오늘 우리 화의하세
앞뜰 뒤뜰 넓은 판에	산 같은 것 로적이니
부모공양 처자 공급	마음대로 넉넉하다.

이것은 쌀농사 짓는 부유한 교포의 감사절 풍경이다. 이 시에는 백발 쌍
친, 부처, 자녀, 아기, 머슴, 이웃 농부, 탁자 위의 칠면조, 식탁 기도 등이
고루 등장한다. 즉 많이 미국화된 성공한 이민 가족의 생활상이 묘사되어
있다. 당시 대규모의 쌀농사로 돈을 모았다는 성공담들이 유행하였는데
상해 임시정부에 거금을 내고 독립군 비행사 양성소를 지원한 사람들이
바로 이 부류의 사람들이었다. 그러나 이런 사람들은 소수였다. 이 세상을
애도한다는 뜻의 필명인 도세생(悼世生)이 '무엇 고마워'라고 절규하는 시
의 절반을 인용해 본다.

무엇 고마워

도세생(悼世生, 1923. 11. 29)

1. 일억 일천만 미국사람들이 오늘 하누님께 고맙다고 하니
   우리도 저들과 같이 한 목소리 하누님 고맙다고 할까?
2. 동으로 가는 배 동풍 만나니 하누님게 고맙다고 순풍이기
   서으로 오난 배 역풍이니 돛대 불거지고 배가 침몰케 됨이
   엇지 해 고맙다고 할 수 있는가.
4. 공중에 나는 새 심도 거두도 안으나 먹이시고 길너 주시고 즐겁게 한다.
   그러나 터키들은 무슨 죄가 있다고 목을 발측히 똑똑 베히나.
   하누님 터키도 고맙다고 할까?
5. 백인들은 신대륙 찾았다 하여 좋다고 하누님께 감사 감사

저 홍인종은 땅 잃은 후 차차 인종이 줄어지고 망하지 않느냐!
무엇을 하누님께 고맙다 하랴!
(중략)
9. 세계의 강자는 약자의 것 배앗아 곱게 입고 달게 먹고 즐기나
약자는 헤어진 옷 거죽이나마 못 입고 못 먹어 통곡뿐이다.
어느 겨를에 고맙다 할 수 있나?

이 시에는 인디언[홍인종]도 묘사되어 있으니, 그러면 한인 노동자들이
아메리카 인디언 문제를 어떻게 보았는지도 한번 살펴보기로 한다.

일전 네바다 서양사람의 음식점에서 한 미국 토종 인디안이 음식을 사서 상
위에서 먹을새 한 서양인이 불문시비하고 그 인디안을 무수 난타하여 축출문
외(逐出門外)하는데 그 인디안이 일언(一言) 부답하더니 그 후 삼일 만에 죽었
으되 가히 호소하는 자 없는지라. 그 무고히 난타한 이유를 무른즉 그 때린 서
양사람의 말이 그 인디언은 이목이 사람으로 더브로 방불하나 실로 사람이 아
니라. 그런즉 엇지 사람같이 완연히 상위에서 밥을 먹으리오. 그런고로 내가
난타 축출하였노라 하기에 다시 뭇기를 인디안이 엇지 사람이 아니라 하느뇨.
그 서양인의 말이 그 인디안은 나라도 없고 님군도 없으니 엇지 사람이라 하리
오 하는지라. 슬프다 저 나라 없는 인물이여. 그 말이 한번 귀에 들어오매 흉중
이 맥히고 비참한 눈물이 옷깃을 적시도다. 오늘 우리의 정형이 그 인디안을
조롱할 수 없는 지위에 당하였으니 엇지 통분치 아니하며 엇지 두렵지 안으리
오! (김성삼, 「암중득명(暗中得明)」, 『공립신보』, 1907. 5. 31).

아메리카 인디언이나 흑인은 백인이 경영하는 음식점에 들어가지 못했
던 것이 당시의 신문을 보건대 사실이었지만 "인디안은 나라도 없고 님군
도 없으니 어찌 사람이라 하리오"라는 내용은 어딘지 석연치 못하다. 아마
도 교포의 분기(奮起)를 노리고 덧붙인 것 같으나 좌우간 당시의 일본 강
점하의 고국을 바라보는 교포들의 심정과 자기 정체성 인식을 느낄 수 있

다. 즉 미국 사회에서 발전의 희망이 없는 대다수 1세 한인교포들 삶의 보람 중 대부분은 고국에 헌신하는 것이었다.

홍인종에 관하여 다음과 같은 글도 있다.

스포캔 지방에 있는 박술이라는 동포가 성시에 들어갔다가 어떤 인디안(홍인) 한 사람에게 술을 사주었더니 이것이 미국 법률에 금하는 바인 고로 순검에게 붙들려 경찰서에 가쳤다가 250원 보증금을 세우고 보방되었는데 이 인디안은 모양이 백인과 같은 고로 박씨는 인디안인 줄도 알지 못한 일이매 그 지방에 있는 동포들이 박씨의 모르고 행한 일을 변명코저 하여 율사를 사서 재판할 차로 위선 의연금을 걷는 것이 125원이라 하더라. (『신한민보』, 1909. 9. 8).

교포들은 이렇게 한 가지씩 경험을 쌓아 나갔는데 한인 신문에 실리는 기사들도 크게 도움이 되었을 것이다. 한인 신문은 또한 중국인의 폐습에 물들지 말라고 계속 경종을 울렸다. 당시 중국인이 경영하는 도박장, 아편 흡입장, 창관(娼館)[7] 들이 많았다. 특히 신문은 교포들이 광동은행(廣東銀行)이라고 부르던 중국인 도박장 출입으로 패가망신하고 자살하는 예를 종종 보도했다.

재미한인을 해롭게 하는 자는 일인보다 중국인이 더하다 하니 그 무삼 말이뇨. 좀 들어 보라. 작년에 스탁톤(Stockton) 동포가 중국인 노름판에 갔다 준 돈이 2만 원(필자 주 : 달러) 가량이라 하니 재미한인은 중국인이 못살게 하나니라. 일언이폐지(一言以蔽之)하고(필자 주 : 한마디로 말하여) 우리 동포가 중국인 상종을 끊으면 컨섬순(필자 주 : 폐결핵)도 앓치 않고 주정군도 되지 않을지

---

7) 샌프란시스코의 협의회(協議會) 같은 지하 단체는 중국 본토의 여아들을 유괴하여 매음굴에 팔아 이익을 남겼다고 『샌프란시스코 이브닝 불러틴(San Francisco Evening Bulletin)』지가 보도했다. 1852~1873년에 협의회는 6,000명의 여자를 수입하여 20만 달러의 이익을 남겼고, 1890년대 12~15세 여아의 가격은 평균 2,500달러였다고 한다(劉佰驥, 『美國華僑史』, 1976, 119~132쪽). 1911년 3월 15일 『신한민보』의 보도를 보면 6명의 중국인 창녀를 수입한 가격이 2만 5천 달러였다고 했으니 1인당 4천 달러가 되는 셈이다.

니라(「남은 먹」 난, 『신한민보』, 1917. 3. 8).

담밧구타령

백두옹(白頭翁)

1. 시작일다 시작일다 담밧구타령이 시작일다
   담배 한 대 부쳐 물고 이내 신세를 생각하니
   홍안청춘은 간데 없고 면경 백발이 가석(可惜)코나
   금을 준들 청춘이 올까 생각사록 후회로다
2. 서리 차고 안개 낀 날 유월 염천(炎天) 불 같은 날
   새벽 조반에 점심통 들고 놀지 않고 벌어서도
   세음 속을 대어 보니 동전 한푼 안 남았구나
   무엇했나 무엇했나 돈을 벌어 무엇을 했나
3. 처자에게 보내엇나 사횟일에 돈을 썻나
   처자생각 할 새 없고 사회생각 한 적 없어
   광동은행 저금으로 버는 대로 다 주고 나니
   생각사록 기막힌다 미래 일을 어이하나

(4~7절 생략, 『신한민보』, 1923. 11. 22)

아메리카 인디언, 중국인 다음으로 일본인에 대한 시와 글을 인용하여야 될지 모르겠으나 이미 많이 소개된 것 같아 넘어가기로 한다. 흑인에 대하여는 꽤 동정적이었으며 백인에 관하여는 신문들이 의도적으로 자제했던 것 같다. 신문지상에 발표되는 교포들 작품의 주요 소재로 반일감정 외에 고독, 가족, 모친, 고향 등이 많다. 이는 독자에게 호소력이 컸기 때문일 것이다. 이하 교포들의 일상생활의 애환과 관련된 시 몇몇을 인용한다.

오동나무

자광생(自狂生)

네 심은 본뜻 아느냐? 네 뿌리 북을 도든 자 이천만 우리 아니랴
네 속히 큼을 보려고 토산금 캐어 풀무로 딸쿠어 호미 만들고
덧것칠 잡풀 다 찍고 보통 뜰 옥토 실어다 한움큼 차게 복돋아
행여나 잘못될가봐 만지고 다시 만졌다
네 입새 벌레 끌일까 우리는 항상 겁이나 식물학연구해다가
살충약 구해 뿌렸다
사랑코 정든 오동아! 반도의 해와 우로(雨露)와 먹으며 쬐고 자라나
웨 심은 그 뜻 아는가?
입새와 가지 성하여 봉황새 날러 들어서 쾌락히 집을 지으며
사는 것 보랴 함인데!
그런데 우리 뜻밖에 봉황을 고대할 때에 가마귀 까치 나뜨네
쫓으라! 먼데 머은데!
오동아! 웬한 일인가 저 가막 까치 쪼아라! 우리는 어느 때에나
저 봉황오기 기댈자!
[필자 주 : 오동나무로 상징되는 독립운동 단체와 봉황으로 상징되는 자유독
립과 까마귀로 상징되는 정치모리배를 등장시켰다. 『신한민보』(1923. 10.
25)에서 이 시를 절찬하였다.]

나의 벗

멕시코 W. B. 생

1. 가을하늘 달 밝은데 반공중에 높이 떠
   옹사이 울고 가는 짝 없는 외기러기
   벗 없는 이 내 신세 오직 너와 벗하리라
2. 입과 꽃이 다 진 후에 방향 없이 단이다가
   단풍보고 날아가는 가련한 저 나부—

   절망된 이 내 신세 오직 너와 벗하리라
3. 서산에 걸린 일륜(日輪) 서슴말고 넘어가라
   황혼의 어두운 빛 서름의 그늘속에
   흐득이며 누어 자는 나를 찾아 벗하여라
4. 동령에 솟난 달 차디 찬 그 키스를
   번민 찬 내 이마에 시원케 보내 준다
   앗다! 이 개 짖지 말라 내 벗 뛸가 두러워라(『신한민보』, 1923. 9. 27).

이 글의 작자는 멕시코에서 기고하였으므로 그 전 주에 멕시코에서 보낸 '충고생'의 글을 인용해 본다.

   …딸은 금덩이요 아들은 똥덩이랑 말이 많다. 만일 딸이 5~6세만 되면 사위를 구한다. 인물 좋고 허대 좋고 앓지 않고 일 잘하고 말 잘하고 말 잘듯는 청년을 무슨 방법으로던지 꽤여 자기의 대릴 사위로 정한다. 그 청년은 장래의 먼 소망을 가지고 10여 년의 긴 세월을 피땀 흘려 섬기고 기른다. 그러나 그 여식이 성혼의 기에 이를 때에는 중노배가 되었다. 일도 전만치 못한다. 그때는 그 부모가 딸을 꾀어 혼례하지 못하도록 하고 그 사위는 헌 집신짝처럼 차버린다. 그만 그 청년은 그 서름 그 분함을 이기지 못하여 근심 중에 병을 얻어 거지같이 죽는 자도 있다 한다. 그렇지 않으면 홧김에 주색잡기로 방탕한 청년이 되고 만다. 나는 그러한 청년을 맞나 본 일도 있다(『신한민보』, 1923. 9. 20).

미국에서도 남녀의 비율이 10 대 1이었으므로 딸을 가진 부모는 가슴을 폈다. 『샌프란시스코 이브닝 불러틴(San Francisco Evening Bulletin)』지 1909년 9월 27일자에는 고아원에 딸을 맡기고 맞벌이를 하던 한인 부부가 딸이 14세가 되어 부모에게 청혼하는 노총각들 중에서 한 명을 골라 결혼시키려다 딸의 반항으로 법의 제재를 받은 이야기가 났다. 현지에서 결혼 상대를 구하지 못하는 노총각들은 젊었을 때의 사진을 본국에 보내어 사진결혼을 했다. 그 중에는 신부가 너무 늙은 신랑에게 놀라 완강히 거부하여 "바이오린으로 현처를 삼고저" 하는 노총각도 있었고(『신한민보』, 1914.
8. 28), 사우스 캘리포니아 타뉴바에서는 40대 노총각들이 동료의 부인을
구설수에 올리다가 충격 살인사건이 일어난 일도 있었다(『신한민보』, 1916.
8. 3). 사진결혼이 많아지자 하와이 주재 일본 총영사관은 다음과 같은 과
장된 보고도 하였다.[8]

하와이 조선인의 일반가정은 여존남비(女尊男卑)의 풍이 심한데 이것은 미
국풍을 모방함과 사진결혼 등으로 젊은 부인을 불러들여 연로한 남편이 연소
한 처의 비위를 맞추는 데 급급한 결과 남편은 처에게 영합하기 위하여 유명시
종(唯命是從 : 무조건 순종)의 풍이 있어 만일 처의 뜻을 거역하면 처는 곧 다
른 남자 처소로 달아나 이혼수속을 하게 되는 까닭이다. 이승만은 이 내막을
자세히 알기에 교묘하게 부인들을 조종하고 있다.

고향

동원

1. 골짝에 버들 꿈속과 같이 어렴풋 뇌에 깊이 잠길 때
   벼랑에 구름 시름도 없이 세상을 내게 맡기고 가네
   아 온다 황혼생각을 싣고 오는 듯 마는 듯 조용히 오내
2. 문앞의 개천 송아지 눕고 집 뒤의 청산 두루미 뜬 곳
   내 고향말고 또 어디던가 밤마다 꿈에 왕래하노라
   언제나 저산 저물을 건너 고향의 정든 형상을 볼까
3. 산 설고 물 선 이곳에 와서 죽으나 사나 아는 이 없네
   기적성(汽笛聲) 멀리 들질 적마다 심장은 비이네
   고향아 열라! 따뜻한 품을 헐벗은 영혼 안기우고저.

---

[8] 大正 14년 12월 조사 『하와이 朝鮮人事情』, 87~88쪽 참조.

후렴: 황혼의 품속에 피곤이 쉬는 고향의 형상이 눈앞에 뜨네
　　　문 잡은 어머니 한숨지실 때 한 깊은 처자는 눈물을 지네
　　　쓴 눈물지네(『신한민보』, 1923. 8. 2).

고향생각

약산생(백일규)

1. 내 배꼽 떨어진 땅떵어리　　　　눈앞에 암암코 맘바쳐 버렸네
　 무거운 육신은 여기에 있으나　　가벼운 심혼은 저기에 가있다
2. 참대말 타고서 달니든 벗들이　　반가히 만나도 낮 알 수 없겠지
　 그 애범 장손이 또 무엇이든가?　꿈속에 보기에 지금것 아희더라
3. 봄바람 동산에 꽃전노리　　　　두훌식 세히식 짝패를 지었네
　 이 동무 청하고 저 동무 불러다　꽃 꺽어 줌차게 쥐었다
4. 여름철 석양녁 서늘한 바람이　　선들 선들할 때 누런소 먹였네
　 청파입 베어서 총피리 만들나　　목우곡(牧牛曲) 지어서 화창했도다
5. 찬 가을 서리에 배 밤이　　　　무르 무르 익을 때 광지에 주셨네
　 배 깍고 밤구어 먹을 그때가　　참으로 평생의 쾌락한 시였다
6. 구시월 찬기운 생길제 글 읽기　시작해 '하늘턴 따디' 불넌네
　 건들 건들 등불님 졸다가　　　사업든 선생의 채쭉을 맞아섰다
7. 내 고향 떠난지 어언간 꿈같아　열이오 아홉해 정없이 되었네
　 머리털 쉬엄은 세이지 안했으나　강장시 지나고 知命시 닥쳤다
8. 내 고향 내 고국 화려한 면목이　엇지나 되었나 참말로 그리울세
　 전설을 듣건대 왜놈이 들어와　땅 뺏고 집 뺏고 탄없이 산다 하노라

(『신한민보』, 1923. 12. 13)

이상 이민생활의 애환을 당시 교포사회의 시와 글로 소개해 보았다. 마
지막으로 정체성 문제를 거론하기 위하여, 참정권도 없는 처지에서 이주
민들은 한국정신을 지키고 한국어를 가르쳐야 되지 않는가를 타이르는 한

편의 시를 소개한다.

누구의 책임

P생

태평양에도 〈메이 푸라워〉가 둥둥 떠서 만리창파 건넛다
그는 이십세기 초엽 되자마자 한반도서 생존이 어렵게 된바
어디 어디 자유로 살 곳 있을까 기천(幾千)의 배달 족이 떠남이다

기백년 전 콜럼버스 찾은 신대륙에 닻을 주고 하나 둘식 내릴제
말 서툴고 풍속이 달을세 한 배에서 나온 동포형제
이리 저리로 흩어저 갔네

그중 더러는 처자를 두고 왔으며 혹 큰 총각 적은 총각도 있어
그 사회는 홀아비 사회가 되어 십년간 생산이 하나도 없구려
이 과연 민족의 불행이 됨 인져

그러다 연애의 철학을 깨닫고 비로서 사내 여자를 사랑키로
자각하고 다시금 자각하였소 본국 둔 아내 다려 오기도
회춘의 정열로 많이 결혼했소

사람의 결정체는 자식이라 하나 낳고 둘 되고 셋 되엇다
문명공기에서 느긋이 자라나 더러는 어른되고 많이는 어린 소아
저들의 장래를 뉘가 예언할까?

그러나 그 생장의 환경 살피면 ㄱ ㄴ ㄷ 말함을 들을 수 없는데
문밖에 나만 서면 ABC 소리 혀 끝에 줄줄코 귀에 가득해
배달의 민족성 엇떻게 존재!

뉘라사 저 장래 개탄치 않으랴 왜신민(倭臣民) 만듦을 다 원치 안챠

미국에 참정도 할 수 없지 안느냐!

그러면 저들의 부모들 되신 자 엇지면 그 책임 잘한다 하랴

『신한민보』, 1923. 12. 1)

아마 'P생'은 백낙준 전 연대 총장의 유학생 시절 필명인 것 같다. 왜냐하면 1918년 파크대학의 P생이라는 사람이 미군에 입대하여 유럽전쟁에 참전한 같은 대학의 차의석의 영문 시를 우리말로 번역하여 『신한민보』에 보낸 적이 있었기 때문이다. 당시 파크대학에는 차의석, 이용직, 조정환, 백성빈이 공부하였다고 『신한민보』의 학생통계에 나와 있다. 백낙준은 1916년에서 1922년까지 이 대학 사학과에 재학하였는데 파크대학의 『요람』에는 당시 백낙준은 있어도 백성빈이라는 사람은 없었다. 그래서 백낙준=백성빈=P생이라는 도식이 그 성립 가능성을 보이는 것이다.

차의석은 파크대학의 학생회보에 「세계 민주주의」라는 시를 썼는데 이 것을 동 대학의 P생이 『신한민보』에 우리말로 번역하여 제공하였고, 또 P 생이라는 필명으로 〈투필종군하는 차의석 군을 보내고서〉라는 글을 썼다. 백낙준은 당시 한인 교포자녀들이 한국인으로서의 정체성이 희박하다는 이야기를 소문으로 듣고 우려하여 그들을 교육·계몽하기 위해 이 시를 쓴 것 같다. 이 시의 핵심은 참정권도 없고 포용될 가능성도 없는데 한국 정신을 불어넣는 데 실패하면 죽도 밥도 아닌 다음 세대를 창출한 것이라는 위구심이다.

그러나 미국에서 뿌리를 내려 성장하는 2세를 위하는 어버이의 마음은 한국에 돌아가리라 작심한 유학생들의 위구심과는 결코 같을 수 없었다. 오히려 2세들의 장래를 위하여 미국화를 장려·묵인하였을 것이다. 백일규는 1914년 『신한민보』 주필로 초빙되어 가서 「대한국혼(大韓國魂)을 부르노라」라는 사설을 썼다(7. 30). 그 내용은 산이라도 한국을 위한 신령이

없으면 한국 명산이 아니요, 물이라도 한국을 위하는 귀신이 없으면 한국 명수가 아닌 것처럼 한국의 수토로 생장한 사람이 되어 미국혼·일본혼 들린 자들은 대한국혼으로 돌아와야 된다는 논리였다. 당시 1세들의 한국을 향한 정체성을 진작시키려는 의도가 담겨 있었지만 그도 2, 3세를 키우는 어버이로서 미국화하는 자녀를 어쩔 수 없었다.

3. 재미 한국 이주민의 미래

임진왜란 때 명군을 이끌고 들어온 이여송(李如松)의 부친 이성량(李成梁)이 조선인이었음은 잘 알려져 있다. 또 원말명초(元末明初)의 만주에는 조선땅에서 흘러간 조선족들이 상당히 많이 살아 당시의 만주 남부는 또 하나의 고려국인 듯했다고도 한다. 그래서 이여송의 명군(明軍)에는 조선족 후예들이 다수 있었던 것으로 생각된다. 그러나 그들은 모두 한족에 흡수되었을 것이다. 이것은 마치 현 하남성(河南省) 정주(鄭州) 부근인 옛 형양(滎陽)에 부여인(夫餘人)의 자손이 번창하여 처음에는 그 취락이 백 단위를 헤아리더니 지금은(50~60년 후) 천 단위로 헤아려 유사시 위험하다는 진(晉)나라 강통(江統)의 사용론(徙戎論: 오랑캐를 옮기자는 제의)을 생각게 한다. 중국 내지에 강제 이주된 그 수많은 부여인, 고구려인, 백제인들이 지금은 모두 한(漢)민족이다. 또 임진왜란 당시 일본에 잡혀 간 많은 조선인들이 일본인이 되지 않을 수 없었다. 그 중 가장 유명한 예는 사츠마번(藩)에 잡혀 간 도공의 후예인 도오고 시게키(東鄕茂德)이다. 그는 일본 패전 때 외상으로서 전쟁 종결의 조건으로 끈질기게 일본이 조선을 보유해야 한다고 하였다. 이 사실은 재외동포에 대한 낭만적인 생각을 경계케 한다. 재일교포의 일본화도 시간 문제일 수 있다. 일본에서 한국인의 정체성을 유지할 수 있는 마지막 방책은 한국의 문화력이 각별히 우수해지거나, 핀란드에서의 6~7% 스웨덴계 사람들이 참정권을 인정받고 자기들의 정당(스웨덴 인민당)을 유지하는 경우와 같이 되는 것이다.

현재 한반도를 둘러싼 상황은 미국의 200만 교포의 잠재적 역량의 발굴이 시급하다는 것을 말해 준다. 중국은 핵무기와 인구를 배경으로 '제국(帝國)'을 형성했으며 일본의 극우는 창궐하고 국민은 이에 동조적이다. 미국 교포는 1980년대 들어와서 폭발적으로 증가하였다. 미국의 국세 조사 통계는 문제점이 많지만 한민족과 다른 민족의 이주를 비교하는 데는 유익하다. 미국 공식기록에 의한 한 통계9)에 의하면 1991년부터 1997년까지 한국이주민 수는 47만, 홍콩과 중국이주민 수 77만, 일본이주민 수 8만 정도이며, 5세 이상이 가정에서 쓰는(1990년 표준) 언어로 한국어 62만 6천 명, 중국어 124만 9천 명, 일본어 42만 8천 명, 타갈로그어(필리핀) 84만 3천 명, 프랑스어 170만 2천 명, 독일어 154만 7천 명이라고 한다. 비율로 보면 한국인은 다른 민족에 떨어지지 않을 뿐만 아니라 일본인보다 훨씬 더 자국어를 많이 쓰고 있다. 그 이유는 1980년대에 이민이 집중적으로 이루어졌기 때문일 것이다. 그렇지만 20세기 초에 이주한 이주민의 자손들과 1950~60년대에 이주한 이민 2세들이 한국어를 거의 모르는 현실을 볼 때 1980년대 이후 이주한 세대의 제3대에는 한국어를 알아듣는 사람이 거의 없을 것이다. 사실상 미국화되고 있는 2, 3세를 억지로 막으려는 노력은 미국에서는 무의미하다.

미국의 한인들이 고국의 힘이 되기 위해서는 우선 한국과 미국이 지속적인 우호관계에 있는 것이 중요하고, 둘째로는 계속적으로 새 이주민들이 모국어를 가지고 들어가야 한다. 그래야 한국어 신문이 계속 유지될 수 있으며, 한국어를 쓰는 2,800여 개의 교회와 사찰이 유지될 수 있다. 이러한 매개체를 통하여 유사시 고국을 효과적으로 지원할 수 있다. 셋째로는

---

9) *Statistical Abstract of the United States · The National Data Book*, U.S. Census Bureau, 1999 참조.

구한말에 이주해 간 한인들이 고국을 위하여 희생한 역사를 새 이주민들에게 알려야 한다. 2, 3세에게도 번역하여 전달하는 방법을 모색하여야 한다. 넷째로는 한민족의 역사를 영광의 역사로 날조하지 말고, 어떻게 한민족이 고난을 당했는가를 유태인처럼 있는 그대로 후손에게 알려 마이너스의 유산을 플러스의 유산으로 바꿀 줄 알아야 한다.

1911년 5월 11일 『신한민보』의 주필 박용만은 사설에서 다음과 같이 선포했다.

사천년 후에 우리 백성이 비로소 바다 밖에 나온 것은 이는 하늘이 우리로 하여금 한 새 나라를 만들게 함이라. … 북아메리카 대륙은 한인의 새 나라를 만드는 땅이 되어 장차 조선역사에 영광스러운 이름을 더하게 되고 또 북아메리카 대륙에 나온 한인은 자기들의 새 정체를 조직하여 장차 조선 헌법의 아버지들이 될 줄 믿노라.

그로부터 백 년이 되는 2011년 5월 11일의 어느 한인 신문의 사설은 다음과 같이 선포할지도 모른다.

우리 조상이 20세기 초두에 비로소 바다 밖 미국에 나온 것은 하늘의 뜻이라. 우리로 하여금 새 국가를 만드는 데 거대한 힘이 되게 했고 이제 200만 교포는 고국의 독립과 자유 번영을 유지하는 큰 담보가 되었도다. 그리하여 장차 조선 역사에 영광스러운 이름을 더하게 하는 통일의 아버지들이 될 줄로 믿노라.

❖ 『한국사시민강좌』 28집, 일조각, 2001

한인 미국 이주의 시작

1903년 공식 이민 이전의 상황 진단

1. 문제의 제기

1902년 10월 25일 『황성신문(皇城新聞)』 「재미한인(在美韓人)」이란 항목
은 다음과 같이 적고 있다.

近日 美國에 入籍한 各國人이 統計 三百四五十萬名인데 其中 淸人이 二萬名
이오 日人이 二千名이오 韓人이 五名이니 遊覽滯在한 人은 此數에 不在하얏다
하고 目下美國에 在留하난 韓國遊學生은 紐育에 五名 桑港에 八名 各地에 散
在人이 十名 左右오 또 오하요大學校에 婦人 一名이 在하다더라(현재의 글자체
로 고침).

이 기사가 주목을 끄는 점은 공식 이민이 시작되는 1903년 초 보다 앞서
한인 입적자(이민)가 5명이라고 단정하는 데 있다. 이 기사의 근거는 어디
있는가? 한국인 이민수가 5명이라는 구체적인 숫자를 들고 여기에 '근일'
의 중국인과 일본인의 이민 수를 참고로 들었다. 또 '근일' 미국에 입적한
각국인의 총수가 340~350만 명 선이라고 적었다. 이러한 숫자는 미 이민국
통계자료를 보면 정확한 숫자가 나올 것 같아서 미 이민국 이민사 참고도
서관(INS Historical Reference Library)을 찾았다. 그곳에는 이민국의 연차보

고가 1892년에서부터 개시되고 모든 연차보고가 구비되어 있다.[1]

2. 이민국 '연차보고'의 분석

이 연차보고는 1899년부터 Corean/Korean이라는 조사대상이 오르기 시작하는데 참고로 1899년부터 1910년까지 매년 들어오는 한인·일본인·중국인의 숫자를 집어내어 비교해 보면 〈표 1〉에서 보는 바와 같이 된다.[2]

〈표 1〉 1899~1910년간 한·중·일 삼국인의 미국 입국자수 비교

구분 연도	중국			일본			한국			14-	45+
	남자	여자	총인원	남자	여자	총인원	남자	여자	총인원		
1899	1,627	11	1,638	3,177	224	3,395	22		22		5
1900	1,241	9	1,250	12,260	368	12,628	71		71		8
1901	2,413	39	2,452	4,887	362	5,249	46	1	47	1	3
1902	1,587	44	1,631	10,589	3,866	14,455	26	2	28	1	4
1903	2,152	40	2,192	15,990	4,051	20,041	496	68	564	43	1
1904	4,209	118	4,327	12,729	1,653	14,382	1,723	184	1,907	133	18
1905	1,883	88	1,971	9,810	1,211	11,021	4,506	423	4,929	325	47
1906	1,397	88	1,485	12,756	1,487	14,243	103	24	127	21	3
1907	706	64	770	27,845	2,979	30,824	36	3	39	1	
1908	1,177	86	1,263	12,256	4,162	16,418	20	6	26	4	
1909	1,706	135	1,841	1,462	1,813	3,275	9	2	11		
1910	1,598	172	1,770	915	1,883	2,798	14	5	19	2	1

---

[1] Immigration Service, Annual Report of the Commissioner-General of Immigration to the Secretary of the Treasury. 이 연차보고 및 기타 자료의 열람에 편의를 제공한 도서관측에 사의를 표한다.

[2] 이민국 연차보고의 회계연도는 7월에 시작하여 6월에 끝난다. 그래서 1903년의 연차보고는 1902년 7월에 시작하여 1903년 6월에 끝나는 것을 유념하여야 된다. 즉 1903년의 통계에는 1902년의 하반기가 들어 있다. 〈14-〉는 14세 이하를 의미하며 〈45+〉는 45세와 그 이상을 의미한다.

〈표 1〉이 일목요연하게 보이는 바는 한인의 대규모 이민은 1903~1905년에 국한되는 것이고 1899년에서 1902년까지 약 200명의 한인이 여러 가지 목적으로 미국에 입국했다는 것을 보여주고 있다.[3)]

그러면 1903년 이전에 미국에 도착한 한인의 성분은 어떠했을까? 이것을 추측하게 하는 목적지를 나타내는 표들이 연차보고에 있어 다시 한인의 것만을 골라 〈표 2〉를 구성하여 보았다.

〈표 2〉 한인의 목적지

주명＼연도	1899	1900	1901	1902	1903	1904	1905	1906	1907	1908	1909	1910
앨라바마							1					
아칸소												1
캘리포니아	19	62	20	13	38	8	22	13	13	6	2	1
콜로라도							1					
워싱턴 D.C.		2	5				3	2				
하와이			4	12	515	1,884	4,892	98	9	8	2	7
인디애나											1	
캔자스	1											
켄터키											17	
루이지애나							1	1				
매세추세츠												1
미시간			1					3				
미네소타					1							
몬태나							1					
네브래스카												2
뉴멕시코								1				
뉴저지					1							
뉴욕		2	2	1		9	3	2	2	9	6	4

---

3) 1899년에서 1902년까지의 한인은 약 168명으로 나오고 있지만 1902년 7월에서 1903년 6월까지에 미국에 도착한 한인 564명 중에는 1902년 하반기도 포함됨을 감안하여야 될 것 같다.

연도 주명	1899	1900	1901	1902	1903	1904	1905	1906	1907	1908	1909	1910
노스캐롤라						1		1				
오하이오	1											
오리건						1						
펜실베니아	1											
테네시												1
텍사스						2	1	3	8			2
워싱턴		5	15	2	9	2	3	3	6	3		
와이오밍							2					
총계	22	71	47	28	564	1,907	4,929	127	39	26	28	19

〈표 2〉에 의하면 1899년에서 1902년까지 한인들이 몰린 지방은 단연코 미국 서해안의 캘리포니아주와 워싱턴주가 된다. 그래서 연차보고에서 직업란을 취사선택하여 한인들이 대답한 것으로 〈표 3〉을 작성해 보았다. 원래 이민국 직원들이 묻는 표준이 있어서인지 〈전문직〉·〈숙련직〉·〈잡직〉 3종류로 대별하고 다시 세분하였는데 한국인의 대답은 그중 22항목 밖에 없었다. 1900년도에 38명이 숙련된 직업에 종사하는 것으로 되어 있고 이들이 서해안에 집중되는 점은 무엇을 의미하는지 점차 탐색 범위가 좁혀지는 느낌이 든다.

〈표 3〉 직업

연도 구분	1899	1900	1901	1902	1903	1904	1905	1906	1907
전문직									
배우						2			
성직자					4				1
편집인						1			
공무원								1	2
문인								1	

구분 \ 연도	1899	1900	1901	1902	1903	1904	1905	1906	1907
의사		2	1	2		1			
선생					2	1		2	
불분명	2	3	7	1	2				
숙련직									
사무원					6	1	4		
기술자		2							
도장공								2	
불분명	4	38	3	15	20				
잡직									
무직	3	2	9	4	96	258	628	47	5
농부					54	59			
농업노동자					369	1,613	4,190	58	1
호텔 관리인							1		
노동자					3	9	23	1	9
상인	10	17	18	1	7	13	9	7	6
하인	1	1	2		1	9	12	2	2
대리인							1		
미진술	2	8	5	5				5	6

여하간에 『황성신문』이 게재한 근래 이민한 340~350만 명 가운데 청인 2만 명, 일인 2,000명이라는 서술은 잘못되어도 많이 잘못된 것이다. 각 연도의 보고를 뒤져 보아 곧장 판명날 것은 청인의 대량 이민은 19세기 하반기 전반에서 이루어졌고 그 후에는 청인 배척이 심하여 2만 명의 청인이 들어오려면 1892년에서부터 계산하여야 되는 것이다. 일인의 경우에는 1902년에서만 2,000명의 7배인 숫자가 이민해왔다. 또 이민총수가 340만이 되려면 1894년부터 계산하여야 되는 것이다. 또 유학생수를 열거하면서 오하이오주의 1 대학에는 부인이 공부한다고 했는데 이 부인은 사실상 하란사(河蘭史) 여사이며 그녀는 1900년에는 이미 귀국했다. 참고로 주미공

관에서 1901년에 열거한 재정후원이 필요한 재미 한인유학생의 면면은 다
음과 같다.

金圭植, 趙益原, 李赳三, 朴勝烈, 李載勳, 金潤晶, 金用柱, 金鰲史, 金相彦, 金憲
植, 徐道熙, 安廷植, 玄楯, 金允復, 白象圭, 玄東植, 河蘭史[4]

이민국 연차보고에는 몇 가지 더 인용할 것이 있다. 즉 연차보고서의
1908년부터는 '출국한 이동(移動) 외국인' 통계가 있는데 〈표 4〉에서는 중
국인 · 일본인과 비교하여 한인의 출국 숫자를 비교해 보았다.

〈표 4〉 출국한 이동 외국인

연도 \ 구분	중국인	일본인	한국인
1908	3,898	5,323	188
1909	3,397	3,903	114
1910	2,383	4,377	137

이민국문서에서는 immigrant(이민)와 emigrant(이동민)는 구분되어 사용
되는데 1908년까지 "당신은 전에 미국에 체재한 경험이 있는가"의 항목이
있어 각 이민과 방문자는 이 항목에 회답을 하여야 되었던 것이다. 〈표 5〉
는 1899년에서 1908년까지 여기에 해당되는 한인의 통계를 잡은 것이다.

〈표 5〉 전에 미국에 체재한 경험이 있는가에 대한 응답

연도	1899	1900	1901	1902	1903	1904	1905	1906	1907	1908	1909	1910
응답자수	2	5	7	5	13	13	18	8	4	5	?	?

---

[4] 金泳謨, 『韓末支配層研究』, 일조각, 1972, 262쪽 참조.

이 표를 보면 알 수 있듯이 1899년부터 1902년까지의 과거 미국 체재 경험자는 도합 19명으로 이 기간의 미국 입국자의 10%를 넘는 것이 된다. 이렇게 자유스럽게 미국을 출입하는 한인들의 재정상태를 보기 위하여 이번에는 각 연차보고에서 한인·청인·일본인 그리고 대표적인 서유럽 이민민족인 아일랜드인의 휴대금을 비교해 보았다(〈표 6〉). 미국에 들어오는 이민들은 최소한 15~30달러의 돈을 제시하여야 되는 까닭에 이민회사나 고용농장주는 돈을 미리 빌려주고 나중에 임금에서 제하는 관습이 있었다. 1899년부터 1910년까지 각 민족의 휴대금 총수에서 입국자수를 제하여 각 개인(아동 및 가족 포함) 평균 휴대금을 산출해 보았다.

이 표를 보아 놀랄만한 것은 1899년부터 1902년까지 미국에 입국한 한인의 휴대금이 다른 나라의 그것에 비교하여 월등하게 많다는 데 있다. 예를 들면 1899년 입국 한인의 휴대금이 일인당 332달러인데 일본인은 41달러,

〈표 6〉 한·중·일·아일랜드 이민자의 평균 휴대금

구분\연도	한국인			일본인			중국인			아일랜드인		
1899	22명*	$7,317	$332	3,395	$137,724	$41	1,638	$12,444	$8	32,345	$487,182	$15
1900	71	$8,009	$113	12,628	$500,031	$40	1,250	$17,478	$14	35,607	$516,343	$15
1901	41	$12,545	$267	5,249	$269,689	$51	2,452	$22,088	$9	30,404	$487,733	$16
1902	28	$2,721	$97	14,455	$753,876	$52	1,631	$31,654	$19	29,001	$515,790	$18
1903	564	$22,172	$39	20,041	$1,026,108	$51	2,192	$58,322	$27	35,366	$796,082	$23
1904	1,907	$4,447	$2	14,382	$633,568	$44	4,327	$86,900	$20	37,076	$1,092,781	$29
1905	4,927	$3,931	$0.8	11,021	$416,395	$38	1,971	$39,697	$20	129,910	$1,421,682	$11
1906	127	$2,044	$16	14,243	$492,909	$31	1,485	$29,768	$20	40,959	$1,082,332	$26
1907	39	$1,179	$30	30,824	$492,909	$31	770	$60,784	$79	38,706	$880,933	$23
1908	26	$1,320	$51	16,418	$704,105	$43	1,263	$101,698	$81	36,427	$940,777	$26
1909	11	$605	$55	3,275	$157,903	$48	1,841	$73,395	$40	31,185	$1,040,837	$33
1910	19	$940	$49	2,798	$144,369	$52	1,770	$70,242	$40	38,382	$1,467,480	$38

* 첫 번째 칸은 이민자 총수, 두 번째 칸은 당해 연도에 가지고 온 휴대금 총액, 세 번째 칸은 각 이민자의 평균 휴대금임.

청인은 8달러, 아이리쉬는 15달러에 불과한 것을 보인다. 반면, 1905년의 하와이 한인이민 매 인의 휴대금은 80센트에 불과해 각 입국 민족 사이에서 최하등의 위치에 속했다. 이상에서 든 여러 가지 통계사항들을 바라보면 자연히 1902년 이전의 한인 미국 입국자들은 상업 종사자였다는 윤곽이 보인다고 생각된다.

3. 인구조사(센서스) 자료의 분석

미국은 연도 숫자 끝이 '0'이 붙는 해마다 인구조사를 해왔다. 1900년, 1910년, 1920년 식으로 매 10년마다 인구조사를 하며 적어도 매 호주와 그 가족상황을 양식에 의하여 기록 분석한다. 1900년, 1910년, 1920년, 1930년의 인구조사 기록은 모두 마이크로필름에 담아졌는데 각 주와 하와이 알래스카 별로 대별되고 또 각 군(county)으로 나누어져 있으며 Census Soundex라고 하여 대강 알파벳순으로 배열한 각 성씨의 카드 신상정보를 마이크로필름으로도 담았다. 이러한 마이크로필름은 싼 값으로 구매할 수도 있으며 각 지방의 공문서관 분관에서 열람이 가능하다. 남가주대학 동아도서관의 Kenneth Klein 박사는 지금 1920년의 인구조사에서 한인에 관한 신상정보를 수집 분석하는 큰 일을 하고 있는데 그의 호의로 1901년과 그 이전에 도미했다고 주장하는 108명의 한인에 관한 신상정보를 제공받았다. 그 명단을 보니 18명을 제외하고는 모두 하와이에 도착한 한인들이었다. 18명의 내용은 6명이 캘리포니아 3명이 펜실바니아, 2명이 일리노이, 그리고 뉴욕·와이오밍·콜로라도·오리건·캔자스·와이오밍·아칸소 각 1명으로 되어 있다. 가장 이른 시기에 도미했다는 사람은 박찬이라는 사람으로 1920년에 48세로 하와이 마우이 군의 파인애플 농장에서 노동하고 있다고 했다. 그렇다면 8세에 부모를 따라 미국에 왔다는 이야기가 아닌가 싶

다. 또 호놀룰루 거주 배석수라는 사람은 36세로 1882년에 도미한 것으로
되어 있는데 36세이면 클라인 박사의 지적대로 1882년에 출생할 수 없는
것이다. 가장 많은 것이 1901년에 도미했다는 사람들로 도합 54명이고 다
음에 1900년도에 도미했다는 9명으로 이어진다. 펜실바니아주의 서재필
(Philip Jaisohn)은 43세로 1888년에 도미했다고 기재되어 있는데 서재필 의
사는 1885년에 도미했으므로 이는 기재자의 잘못이 아니면 서재필 부인이
잘못 기재한 것으로 추측해본다. 이들 조사대상 한인의 진술에 엉터리가
많음은 1910년의 인구조사를 보아서 짐작할 수 있다. 하와이의 것은 마이
크로필름 T624에 포함되었는데 흘려 적은 필기체 이름에 잘못이 있겠으나
조멜산 35세 1900년 이주, 한길영 30세 1898년 이주, 안시옥 54세 1896년 이
주, 박선인 35세 1901년 이주 같은 따위는 1920년도의 명부에 나타나지 않
았다. 단 1910년 하와이 인구조사에 Kawabara 모(某), 42세, 일본 출생 1898년
도미, 부모 한국인, 또 Hiraoka Oesaburo(아마 平岡大三郞) 43세 일본 출생,
부모 한국인 같은 경우는 신중히 생각해 보아야 될 것이 아닌가 한다. 그
리고 다시 1900년도의 하와이 인구조사 5롤 중 2롤(Honolulu, Oahu, Maui,
Molokao)을 보았는데 찾은 것은 Han Ying Tak 1854년생 1900년 하와이에
도래, 직종 행상; Kam Yong Ha, 1872년생 1899년 하와이 도래, 행상이 있을
뿐이었다. 그래서 인구조사에서 추적하는 1902년 이전 한인의 이주는 1920
년, 1910년 그리고 1900년도의 것을 철저하게 조사한 다음에야 대략 윤곽
이 드러날 것으로 생각된다.[5]

　1896년에서 1902년까지 하와이에 도착한, 대부분 인삼장수로 생각되는
20명에서 32명의 한인이 Wayne Patterson에 의하여 지적되었는데 Patterson
의 인용기록이 하와이 통치자료이기 때문에 믿어지지만, 정착한 사람과
지나간 사람과의 구별 연구가 더 있어야 되겠다.[6]

---

[5] Dr. Klein의 호의에 감사하며 하루 속히 그의 큰 연구가 마무리 될 것을 기대해 본다.
[6] Wayne Patterson, *The Korean Frontier in America-Immigration to Hawaii, 1896~1910*, Honolulu:

4. 상항(桑港)에서 입국한 한인들: 삼상(蔘商)의 활약

20003년 4월 4~5일 양일에 걸쳐 L.A.에서 개최된 미주이민 100년을 기념하는 국사편찬위원회 주최의 학술회의에서 서동성 변호사는 주목할 만한 논문을 발표한바 있다.[7]

특히 그는 Peter Park이라는 연구자가 San Bruno 소재 미 국립 공문서관 분관에서 연구한 한국이민 연구의 일부분인 '1894년부터 1910년까지 상항을 통해 입국한 한인 입국자 명단 분석표'를 인용하여 주목을 받았다. 이 자료의 원천은 워싱턴 NARA 소장 'Passenger Lists of Vessels Arriving in San Francisco, California, 1893~1953'인데 마이크로필름 번호는 M1410으로 분류되었다. 필자는 옛날 박용만 전기를 쓸 당시 들여다 본적이 있지만 이 기회를 이용하여 다시 열람하여 이하에 1899년까지만 소개하고 경우에 따라 설명을 붙인다.[8]

배열의 순서는 영어로 된 이름/연령/직업/목적지/휴대금/출발-도착지/기타로 된다.

1. Kim Sin tow/34/상업/상항/$30/홍콩에서 상항 도착 1894-1-13
2. Kim Sin Chow/32/상업/상항/$30/동상/아마 윗 사람과 동기
3. Hoon Kum San/39/상업/상항/$30/동상
4. No hang Whong/25세 2개월/학생/DC/$50/요코하마-상항 도착 94-10-25
5. Esther Pak/18세 9개월/servant/NY/요코하마-상항 도착 95-6-1

University of Hawaii press, 1988, pp.9~10 ; 또 崔昌熙, 「韓國人의 하와이 移民」, 『국사관논총』 9, 1989에 더 자세한 연구가 있다.

7) 서동성, 「묻혀진 미주한인 이민역사 사료발굴」, 『한국사론』 39, 2003.
8) Peter Park 씨에게 경의를 표하며 그의 연구 성과를 하루 속히 보고 싶은 마음이 간절하다. 필자가 소개하는 성명의 경우, 필기체로 쓰여진 영문성씨 표기의 해독에 미숙한 연고로 성명의 정확도를 약 50%로 간주해 주었으면 좋겠다.

6. Chaeryu Pak/26세 3개월/요리사/동상/동상/5-6번은 부부로 박에스더와 그 남편 박여선이다. 비록 여의사 Hall부인의 고용인 신분으로 도미했지만 둘 다 목적은 공부였다.

7. Low Choy Joong/21.5/상업/상항/$1000/홍콩-상항 95-9-18 도착

8. Chong Iyr? Chun/36/4/동상/동상/동상/동상

9. Hong Kam San/41.6/동상/동상/동상/동상/9번은 2년 전에 미국에 입국했음

10. Ye Hei Chul/25.3/학생/$45/요코하마에서 상항 96-4-19/李喜轍 DC의 Howard 대학으로

11. Pak Hei Paung/25.6/학생/$45/동상/박용만 숙부 박희병 VA Roanoke 대학으로

12. Chong Tai chun/37/상업/상항/$500/홍콩에서 상항으로 96-6-27/93년에 체미 경험

13. Kim Tai Jun/37/동상/동상/동상/동상/체미 경험 없음

14. Hoon Kum San/42/동상/동상/동상/동상/1893년 체미 경험

15. Kum How Sor/동상/동상/동상/동항/이상 4명의 전 거주지는 홍콩으로 되어 있음.

16. Yum Moo Sin/37/상업/NY/$2000/홍콩에서 96-7-11에 도착

17. Loo Jai Jung/23/학생/NY/$1250/동상/학생이 아니라 7번과 같은 인삼장수 같다.

18. Chong Jun Hang/48/상업/NY/$2000/동상

19. Ye Sung Koo/18/학생/상항/$50/97-7-8에 도착 李升九

20. Kang Doh Eung/28/학생/DC/$20

21. Au Sung Sun/22/학생/DC/$25/吳性喜?

22. Pak Youn Kiu/18/학생/DC/$35/97-7-11 도착/朴潤奎

23. Kang Woon Sik/21/학생/서 97동상/$30/동상

24. Kim Kiu Six/20/학생/DC/$35/동상/金奎植

25. Kim San Youn/28/DC/$100/요코하마에서 97-8-10에 도착/金相彦?

26. Kim Yun Chung/29/DC/$100/동상/金潤晶

27. Kim Yong Jae/10/미혼/DC/$100/金用柱?

28. Song Yoong Tuk/27/기혼/학생/$95/宋榮德/한국공관을 찾아간다고

29. Pak Sang Ku/18/기혼/학생/DC/$95/한국공관을 찾아감/이상 2명 97-9-11 도착

30. Seung Ying Sook/30/상업/$30/호놀룰루에서 97-9-29 도착

31. Kim Hock Yee/22/동상/$100/동상

32. Pack Wing Soon/동상/동상/동상

33. Ha Sang Kei/43/학생 DC/$30/河상기/요코하마에-12-15 도착

34. Nansa(Mrs)/25/학생/DC/$30/河蘭史/동상

35. Min Chin Koo/38/학생/DC/$50/요코하마에서 98-4-30 도착

36. Seong Yim Sook/56/druggist/$100/전에 上海에 거주/전에 Sacramento와 L.A. 거주

37. On Kwong Ban/32/동상/$150/전에 싱가폴에 거주

38. Chung Ioo Jam/22/동상/$200/싱가폴 거주

39. Kim Yin Sem/43/동상/$200/전에 싱가폴 거주

40. Kim Yin Hu/26/동상/$200/전에 싱가폴거주

41. Pak Wing Saim/25/동상/$200/전에 싱가폴 거주/36번-41번 98-5-29 홍콩에서 도착

42. Kam Sik Won/41/상업/$500/목적지 : 상항/Commercial St.의 친구 Loe Chun San 찾아감. 전에 상해 거주/홍콩에서 98-8-23에 도착

43. Kom Hok Pot/30/인삼행상/$50/전에 상해 거주

44. Chong Yon Chik/28/동상/동상/동상/

45. Ye Hak Chun/19/servant/제물포 고향/목적지 : Columbus, Ohio/Dwdeshler 의 고용인/98년 10월 23일 요코하마 출항

46. Chung Yuen Ha/32/druggist/$30/이하 51번까지 홍콩에서 98-11-17에 출발

47. Chea Chun Pong/17/미혼/druggist/$30

48. Kam Now Man/40/druggist/$30/상항 1027 Dupont St.의 Kim Hohpe를 찾아감

49. Chang Chu Young/46/druggist/$30/동상

50. Lee Yuen Mon/55/druggist/$30/동상

51. Joo Ling/40/druggist/$30/동상

52. Won Ping Kok/33/Druggist/$315/친구 1822 Dupont St.에 산다/홍콩에서 98-129에 도착

53. Huen Lee Chan/53/동상/$225/동상
54. Chung Shun Hong/48/druggist/$450/동상/이상 3명은 전에 상해에 거주
55. Kim Chik Ho/28/druggist/목적지 : Cuba의 Havana/$50/전에 상해 거주/99-7
    -3에 도착
56. Pack Tai Hing/38/druggist/$50 전에 상해 거주. 윗 사람과 같이 내도.
57. Yu Tong Yol/20/학생/고향 : 평안도 박천/목적지 Pennsylvania의 Pittsburgh/
    나가사끼에서 99-4-5도착
58. Cheong No Jin/23/druggist/전 거주지 : 牛莊(New Chang)/$300/Dupont St.의
    친구 의탁
59. Kum Hock Soy/44/동상/동상/$300/동상
60. Leong Do Yuen/30/동상/동상/$300/동상
61. On Kwang Pun/33/동상/동상/$300/동상 이상 4인 99-6-9에 도래
62. Kam Joy you/22/삼상/$30/99년 6월 22일 도래
63. Kam Wing Tam/31/이하 동상
64. Kiang Wing Jai/37/이하 동상
65. Kam Hok Ji/36/이하 동상/미국에 1898년 입국
66. Pai Tai Ji/27/이하 동상
67. Kam Ming Shun/41.7/druggist/$30/전 거주지 : 상해/99년 8월 22일 도래
68. Cheong Sing Chan/41.7/druggist/$30/동상
69. Kam tai Wo/40.2/이하 동상
70. Hu Ming Ching/46.10/이하 동상 67-70번 상항 Dupont St.의 Quong Tuck에
    친구 찾음
71. Chang Hang Woo/36/druggist/$400/Honolulu에서 99년 10월 15일에 도착/상
    항에는 1891~1893에 체재
72. Chiu Ling Twan/32/druggist/돈 없음/Honolulu에서 10월 15일 도착
73. Chin Ling King/18/druggist/돈 없음/Honolulu에서 10월 15일 도착
74. Chang Sang Ho/24.4/Greathouse부인의 사환/99년 12월 11일에 도착
75~83. 이하 9인은 중국 동북 牛莊에서 1899년 12월 29일에 도착한 인삼장수들
    돈은 $30-$20선이고 1022 Dupont Street의 Quong Tuck 친구를 찾는다 함.
    첫 사람은 1893년에 미국 滯在 경험 유

이상 필자가 수집한 1894년부터 1899년 말까지 입국한 한인은 총 83명이며 1902년 연말까지는 총 145명으로 실수로 못 본 것을 생각하면 연(延) 150명 선이 되지 않을까 생각된다(어떤 사람은 한번만 온 것이 아니다). 또 시애틀·뉴올리언스·볼티모어·뉴욕 그리고 캐나다 벤쿠버나 빅토리아를 통하여 미국에 입국하는 경우를 생각하여야 된다. 이민국 통계에 의하면 1898년 7월부터 1902년 6월까지 입국한 한인이 158명인 것을 감안하여야 할 것이다. 그래서 보수적으로 계산해도 약 200명은 되지 않을까 생각되는 것이다. 상항을 통하여 입국한 145명 중 인삼장수는 89명이고 유학생은 44명 도합 133명으로 공식 이민 이전의 미국 입국의 큰 두 줄기는 인삼장수와 학생임을 알 수 있다. 인삼장수의 전 주소 기재를 통하여 인삼장수의 활약상을 본다면 상해 25명, 우장(牛莊) 18명,[9] 홍콩 10명, 방콕 3명, 싱가포르 2명, 마닐라 1명, 안남(월남) 1명, 호놀룰루 3명이며 목적지는 대부분 캘리포니아이지만 뉴욕이나 심지어 쿠바의 하바나에 간다는 인삼장수도 있었다(55번). 이것은 쿠바를 중심으로 충돌한 미국-스페인 전쟁이 종료한지 1년 후가 되며 새로 미국 질서하에 들어선 쿠바 화교의 인삼매매를 선점하려는 의도가 있었지 않았나 한다. 그리고 주목되는 점은 인삼장수들이 상항에 들릴 때 대부분(55명)이 의탁하는 '4명의 한인 친구'의 소재지, 또는 상호(商號)에 1022 Dupont Street에 위치한 Quong Duck, 또는 Quong Tuck이 있는 것이 특기할 만하다. 그밖에는 Kwan Yuen Tai(3명) 1027 Dupont Street의 Kim이라는 사람에 의탁하려는 6명이 보일 뿐이다. 1895년 상항의 중국계 상호 명단인 'A Chinese Business Directory, City of San Francisco, 1895'에 의하면,[10] Quong Tuck & Co.는 1022 Dupont Street에 위

---

[9] 조선총독부 전매국, 『人蔘史』 제6권(1939)을 보면 牛莊, 즉 현재의 東北 營口는 만주인삼 고려인삼 수출의 일 중심지임을 보인다(572쪽).

[10] San Francisco Public Library에 소장되고 있다. 이 자료에 의하면 세탁소가 249, 일반물화가 99, 아편상이 23, 권련 제조상이 49, 식품점이 123, 乾物 26, 신문사 2가 있었는데 Quong Duck은 일반물화상에 편입되고 있다.

치하고 있었는데 십중팔구는 한인 인삼의 도매 회사인 듯 하다. San Bruno 의 National Archives 분관에 소장되고 있는 'Partnership Lists of Chinese Firms in San Francisco, California, and Nationwide, 1893~1907'을 보면 상항에 소재한 중국인 상사(商社)의 대부분은 합자 상점으로 4~5명에서 10명 넘게 매 인당 평균 500달러에서 1,000달러를 출자하여 상점을 운영했다. 출자자 는 반드시 상항에 있지 않아도 되고 멀리 중국 본토나 페루, 마닐라, 싱가 포르 같은 데서 출자하여 이윤이 나오면 분배를 받았다. 이러한 partnership 의 한 형태가 한인 경영의 Quong Tuck(아마 廣德)이었던 것으로 생각된 다.11)

이 상사의 자세한 내막은 상항의 옛 기록을 조사해 보면 분명히 나올 가 능성이 있다. 위 명단 중의 7~9번이 4,000달러를 가지고 상항에 갔으며, 16~18번이 5,000여 달러를 가지고 뉴욕으로 간 것은 partnership에 참가하든 가 자기들끼리 한 partnership의 상점을 개설하려는 의도가 아니면 안 된다 는 심증이 굳다. 19세기 말 미국에 건너간 한인들은 영세한 행상과 점포를 가진 기업상인으로 대분된다는 이야기이다. 상항 화교들의 상업 운영 형 태를 조사해 보고 이렇게 생각하게 되었다. Quong Tuck 상사가 소재했던 1022 Dupont Street는 해안선에서 뻗어 올라가 가파른 언덕 위에 있었다.

그러면 어찌하여 그 수많은 한인 삼상들이 미국에 드나들었는가. 그 단 서는 『황성신문』, 1902년 10월 23일, 「재미삼상(在美蔘商)」에서 찾을 수 있 다.12)

> 美國에 있는 한 友人의 寄書를 據한즉 同國에 있는 韓國商民은 皆蔘商으로 爲業하는 사람인데 무릇 20여 명이라. 각처에 산재하여 淸人에게만 賣蔘하며 上海 香港 寧口(필자주 : 즉 營口/牛莊) 등지에서 이른바 高麗蔘을 貿來한 자이

---

11) 上記한 바 있는 상항 중국인 商號에 'quong'으로 시작되는 것이 수십이 되는데 거의 모두 'quong'이 '廣'임은 당시 당지의 신문광고를 보아서 알 수 있다.
12) 최창희, 앞의 논문, 174쪽.

라. 15년 전에 한 義州人이 와서 매 兩量에 價金 26元(要20元)이라 呼하엿더니 20元金 20箇(400元)을 與하기로 一報一飛함에 三三五五로, 每船便 往來不絶하여 淸人居留地에는 無處不往하여 無時不至하기로 蔘價가 점점 下落하여 當初 400원 하던 蔘이 현금에는 2元이라도 難放이라 하되 無帑者는 또한 不能貿蔘이라 하더라.

즉 무게를 다루는 매량(每兩, 화폐단위의 兩이 아니라)에 20원(元, 아마 달러 銀貨)을 받았으니 한 근이 16량이면 1근에 360달러 받았다는 이야기이다. 얼마나 신났겠는가! 1898년 한국 홍삼의 상해 수출량은 4만 5,087근이며 가격은 95만 4,007엔, 즉 1근에 21엔 정도가 되며 1900년의 홍삼 수출량은 6만 310근으로 가격은 154만 7,400엔, 즉 1근에 25.5엔 이며, 한국세관이 C.T. Collyer목사에 준 기록에 의하면 1896년에서 1901년까지 6년간의 1근당 평균가격은 홍삼이 21.83엔이었다.[13)]

따라서 현금에는 너무 많은 인삼장수가 몰려 400원의 20분의 1인 2원으로도 팔기 힘들다면 도매가보다 약간 낮은 값으로도 팔기 힘들었다고 해석해 본다. 참고로 당시 미국 달러와 일본 엔의 비율은 1달러에 1.20엔 정도였다. 원래 한국 인삼장수의 본 줄기는 의주(義州) 상인들이었는데 참고로 1886년 3월 5일 『시사신보(時事新報)』「조선경성통신(朝鮮京城通信)」을 인용해 본다.

조선인삼에는 홍백 2종류가 있다.…백삼은 腐敗하기 쉬워 오래 저장하지 못하는 연고로 遠方에 보내는 것은 모두 홍삼으로 일본상인들은 서울에서 홍삼을 사서 나가사키로 보내고 다시 상해로 보내는데 그 이익이 심히 많음으로 조선에서는 수출을 금지하지만 밀수출하는 자 많아 매 선편에 비록 세관에서 압수당하는 2~3인이 있어도 한번 무사히 세관을 통과하면 상당한 이윤을 남길 수 있음 … 조선에서는 매년 구력 11월에 조공사를 청에 보내고 다음해 4월에 귀

---

13) 조선총독부 전매국, 『人蔘史』 제5권, 1939, 604~605쪽 참조.

국하는 관례인 바 이 때 경성의 中人 30명이 수행하고 이름 붙여 正官이라 한
다. 또 의주의 商人 10여 명도 수행하여 이름하여 通詞라고 한다. 정관들과 통
사들은 각자 홍삼, 지필, 皮革類를 북경으로 가져가 돌아오는 길에 布帛, 보석,
약재를 사서 귀국하는 바 이들 수출입품은 모두 의주에서 과세하게 된다. 특히
홍삼은 국내 몇 군데에서 매입하여 송도로 가져가 조선세리의 검사를 받아 매
근에 조선돈 50냥 내외의 京中稅 및 松都稅(이들 세금은 세리가 곧 국왕에 납
입한다고 함)를 납입하고 의주에서 매 근 銀 5兩의 세(이 세금도 국왕의 소득)
를 납입하는데 이 두 곳의 세관을 거치지 않고 청으로 가져갔다가 다른 날 일
이 노출되면 참죄에 처해진다. 그런데 홍삼은 매년 수출정액이 2만 200근으로
정해져있지만 기실 3만 근 쯤을 수출하는데 조선정부가 이에서 얻는 세금은 은
으로 20만 냥 가치라고 한다. 또 조선인들 사이에서 매매되는 홍삼의 시장가격
은 금년은 1근 당오전 200냥으로 세금은 은 5냥에 당오전 50냥이다. 이것을 은
으로 바꾸면 銀 15냥에 가깝고 북경에 가져가면 은 16냥에 팔 수 있는 까닭에
정관과 통사들로서 가장 많이 가져가는 자들은 2~3,000근에 이르며[14] 왕복의
여비는 관비인데다 이러한 이윤이 있고 또 귀환할 때 청의 물품을 휴대함으로
조선인 중에서 이들이야말로 가장 부유한 부류에 속한다.

당시의 일본 신문이나 일본 · 중국에서 나오는 영어 신문의 경제금융란
을 보면 1엔은 20~17 한국 냥(兩)이고 상해(上海) 1은냥(銀兩)이 1.38엔이고
1달러가 1.24엔 정도였다. 따라서 한인들의 시장가격 1근당 200냥이면 엔
으로 10원(圓) 좌우가 되며 달러로 8달러 정도가 되는 것 같다. 여기서 세
금을 물지 않고 수출되어 동남아나 미국에서 1근에 18달러에 팔아도 상당
한 이윤을 남긴다는 이야기이다. 만일 많은 한국 인삼장수가 하는 식으로
상해 홍콩의 도매상에서 사서 미국으로 가져온다면 적어도 최저원가 1근
15달러 이상의 선에서 생활비와 이윤을 남겨야 될 것이다. 서울에 사는 일

---

14) 『인삼사』 제3권, 제5장 "조선의 경제와 재정과 인삼과의 관계"를 보면 『고종실록』을 인용하
면서 고종 20년 10월 사절의 홍삼 면세 휴대량을 관원 1인에 20근 從者 1인에 10근으로 한
정되어 있고 홍삼의 수출 총량이 항상 2만 근 정도임으로 한사람이 2~3천 근씩 가져간다는
기술은 와전이 아니면 2~3천 냥이 아닌가 한다.

본인들은 홍삼을 몰래 제조하고 그것도 모자라 개성에 원정(遠征)가서 인삼포(人蔘圃)를 약탈질까지 하곤 했다는 취재담이 『인삼사』 제6권에 실려 있다.

윗 『황성신문』 기사를 보아도 청인의 거류지라면 가지 않는 곳이 없다고 했은즉 중국인 거류민이 많이 사는 상항과 뉴욕은 물론 보스턴·시카고·시애틀·뉴올리언스 등 대도시와 중국인 노동자들이 철도를 부설하는 중서부의 캠프까지 방문했다고 생각된다. 1887년에 박정양 전권공사 일행이 도미할 당시 공교롭게도 벼락 돈을 번 인삼장수가 미국에 왔다는 것은 우연의 일치가 아닌지도 모른다. 조선정부 외교사절의 전통적인 관례로는 외교사절단과 인삼은 끊어 놓을 수 없는 당연한 고리였다고 생각하면 박정양 공사 등이 미국에 갈 때 인삼장수도 가는 것을 권장했을 가능성이 있다. 박정양 공사 일행은 자신들도 2만 개 넘는 권련을 휴대해가서 처분하려다 말썽이 생긴 적이 있었다. 또 1896년에서 1900년까지 인삼장수들이 떼를 지어 미국에 몰려간 것은 이범진 공사와 상해에서 홍삼 무역을 관장하던 민영익의 적극적인 비호를 생각해 볼 수 있다. 당시 '개혁파'에 대항하던 민영익-이범진-보부상 라인이 미국 왕래 삼상들과 연결되어 있었는가도 한번 따져 볼만하다. 이범진 주미공사시절(1896~1900) 공사가 국무부에 거듭 인삼장수들을 위하여 항의한 편지가 남아 있다. 두 가지 예를 들었다.

저는 김석준이라는 한인이 근일 기선 벨직호로 샌프란시스코에 도착하여 저에게 도움을 청해 왔다는 것을 알려 드립니다. 그는 105tael(약 140파운드)의 인삼을 휴대했는데[15] 그 값은 대략 금화로 $400에서 $500입니다. 그는 홍콩에서 한 파운드에 $1.05 홍콩 달러의 비율로 세를 물었으므로 미국에서도 같은 세율

---

15) 이 기술에는 잘못이 있다. tael 즉 兩은 약 1.33ounce이다. 따라서 李公使가 105taels이라고 적은 것은 105chin(斤)의 잘못이다. 105chin은 대략 140pounds에 해당된다.

로 신고한 것입니다. 미국 세관원이 이 물품의 가치는 얼마나 되는가 질문하자
그는 홍콩 돈으로 약 1,000달러가 된다고 대답했습니다. 그러자 관리는 원가가
그렇게 큰 물품에 1파운드 당 $1.05를 신고한다는 것은 말이 아니다 라고 하여
인삼을 몰수하거나 500달러의 벌금을 부과한다고 했습니다. 그가 1,000달러에
구입했다는 원가는 금화로 따지면 500달러나 그 이하가 되는 것입니다. 그는
영어를 못함으로 원가를 설명하기 힘들었던 것입니다. 그래서 각하께 앙탁드리
는 말씀은 샌프란시스코의 세관에 공정한 세율을 부과하도록 하명하여 주시면
감사하겠습니다(이범진 공사가 국무장관에게 보낸 통신문 1898년 10월 28일).

저는 방금 조선 황제폐하의 臣民이 되는 로준산이라는 사람이 샌프란시스코
부근의 Mayhews라는 곳에서 청나라 사람 余金師에게 살해당했다는 소식을 접
하여 통지드립니다. 각하께서는 캘리포니아 주지사에게 하명하시사 이 비극의
전모를 확인하시고 가해자를 체포하여 재판에 회부하는 과정을 적은 그의 보
고를 저에게도 복사하여 주시면 감사하겠습니다(1898년 10월 29일의 통신문).

이상에서 기술한 바와 같이 인삼장수들을 미국 방방곡곡 중국인이 사는
곳마다 찾아가서 장사하였고 또 합자회사도 경영하였다. 이 사람들은 상
투를 틀고[16] 자기파에 속하지 않은 인삼장수들과의 관계도 좋지 않았던
모양이고, 단발을 한 유학생들을 원수시하였다는 것이 안창호 전기에 소
개되고 있다.

「이강의 회고담」 처음에 그 양반하고 샌프란시스코에 들어가니까 우리나라
사람들이 약 십여 명 되었는데 학생이라고 할만한 사람이 5·6명 있고 삼장사
하는 사람이 5·6명 되어서 두 패로 갈려 있었어요. 이 삼장사 패들은 미국물
먹은지도 오래이며 여간 완고하지가 않았어요. 그들 두 패는 아주 원수같이 서
로 보기도 싫어했어요. 그런데 그 삼장사들은 미국에 가서까지 상투를 틀고 있
으면서 머리 깎은 사람을 보면 '까까대기'라고 하지 않아요. 그래서 머리 깎은
사람들은 그들을 '상투'라고 했구요(「도산 언행 유습 -해운대 좌담기록」).

---

16) 위에 인용한 황성신문 기사에 "상투를 틀지 않고는 2원으로도 팔 수 없다"고 한 것을 보면
청인들이 그런 모양이어야 신용한 것이 아닌가 한다.

안창호 부부는 샌프란시스코에 도착하여 미국인 가정의 고용인이 되어 생활을 유지하면서 20세가 넘은 청년으로서 미국인 소학교에 들어가서 어학과 일반 기초지식을 공부하였다. 그러던 차에 첫 머리에서 말한대로 어느 날 거리에 나간 그는 초라하게 차린 한국 사람들이 상투를 마주 잡고 싸우고 있는 것을 보았던 것이다(전영택, 「도산 안창호선생」, 10~11쪽).[17]

안창호 부부는 캐나다 빅토리아에서 1902년 10월 14일 상항에 도착했었는데 남편은 학생, 부인은 선교사라고 그 직업란에 적었다. 그 이유를 추측하건대 기독교 신앙심이 가득 찬 부부는 그의 고향사람들인 인삼장수들의 교도와 개종을 위한다는 사전 포석이 깔리지 않았나 생각도 된다. 여하간에 인삼장수들은 안창호 노선의 충실한 추종자로 변한다. 인삼장수 중에 미국에 남아 이민의 한 사람으로 일생을 마친 사람들이 있었다는 이야기이다.

5. 유학생으로 왔다 영주하는 경우

1897년 주미 한국공관의 보고는 미국 유학생 21명을 들고 있는데 그 이름은 이승구(李升九)·홍운표(洪運杓)·백상규(白象圭)·송영덕(宋榮德)·김윤정(金潤晶)·김헌식(金憲植)·안정식(安廷植)·이희철(李喜轍)·신성구(申聲求)·손병균(孫炳均)·오성희(吳性喜)·김상언(金相彦)·김용주(金用柱)·박윤규(朴潤奎)·김규식(金奎植)·박희병(朴羲秉)·서병규(徐丙奎)·현동식(玄東軾)·박여선(朴汝先)·박여선 처(朴汝先 妻)였다.[18]

여기 나오는 박여선은 상항을 거쳐 들어온 6번이고 그 처는 Esther Park

---

17) 도산 안창호 기념사업회, 『島山安昌浩全集』 11, 173~174·400~401쪽 참조.
18) 방선주, 『在美韓人의 獨立運動』, 한림대아시아문화연구소, 1989, 308쪽 참조.

의사로 이 부부는 입국 시 요리사와 사환(servant)으로 신고했지만 목적은
신학 공부와 의사 공부였다.[19]

10번, 19번, 21번, 22,번, 24~28번, 33번 등 12명이 짝을 이루는 것 같다.
즉 9명 정도가 상항을 통하지 않고 입국한 가능성이 많다. 이 명단 중에서
유학을 목적으로 하여 도미하여 주저앉은 사람으로 김헌식과 신성구가 있
다. 김헌식, 즉 Seek Hun Kim은 1869년에 출생하여 1895년에 경응의숙(慶
應義塾)에 유학했다가 1896년 캐나다를 거쳐 미국으로 가서 DC의 Howard
대학에 유학했다. 1905년 이후는 격렬하게 반일운동에 몸담아 손문(孫文)
이 조직한 중국혁명동지회(中國革命同志會) 미국지부와 활발한 교류가 있
었고, 1919년 3 · 1운동 도화선의 역할을 했으며 미국 연방수사국과 연결되
어 있었는데 2차 대전 종식 후에는 노구를 무릅쓰고 진심으로 좌익운동에
몸담아 동분서주하다가 1960년경에 뉴욕에서 파란만장의 생애를 마감하였
다.[20]

그 자신이 1946년 "필자 개인의 일로 말하면 50년 거생하여 40년을 보호
받은 미국의 신세를 잊을 수 없다"고 쓴 대로 미국에 60년 이상 살고 한국
에서는 25년 밖에 살지 않았다. 김헌식과 비슷하게 19세기말에 도미 유학
하였다가 미국에 영주한 사람들이 더 있을 것이다.

6. 첫 한국계 미국인이 된 망명객들

1895년 5월 26일 요코하마를 떠나 6월 11일에 상항에 도착한 The City of
Peking호에는 3인의 한국인 망명객이 타고 있었다. 즉 박영효 · 서광범 그

---

[19] Amerasian Data Research Services, Data Research Series, K－3 Yousan Chairu Pak(1868~1900)
(1894)에 그의 일생을 무덤까지 추적했다.
[20] 방선주, 앞의 책, 「김헌식과 3 · 1운동」 참조.

리고 서재필이었는데 박영효는 일본으로 돌아가고 서재필과 서광범은 처음으로 연이어 미국 시민권을 얻었다. 서재필은 1890년 6월 19일에 시민이 되었고, 서광범은 1892년 11월 18일에 얻었다.[21]

서재필은 이름을 Philip Jaisohn으로 고치고 모든 서류에 고향을 펜실바니아주로 적고 청일전쟁 후 한국으로 갈 때 미국여권으로 다녀갔으며 고종에게 '외신(外臣)'이라고 자칭하였다. 그는 2차 대전이 끝날 때까지 일관되게 미국시민이 모국인 한국을 돕는다는 입장을 취했었다. 또 서광범은 전형적인 이중국적자로 그가 주미공사로 부임한지 4개월만에 소환되고 그의 정적인 이범진이 주미공사로 부임하자 귀국하지 않고 워싱턴에 눌러 앉았다. 집을 한 채 구매하고 관망하다 별세하였는데 이범진 공사는 그의 주택이 공사관의 공금으로 구입했다고 주장하여 환수운동을 벌였었다. 이범진 등 수구 친로파를 미워하던 미국 언론은 고 서광범 공사 편을 들었고 미국 상하원에서 특별입법하여 그의 미망인으로 하여금 집을 판 대금을 가지게 하였다. 특히 미 상원의 결의안은 "고 서광범 공사는 미국시민이었다"고 개입의 이유를 선포했다(55th Congress 2nd Session, December 13, 1897 Bill 2764). 이러한 상황을 고려한다면 당연히 서재필은 첫 Korean- American 이었고 서광범은 첫 dual citizenship holder였다. 그밖에 1886년 2월 24일에 갑신정변의 망명객 임은명(林殷明)과 이규완(李奎完)이 북경호로 미국에 입국했었다.[22]

이규완이 다시 일본으로 돌아갔다가 귀국한 것은 기록이 있으나 필자는 그 후의 임은명의 족적에 대하여는 찾은 바 없다. 혹시는 미국에 남았는지 그곳에서 병사했는지 후일을 기해 본다.

---

[21] 방선주, *Pom Kwang Soh : the Life of an Exile in the United States*(Amerasian Data Research Services, K−2, 1984) 「徐光範과 李範晉」, 『崔永禧先生華甲紀念韓國史論叢』, 서울: 탐구당, 1897 참조. 두 사람의 시민권 증서는 필자가 모두 찾았다.

[22] 『時事新報』, 1886년 3월 26일과 『朝野新聞』, 1886년 2월 3일 참조.

7. 결언

이 글에서 필자는 1903년의 공식 이민이 시작하기 전의 미국에 이주한 한인에 대하여 그 가능성을 모색해 보았다. 새로운 자료를 많이 이용했는 데 본문의 집필과정에서 한인 인삼장수들이 실로 해외웅비(海外雄飛)의 선구자였다는 것을 확인할 수 있었던 것이 보람찬 것이었다. 말레이반 도·태국·필리핀·안남 등 동남아에 두루 다녔고, 미국의 중국인들이 사 는 곳은 모두 이들의 무대였다. 심지어 미국이 갓 점령한 쿠바의 하바나에 까지 진출했으니 상업상의 이윤추구에 얼마나 열정을 쏟았는지 알 것이 다. 또 자본력이 있는 인삼상들은 샌프란시스코에 Quong Tuck & Co.이라 는 합자회사를 차려 이곳이 한인 영세 인삼장수들의 집회장소가 되었다. 이 상점에 출입하는 인삼상인들의 기록은 1900, 1901, 1902로 계속 이어졌 다. 미국에서의 한인 인삼장수들의 활약은 일본이 한국의 인삼전매를 독 점하면서 쇠약해졌다. 이론상으로는 19세기 하반기 어느 때나 의주의 삼 장수들이 중국인 이주자들을 따라 미국에 일찍 들어왔을 가능성은 항상 있었다고 보아야 될 것이다.

또 학생·사용인·기술자들이 의외로 일찍 미국에 내도하여 정착했을 가능성을 미국 이민국 자료로 고찰하였다. 미국 내에서 발행하는 중국인 신문들, 일본인 신문들 또 미국 신문에서 이외로 소중한 기사를 만나는 날 이 올 것을 기대하며 글을 끝마친다.

❖ 『한국사론』 39(미주지역 한인이민사), 국사편찬위원회, 2003

제 4 부

칼 럼

워커선장 추적기

7년 전 어느 한글신문에 「대미 관계개선 한국 번영에 필수적」이라는 잡문을 쓴 일이 있다. 시간이 흐르면 사람의 생각도 달라질 수 있지만 그때 그런 글을 쓴 것은 아직도 옳다고 생각한다. 그때까지 미국의 대한(對韓) 정책에 대한 지나친 사시(斜視)의 반성이기도 했다. 그 글의 내용은 대략 다음과 같다.

그해 1993년 1월은 지금까지 알고 있는 한 한국인과 미국인 교류 140년이 되는 해로 1883년 1월 미국인 한 가족이 표류가 아니라 인도주의를 표방한 방문으로 한국 땅을 처음으로 밟았다. 실제 보트를 내려 땅을 밟았다. 한국인들은 '금발미녀'인 선장부인과 어린 네 살짜리 사내아이를 보려고 미국 배로 몰려와 구경하였고 미국 술과 한국 술을 교환해 마시며 파티를 갑판 곳곳에서 열었다.

미국 선원은 한국인의 인상에 대해 글도 지었다. 미국 배는 구출한 일본 표류 선원 2명을 인도하고 갔다. 당시 일본정부는 중국이나 조선에서 송환하는 일본인 표류민들은 받았으나 양인(洋人)이 송환하려는 일본인은 잘 받지 않았다. 그리스도교에 오염됐을 가능성을 경계한 것이다. 따라서 미국 배의 우회 송환은 매우 타당한 것이었다.

조선 조정은 일본 선원 두 사람에게 선물을 잔뜩 안겨 일본으로 송환했다. 매우 아름답고 흐뭇한 사건이었으며 포함(砲艦) 외교와는 거리가 멀었다. 즉 조·미관계는 친선적인 접촉으로 시작됐다는 것이 중요하다. 미국의 동아시아 여러 나라 접촉의 시작이 한 가족의 평화적인 방문으로 이루어진 예가 어디 있는가 말이다.

그런데도 조·미관계는 잘 발전하지 못했다. 세계 대세에 대한 조선 조정의 눈이 어두웠던 것도 큰 원인 중의 하나였다. 1853년 1월에서 140년이 되는 1993년 1월 필자가 이 사건을 조명하려 했던 것은 당시 대두하는 듯 보였던 미국 우익의 '구미 제국주의 재긍정론'에 자극받아서였다. 글의 부제(副題)를 '한·미 접촉의 시작과 그 현대적 의미'라고 적은 이유가 여기에 있었다. 글은 "세계 유일의 초강대국 미국을 이용해 이익을 추구해야 할 것이 역사적 과제"라고 맺었다.

이 시각은 지금도 유효하다고 생각한다. 그러나 여기서 다루려는 것은 역사적인 인물에 대한 나의 추적 고심담이라기보다 아직도 풀리지 않는 미국인 선장이 풍기는 수수께끼를 나눠보고 싶어서다. 워싱턴 티 워커(Washington T. Walker) 선장은 매우 성공적인 포경선장으로 잘 알려져 있다.

신문기사를 종합하면 그는 지략과 상업적 재능에 뛰어난 인물이었던 것 같다.

　뉴잉글랜드 뉴베드포드라는 포경선 항구 부근에서 태어난 그는 어느 과부의 딸과 결혼했으나 그가 결핵으로 사망하자 동생과 결혼했고 그녀도 결핵으로 사망하자 막내 동생과 결혼했다. 막내 동생도 결핵으로 사망했다. 고심 끝에 찾은 그의 무덤에 세 자매의 무덤이 나란히 있는 것이 가관이었다.

그가 포경여행과 한국에 데려온 여인은 두 번째 부인으로 그녀를 매우

사랑했던 흔적이 많다. 포경선 위에서 가축을 기르며 신선한 육류를 공급
했다. 때로는 소가 있는 섬에 상륙, 소를 강탈하고 대금을 놓고 가곤 했다.
그가 한국에 데리고 온 아들 헨리군도 사망했는데 역시 '결핵'이었다.

그는 한국행에 앞서 하와이 왕국 주둔 미국영사관과 접촉했는데 미국영
사관 쪽에서 한국행에 대해 어떤 주문을 했는지도 알 수 없다. 혹 한국과
의 수교 가능성을 타진하라는 문건이 존재한다면 대단한 발굴이 될 것이
다. 미국의 '한국'에 대한 관심 역사가 한 단계 올라가기 때문이다. 남북전
쟁이 한창일 때 사망했는데 그의 사망기사는 어느 신문에서도 찾아 볼 수
없었다.

매사추세츠 주정부 사망기록부에는 그의 사망기록이 있는데 '결핵'이 사
망원인으로 돼 있다. 이것도 수상하다. 링컨정부의 비밀명령을 받아 모종
의 해상작전에 종사하다가 전사했을 가능성(많은 포경선 선장들이 그랬
다)과 남군과 밀무역을 하다가 어떻게 됐을 경우(이 경우에 그는 반역자가
되므로 신문에 날 까닭이 없다) 등등 여러 가능성을 생각할 수 있다.

마지막으로 지금도 그의 무덤에 가끔씩 꽃을 놓고 가는 사람이 있다는
묘지 관리자의 이야기를 들으면 후손이 남아 있고 좀 더 자세한 이야기나
초상화를 얻을 수 있는 가능성도 있다. 워커선장은 한·미관계사에 워낙
중요한 인물이므로 이런 가능성에 희망을 품고 무엇이 걸리기를 기다리고
있는 중이다.

❖ 『대한매일』, 1999. 8. 12.

민주기지론

'민주기지론(民主基地論)'이라는 것은 원래 북한에서 전개된 이론으로 북한이 통일을 위한 '민주주의 근거지'로서 우선 튼튼한 기반을 구축해야 된다는 것이었다. 이것은 1946년 봄·여름 사이에 개념이 잡히기 시작했다. 그때부터 50여 년이 지난 지금, 이제는 남쪽에서 이 개념을 생각할 때가 된 것이 아닌가 한다.

북쪽에서는 소군정의 지도하에 토지개혁을 하고 친일파들을 내몰고 이기분자(異己分子)들을 숙청하고 '인민정권'을 창출하여 통일에 대비한 '민주기지'를 만들려고 노력했으나 현 시점에서의 남쪽에서는 우선 산적한 문제 가운데에서 억울한 사람들을 신원하고 지역감정을 해소하는 것이 '민주기지'로서의 선행조건이 되지 않을까 한다.

필자는 일본을 자주 다니면서 부러웠던 것이 딱 하나 있었는데 그것은 국민들 사이에 상호 증오감이 적다는 점이었다. 국민 사이에 서로 증오감이 적으면 적을수록, 억울한 사람이 적으면 적을수록 그 나라는 강국이다. 가난한 나라가 원자탄을 가지는 것보다도 월등히 효과적이다.

'억울한 사람들'이라는 범주는 상당히 넓지만 그중에서도 6·25 이전에 공권력에 의해 억울함을 당한 사람들을 생각해본다. 제주도의 4·3사태가 그렇고 문경 석봉리의 한 마을 학살사건이 그렇다. 대만에서는 1947년의

2·28사건을 슬기롭게 극복한 것으로 알고 있으며 중국의 처참했던 문화대혁명 뒤처리에 있어서도 대국답게 보상할 것은 보상한 것으로 안다.

그런데 한국은 어떠하였는가? 지금에야 해결책을 모색 중에 있는 느낌이 있다. 너무 늦은 감이 없지 않지만 근자에 있어 문화방송의 4·3사건 특집들이 진지한 노력이라 생각된다. 물론, 필자는 '억울하게 된 원인'의 가장 근본적인 원인제공자는 소련과 그 주위라고 지목한다. 북한에서의 소련군정은 알다시피 자신들의 노선에 반대되는 세력은 인정하지 않고 당초부터 남한 미군정의 교란을 적극적으로 획책했었다. 이것은 '쉬티코프 비망록'이 극명하게 보여주고 있기도 하다.

이에 반하여, 모두가 아는 사실이 되어 다시 꺼내는 것도 쑥스럽지만 남쪽에서는 사회상의 여러 기존 모순에, 북쪽에서의 공세적 교란공작, 미 당국의 '계산'과 '실책' 등으로 혼란이 가중하여 갔다고 보여진다. 의젓한 시골 선비가 좌경운동에 몰두하게도 되고 대지주의 자제가 월북하는 현상을 보게 된다. 월남자, 우익 민족주의자와 남쪽 기득권층(친일 부역자집단을 포함하여)으로서는 남한 내에서조차 몰리면 갈 곳이 없다는 위기감에 붙잡혀 필사 반격을 하지 않을 수 없다.

이 때문에 '이에는 이로, 피에는 피로'의 악순환이 생기는 것으로 생각된다. 얼마 전 『대한매일』에 실린 '문경사건'을 생각해 보자. 경북 문경군 산북면 석봉리 석달마을은 평화스러운 산간벽지의 마을일 뿐이다. 두 개의 상반되는 외세의 분단 점령이 없었던들 여태껏 평화스럽게 살았을 것이다.

그런데 이 일대는 북쪽에서 지리산 쪽으로 게릴라가 이동하는 길목에 위치했다. 1949년 가을의 북쪽 신문을 보면 경북 산간지대에서는 피아의 교전뿐만 아니라 생포한 경관들을 처단했다는 보도 등을 볼 수 있다. 동료들이 생포당한 후 처형되는 것을 보고 발작적인 분노가 발생하기 쉬운 것이다. 이러한 환경하에서 문경경찰서에서도 우호적이라고 분류된 석달마을 남녀노소가 전멸적 학살을 당한 사건이 발생한 것이다. 6·25 축소판의 비극을 6·25 이전의 남한 사회에서 본다.

이제는 대한민국도 어른이 됐으니 나이에 걸맞게 서슴없이 명예회복과 응분의 보상을 하여야 통일을 위한 '민주기지'로서의 역량이 더욱 튼튼해질 것이다. 필자는 지난 8월 27일 새벽 일찍 떠나 800㎞를 주파하여 어느 시골에 다녀왔다. 1950년도 4월 빨치산과 좌익 군인을 처형하는 천연색 동영상물을 보기 위해 갔던 것이다. 당연하다고 하면 그만이지만 너무도 슬픈 광경이었다.

통일, 통일, 부르기 전에 우선 주위부터 다지자. 슬기로운 국민화합 운동은 바로 통일의 첩경인 것이다.

❖ 『대한매일』, 1999. 9. 13

맥아더 음모설

내년은 6·25 전쟁 발발 50주년이 되는 해이다. 그래서 맥아더 기념관에서는 다채로운 행사가 착착 준비되고 있다. 맥아더는 매우 매력적인 인물이었으며 그 나름대로 한국인을 좋아했고 또 당연히 한국인이 자신을 좋아할 것으로 믿었다.

그런데 필자는 15년 전 발표한 논문에서 맥아더의 정보기관이 6·25의 발발을 미리 알고도 방치한 것이 아닌가하는 문제를 제기했으며 나의 글을 건네받은 일본인 기자가 이를 자기 나름대로 계승한 일이 있으며, 요즘에는 맥아더의 중공군 개입 예지·방치설이 심심치 않게 돌고 있다.

나는 다시 이 문제를 재검토하기 위해 맥아더 사령부의 방문자 일일방명록을 보려고 여행을 떠났다. 방명록을 통해 정말로 맥아더가 1951년 3월 중에 스페인과 포르투갈 대사들을 만났는지를 확인하고 싶었던 것이다. 1982년에 출판된 굴든의 『한국전쟁비사』에는 '맥아더가 파면된 진정한 이유'라는 것이 나온다. 맥아더는 이들 외국대사에게 "지금이 중국이 강대국이 되기 전에 전면전으로 때려눕힐 수 있는 기회이기 때문에 어떻게 하든 워싱턴을 유도해 장개석의 재집권을 돕겠다"는 결심을 장황하게 늘어놓았다. 대사들은 곧 암호전문을 본국에 치고 해독전문을 본 트루먼은 면종복배하는 맥아더의 불충함에 격노했다는 것이다.

굴든에게 이 기밀사항을 흘린 장본인은 국무부 거물이던 닛체가 아니면 마셜인 것 같다. 우선 닛체가 1989년에 나온 회고록에 약간 흘렸고, 이 책을 본 마셜이 상세하게 흘렸다. 마셜기록의 존재는 정신문화연구원 정용욱 교수가 귀띔을 해줬다.

그런데 1996년 나온 『정일권회고록』을 보면 맥아더가 웨이크섬으로 트루먼을 만나러 가기 전 이승만 대통령은 그에게 편지를 써서 중공군이 개입할 것이 확실한데 북진통일에 방해가 될 수 있으니 트루먼에게 그 가능성을 긍정하지 말아달라고 부탁했다는 이야기가 나온다. 이에 대해 맥아더는 10월 13일자 회신에서 "중공군은 반드시 개입할 것입니다. 그러나 이 가능성을 아는 체 할 수는 없습니다…….나는 이것을 전혀 모르는 사실로 할 것입니다.……지금이야말로 중공의 잠재적인 군사력을 때릴 가장 좋은 기회입니다"라고 말했다고 한다.

이 극비 중의 극비문서는 굴든이 발굴한 위의 얘기와 통한다. 그런데 이 '맥아더서한'의 발송 날짜가 맥아더가 트루먼을 만나 중공군의 개입이 거의 없을 것이라고 단언한 15일로부터 이틀 전이라는 점에 주목할 필요가 있다. 같은 달 3일 도쿄 주재 영국 외교관 개스콘이 맥아더와 면담한 후 본국에 보고한 바에 따르면 중공군이 개입만 한다면 만주는 물론 베이징까지 맹폭격할 것이라고 맥아더는 장담했고 영국정부는 이것을 크게 우려했다는 기록도 있으니 상황적으론 정일권 증언을 나무랄 수 없다.

이 서한의 존재 여부에 대해선 몇 갈래로 생각할 수 있다. 하나는 정일권 씨의 얘기는 굴든 비화의 연장선상에 있다는 추측이다. 이것을 정일권 씨가 가공(加工)한 것이라고 생각하기에는 회고록의 내용이 너무 구체적이다. 또 정일권 씨의 회고록이 그가 1994년 작고 후 가필된 것이 아닌가 의심해 볼 수도 있다. 그렇다고 쳐도 만의 하나 서한이 나타나기만 한다면 세계적인 특종이 될 것이다. 이화장이나 정부기록보존소 등에는 없는 것으로 드러났으나 외교통상부나 정보기관에서 문서를 인수했을 가능성을 알아보아야 할 것이다.

　미국 국립공문서관에 기밀해제되지 않은 이승만과 미 정부 간의 왕래 극비문서들이 수두룩한 것을 감안한다면 4·19의 소용돌이 중에 미 정보 기관이 뽑아가지 않았을까하는 것도 생각해볼 만하다. 이 설에 대한 사실 규명은 6·25의 발발 연구에, 또 허구의 정설화 문제에 지대하게 공헌할 것이기 때문에 연구자나 기자 및 일반인들의 주의를 환기해본다.

❖ 『대한매일』, 1999. 10. 11

노근리와 보상

　진주만에 대한 일본의 기습공격에 따른 미·일전쟁이 발발한 뒤 2개월여 재미 일본인 사회를 주시하고 있던 루즈벨트 대통령은 1942년 2월 19일 미 본토 서해안 일대의 일본계 이민들의 수용소행을 명령했다. 일본 이민들은 피땀 흘려 일구어놓은 가옥 재산을 버리고 수용소에 들어가야 하는 비운을 맞았다.

　그리고 50여 년 후 청문회를 거치고 미 정부의 사과와 보상을 받았다.

　일본계 이민의 수용소행은 재미 한인 정치가 한길수가 오랫동안 주장해 온 것이기 때문에 나도 한길수에 관한 논문에서 이 문제를 조금 다룬 일이 있었다. 미국 정부의 보상은 만시지탄이 없지는 않았지만 썩 잘한 것이었다. 그런데 보상을 받은 사람 중에 매우 머쓱한 사람도 많았을 것이라는 느낌도 들었다.

　수용소로 들어가 자치에 맡겨진 일본인들은 미국파와 모국파로 갈라지고 유혈 살인사건까지 발전하기 일쑤였다. 모국파들은 몰래 들여간 라디오를 들으면서 일본의 승리와 패전에 일희일비(一喜一悲)하곤 하였다. 또 목창과 빗자루를 어깨에 짊어지고 군사교련에 열중하였다. 자기들끼리 지역감정으로 서로 다투었는데 북쪽에 수용된 사람은 남쪽을 "카리니가"(캘리포니아에서 온 시컴한 흑노)라고 욕했고 또 "티비리리"(폐병앓이처럼 흰

놈들)로 욕을 먹기도 했다. 어떤 의미에서 거제도 포로수용소의 축소판이었다. 전쟁 개시 전의 모든 일본어 신문들, 특히 하와이의 『닛푸지지』나 LA의 『라후신포』는 일본 국내의 군국주의 옹호 신문논조와 다를 바가 없었고 재미 한인 독립운동을 야유하고 경멸했다.

이런 현상에 대해 청문회는 아무 지적도 없이 일본 이민들의 고통에만 초점을 맞춘 느낌이 있다. 한국의 '노근리학살사건' 사후책에서도 그렇기를 바라는 것이 솔직한 나의 심정이다. 즉 사건 발생 이후 일부 유가족 성원의 언행이 바람직하지 않은 방향으로 나갔었다 해도 피해자 등록을 막는다든가 차별하지 말고 모두 보상을 받을 수 있도록 관련 공무원들에게 지시를 내려야 한다는 것이다. 너무 분격하여 적을 지원한 사람이 있었을 수도 있고 이를 사찰당국이 알고 있다고 가정해 노파심으로 말하는 것이다. 보상 추진은 노근리에만 국한하지 말고 영동군 일대로 확대하여야 될 것으로 믿는다.

당시 북쪽 신문에 보도된 노근리를 포함한 영동지방의 학살 희생자 수는 8월 10일자에 영동 일대의 2,000여 명과 19일자 노근리 400여 명으로 되어 있지만 노근리 굴다리에 국한하면 희생자수는 100명 안팎이고, 당시 영동군에서 더 많은 희생자가 있었을 개연성이 있다고 본다. 즉 '대전 해방'과 영동 공격을 지휘한 제1군단의 김재욱 군사위원과 최종학 정치(문화)위원의 이름으로 8월 2일 이 사건을 휘하 부대에 시달한 문서가 있기 때문이다.

문서는 노근리를 의미하는 철도 밑 굴다리에서 미군이 양민 100명가량 학살했고 또다른 굴다리에서 '많은' 민간인을 학살했다고 선포했다. 죽은 어머니의 가슴에 매달린 아기도 보았고 시체 밑에서 3~4일 동안 숨을 죽이고 있다가 살아난 양민 10명 중 몇몇은 도착한 인민군에게 복수해줄 것을 애원했다고 적었다. 또 8월 8일자의 명령 시달에는 (영동의) 미군이 인민군의 식량조달을 방해할 목적으로 민간인들을 강제 피란시키고 식량을 운반시키고 있으며 빈집에 남긴 식량과 된장, 간장, 일대 우물 개천 등에 독극물을 살포했다고 했다. 특히 7월 30일 황간에서 하천의 물을 마신 제3연대 군인이 피해를 받았다고 주의를 환기시켰다. 강제 피란행은 생존자의 증언과도 부합된다.

한·미조사단은 당연히 당시의 인민군 주장도 샅샅이 조사하여야 될 것이다. 증언 채집에 있어서도 세심한 객관적인 사실을 채취해줄 것을 당부한다. 가능하면 북한의 영동작전 관련자들을 초청해보는 것도 한 방법이 아닐까 생각한다. 자기들도 저지르고 영상물에까지 담은 학살사건이 한두 가지가 아닌, 즉 자기 선전에만 급급하지 않고 건설적인 자료를 제공할지도 모르기 때문이다.

나는 미국의 조사 시작에 전폭적인 신뢰를 두고 싶다. 그리고 한국의 조사활동도 뼈 있는 기개와 어른다운 공평성으로 사건의 진상에 접근해줄 것으로 믿는다. 언론도 달아오른 쟁개비처럼 한때의 보도로 끝내지 말고 인내성 있게 꾸준히, 그리고 신중하게 보도해주기를 기대한다.

❖ 『대한매일』, 1999. 11. 3

황야의 여전사(女戰士)들

지난주 서울에 있는 정신대연구소에서 부쳐온 책 한 권을 받았다. 증언집 『강제로 끌려간 조선인 군위안부들 3』이 나온 것이다. 당시 눈코 뜰 새 없이 바빠 대양을 넘는 비행기 속에서 완독하고 이 글을 쓰고 있다.

필자가 우선 흥분한 것은 증언이 기록을 이겼다는 점이다. 당사자의 반세기 후 증언이 50여 년 전 제3자의 '증언'을 이겼다는 점이다. 1984년 필자는 동남아에서 미군 포로가 된 한인 군속과 사병의 심문기록을 채취하는 데 열을 올리고 있었다. 그 과정에서 두 쌍의 자매를 포함한 5명의 한인 군위안부의 포로심문 문서를 발견했는데 이 문건은 그 후 널리 유포되었다.

문건에서는 5명이 너무 가난해 자신의 몸을 팔아 대만에 가 일본군을 상대로 일을 하다가 귀국했고 다시 필리핀으로 차출되어 후퇴하는 일본군을 따라 산 속을 방황하다 미군에 항복한 것으로 되어 있다. 그러나 정작 본인은 대만에 간 적이 없으며 자매 모두 간호보조원으로 취직되는 것으로 속아 필리핀으로 갔으며 그곳에서 처음 군위안부를 경험했다는 것이다.

정신대연구소 연구원들이 천신만고 끝에 5명 중의 유일한 생존자를 찾은 이야기도 눈물겨운 노력의 연속이었다. 활자화된 문건은 믿을 수 있지만 위안부의 증언은 날조라는 것이 일본 극우논자들의 일반적인 논리였다. 공평한 국제법정에서 한번 붙어보면 좋겠다.

증언의 채취라는 것은 공평하고도 섬세한 기술을 필요로 하는 것이다. 모름지기 이들 5명을 심문한 일본계 미군 병사는 선입감이나 편견을 가지고 그들의 '증언'을 채취한 게 틀림없다. 만약 연구원들의 노력으로 생존자를 찾아내지 못했다면 끝내 미군의 문건이 '진상'으로 둔갑하고 있을 것이다. 역사 서술이란 두려운 것이다. 상식적으로 생각해봐도 자매가 같이 매춘업자에게 몸을 팔고, 그 어머니가 부산 부두까지 환송하러 나갈 수가 없지 않은가.

필자가 또 흥분한 것은 진주에서 근로정신대로 동원돼 일본 군수공장에 배치된 30명이 모두 인도네시아의 군위안소에 보내졌다는 증언이다. 이것은 생생하고 민간에 펴져 있던 확신과 일치한다. 또 우리 한인 연구자들이 꾸준히 주장한 것이기도 하다. 여기에 일본 우익이 어떻게 반박하는지 보고 싶다.

셋째로 흥분한 것은 한 증언이 근로 동원이 할당되었고 부잣집을 대신해 빈한한 가정의 자녀들이 할당 인원으로 채워져 공장에 동원되었고 다시 군위안부로 차출됐다고 규명돼 있는 점이다.

참으로 엄청난 일을 정신대연구소 연구원들이 해냈다. 돈도 없고 사명감 하나로 악전고투하는 여성들이 여기에 있다. 일반 연구자들이 상아탑에 매몰돼 추상적 학문에 정성을 들이는 경향을 보이는 가운데 이렇게 묵묵히 큰일을 해내는 사람들이 있다는 것을 알릴 필요가 있다. 이들 정신대연구소의 연구원들과 봉사자들은 군위안부 진상 추구의 일환으로 옛 일본군 안의 한인 군속과 사병들의 증언 채취도 열심히 하고 있다.

이 책에 수록돼 있는 홍종태 씨의 증언도, 담담한 서술도 당시의 생생한 상황을 보여주는 데 성공하고 있다. 10년 전부터 제2차 세계대전기의 한인들의 증언 채취가 무엇보다 선행되어야 할 시급한 과제라고 주장해왔는데 이것을 큰 기관도 아닌 작은 연구소의 봉사자들이 묵묵히 해내고 있는 데 머리를 숙이지 않을 수 없다.

일본의 극우파들은 군위안부 조성과정에서 강제연행은 없었다는 논리 하나에만 집중하여 공세를 취하고 있다. 사실상 관헌들이 트럭에 여성들과 노동자들을 마구 잡아 채우고 위안소나 노예노동에 보냈다는 이야기는 중국에서는 흔히 볼 수 있는 것이었지만 한국에서는 드문 현상이기는 했다. 그렇지만 강제연행은 분명히 있었고 또 널리 퍼져 있었다는 것을 이책은 보여주고 있다. 필자의 주장에 의심이 가는 분은 이 책을 사보시라. 단돈 1만 2,000원 밖에 하지 않는다.

1만 2,000원은 가난한 사람들에게는 큰 돈이겠지만 먹고 살기에 부족함이 없는 계층에는 설렁탕 한 그릇 값이다. 힘이 되어 달라고 호소하는 연구소의 특별후원회원 회비는 1년에 10만 원 이상에 지나지 않는다. 필자도 머리 숙여 이들을 물심양면으로 지원해줄 것을 호소한다. 미국 서부영화 '황야의 7인'에 나오는 정의한(正義漢)들은 멕시코의 한 마을 주민들을 산적 떼로부터 방어하는 데 심신을 바치는 것으로 묘사되어 있는데 필자의 인상으론 이들이 바로 '황야의 정의한'들이다!

❖ 『대한매일』, 1999. 11. 26

저무는 천년기를 보내며 드리는 기원

반 년 동안 여섯 번이나 자유토론의 지면을 제공받아 쓰고 싶었던 이야기를 골라잡아 발표할 수 있게 해준 것을 우선 감사한다. 이 시리즈를 마감하는 글이 절묘하게도 과거의 일세기도 아닌, 일 천년기를 닫고 새 천년기를 맞이하는 역사적인 시점이라 망외지복(望外之福), 명리(冥利), 상산(上算) 등등의 잡다한 국제적 어휘가 부지런히 나의 머리 속에서 점멸(點滅)하고 있는 듯하다. 저물어가는 헌 천년기를 보내고 다가오는 새 천년기를 맞기 전에 나는 모국을 향한 하나의 기원을 실으면서 이 칼럼을 마감하지 않을 수 없는 심정이다. 그 기원이란 "모국의 정치계여! 부디 협력할 줄 알게 하소서!"라는 것이다.

태평양 전쟁이 일어난 지 일 년 조금 지난 1943년 4월, 미 국무부관리들과 민간전문가들이 적과 우방의 식민지 처리문제로 연쇄 회의가 열렸었다. 회의석상에서의 발언을 발췌한다면 동티모르와 콩고는 천년이 지나야 자치정부가 가능할 것이고 한국은 25년 정도면 된다는 것이었다. 무릇 자치정부가 가능하다는 이야기는 국민끼리, 정치가끼리 상호 협력할 줄 안다는 이야기에 지나지 않는다. 국무차관 웰스가 천년 지나야 독립 자격을 갖출 것으로 단언한 동티모르도 급변하는 정세하에서 전후 50여 년 만에 독립할 추세이고 이곳으로 아직도 분단국가인 한국이 파병하고 있어 격세

지감을 느끼게 하지만 과연 한국인이 정치 운영에 있어 상호 협조를 할 줄 아는가의 질문은 작금의 상황을 감안하면 국민이나 당사자들에게 따가운 질문일수 있다.

하지 중장은 미국에서 서울로 방문객이 올 때마다 똑같은 한국정치가평을 하곤 하였다. 즉 "한국인들은 아주 개인주의적이며 상대하기 힘들며 비협조적이다. 자기들끼리도 비융합적이다. 한 문제의 해결책을 위하여 10명을 모이게 하면 30분 안에 4~5패로 나뉘어 싸운다. 저들은 합의하기 힘든 사람들이다. 문자 그대로 정말 그렇다" 또 미군정기의 주한영국총영사이었던 컬모오드는 다음과 같이 자기 정부에 보고했다. "한국인들은 아주 적은 것에라도 천성적으로 협력 능력 부족인 것은 크나큰 핸디캡이다.…… 과거 2년 반 동안의 관찰에 의하면 창발성, 자진성, 책임질 줄 아는 능력, 정직성, 협력, 상부상조, 검약정신, 개인의 이익을 초월하는 희생정신, 이 모든 성공적인 국가건설을 위해 필요불가결의 자질들을 가지고 있지 않는 듯하다" 또 "한인들은 상호간의 협력이 필요할 때 자발적으로 협력할 능력이 없다. 이것은 한국 전체의 역사를 통하여 볼 수 있는 한인의 특징이며 한인 사회생활의 재난이다." 하나 더 얄미운 촌평을 인용해 보자. "한인들은 타고난 기회주의자들이다. 저들은 무슨 일을 꼭 해야 된다고 와자지껄하다가 그것이 이루어지자마자 다시 더 큰 소리로 또 분노하면서 그것을 부수어 버려야 한다고 떠들어 대거나 상호간 뜨거운 논쟁 속에서 일천 개의 파벌로 갈라져 버린다."

필자는 몰매 맞을 각오로 윗 글을 인용했지만 한인인 필자로서도 반박할 것이 없지 않다. 우선 민주주의의 기초가 되는 사회경제가 제로인 상태에서 이러한 비판은 너무 가혹하다는 것이다. 연간 개인소득이 이천 달러가 되면 자연히 민주주의 사회로 이전할 길이 열린다는 어떤 외국 학자의 글을 읽은 기억이 있지만 이러한 노력의 하나의 선택이었다고 보여지는 박정희 씨 철권 통치하의 '민주선거'의 단면을 회상하는 것도 의미가 없지 않다고 느껴진다.

1971년 4월 19일 미국 서울대사관은 본국에 '다가오는 선거와 협잡'이라는 장문의 기사를 발송하였다. 이승만정권기의 적나라한 원시적인 부정선거와는 거리가 있다고 전제하고서도 다음과 같은 저질러질 수 있는 부정과 협잡의 기술을 소개하고 있다. 즉 관권 남용, 투표자와 공무원에 대한 음산한 협박, 언론 관리, 은행융자 통제, 금전 살포, 정보기관의 개입 등 상투적인 수단 외에도 올빼미, 피아노, 릴레이, 유령투표, 이중투표, 군대표 조작 등등 협잡 메뉴도 다양히 소개하고 있었다. 9,000개의 투표소, 매 투표소의 4투표함에서 근근히 10표만 협잡하여도 36만 표를 움직일 수 있다는 설도 인용한다. 당시의 선거는 결국 요식절차에 가까운 것이 아니었는지 겁이 난다.

현금의 7~8천 달러 소득시대의, 상당 정도로 민주화된 사회로 거쳐 오는 동안 우리 국민은 민주정치 미숙과 그 반작용인 인권 유린을 동반한 철권정치를 경험했다. 그리고 이 시점에서까지 '천성적으로 상호 협조 능력이 부족한 민족' 이라는 낙인이 찍힐 것인가? 지금도 그 어느 나라의 서울 대사관 보고는 이렇게 낙인을 찍으며 본국에 보고하고 있을 것이 아닌지? 저질적인 폭로전술이 그렇게 필요한 것인가의 질문과 함께. 우리의 가장 우려하는 적 일본의 극우는 박장대소하고 있을 것이다. 새천년기를 맞이하여 정치가들은 건설적 경합을 벌이며 국민은 정신을 차려 편견에 영향받지 않는 투표권을 행사할 것을 간절히 기원하며 선진국가 대열에 끼는 모국의 꿈을 그려본다.

❖ 『대한매일』, 1999. 12. ?

위안부 연구에 찬물 끼얹어서야

　몇 달 전 일본 우익 평론가 가세 히데아키가 『뉴스위크』 국제판에 쓴 칼럼을 읽다가 실소해 버렸다. "위안시설은 상업시설이었고 미군 기록에도 명료하게 위안부를 창녀(prostitute)라고 썼다"고 단언한 부분을 보고 그 아비에 그 아들이란 생각을 했다. 모리 세이유우라는 자위대 간부가 쓴 『외무부의 큰 죄』라는 책을 보면 태평양전쟁 당시 일본 외교의 실세이자 히데아키의 부친인 가세 도시가즈의 왜곡된 필법에 대한 야유가 14쪽에 걸쳐 적혀 있다. 또 그 아들 히데아키에 대해서도 언급한다. 『뉴스위크』에서 그를 '역사가'로 소개하면서 객원논설위원으로 대접하며 지면을 할애해 줘도 국내에서는 어떤 비판도 하지 않는 것 같다. 가세의 망언은 반박할 가치가 없다손 치자. 그런데 요새 일본 우익 쪽에서 요란하게 들고 일어나는 논점이 '순사 초임이 월 45엔이었는데 전쟁 말기에 군위안부 300엔 모집광고가 신문에 났으니 강제가 웬말인가'라는 것이다. 전쟁 초기에 노동자들을 남양으로 데려가는 미끼가 통상 월급의 3배를 준다는 것이었지만 떼죽음을 당해도 한 푼 못받은 가족이 수두룩했다. 그러니 전쟁 말기에는 미끼를 300엔 정도로 올려야 간호보조원인 줄 알고 가는 여성들을 꾈 수 있었던 것이다.

　가나이 에이이치로라는 육군 경리학교 졸업 소위가 쓴 『G빵 주계(主計)

루손 전기』(1986)를 보면 이러한 사정을 짐작하게 된다. 그가 처음 복무한 만주 제1사단 주둔지에는 군 경영 위안소 2곳이 있었는데 그는 담당 상관의 말을 다음과 같이 인용하고 있다. "이 여성들은 여자정신대라든지 여자애국봉사대라는 이름 아래 조선의 시골에서 모아온 듯하네. 18세에서 23세까지의 독신 여성들로 군복의 수선, 세탁 등의 봉사를 한다는 설명 아래 강제징용인 것으로 안다. 와서야 일의 내용을 알고 경악했겠지만 이제 와서는 어찌할 자유가 없다." 이 책의 내용을 개괄하면 서술의 진실성을 간파할 수 있다. 사실상 위안부들에 대한 강제성을 줄기차게 제기한 사람들은 한인보다 일본인들이었다. 1970~80년대에는 날조라고 일본 우익이 집요하게 물고 늘어지는 요시다 세이지의 책 말고도 사기성 강제연행 기사는 많고도 많다. 반드시 우물가나 길가에서 잡아간 것이 '강제연행'이 아니다. 이에 관해 시급히 주간지에 실린 글의 목록이나 내용을 집대성할 필요가 있다. 또 요새 일본 우익 잡지에 범람하는 위안부 논점에 대해 조목조목 반박하는 인터넷 사이트를 개설했으면 한다.

이런 가운데 위안부 문제에 매달려온 정진성 서울대 교수가 네덜란드에서 힘들게 입수한 '위안부 강제동원 문서' 원본 공개를 두고 "처음이냐 아니냐" 한바탕 해프닝으로 끝난 일은 유감이다. 그때까지 나돈 문서들은 영어본의 일부에 지나지 않았거나 서툰 부분 인용에 불과했기에 그 원본 문서의 의미는 더없이 중요하다. 필자도 얼마 후에『전장 터에서의 위안부와 노무자』라는 책을 낸다. 미국 자료에 근거해 중요하게 다룬 부분이 밀레섬에서의 한인 노무자들의 반란사건이다. 사건 개요는 굶주린 일본인 노무자들이 한인 둘을 잡아먹었고 이에 분격한 한인들이 반란을 일으켜 일본 군인 7명을 죽였으나 한인 약 30~100명이 도살당하고 70명(명단 있음)이 바다에 대기한 미국 군함을 향하여 헤엄쳐 가서 구조된 사건이다. 미국은 이를 "한인 노예노동자의 반란"이라고 적었다. 이 사건의 부분은 지난 해인가 일본 쪽 자료에 근거하여 국내에서 발표된 바 있고, 필자의 조사로는 처음 발표된 것이 1990년대였다. 좀 더 진전한 '처음'인 것이다. 또 "처음이 아니다"라고 할 것인가. 기사 보도에서 신중하길, 위안부나 노무자를 연구하는 학자들을 따뜻하게 지지해 주길 바란다.

❖ 『한겨레』, 2007. 5. 25

감춰진 진실, 문서는 안다

**미국 국립문서보관소 20여 년 째 출입하며 역사 추적하는 한 사학자의
증언**

1982년인가 싶다. 필자는 갑신정변 실패 뒤 미국에 망명한 변수(邊燧)와
서광범(徐光範)의 사적을 추적하고 있었다. 서광범 전 주미공사가 1897년
8월 13일 워싱턴에서 폐결핵으로 사망할 당시 '구두유언'이 있었다는 것을
신문에서 찾은 필자는 행여나 하는 막연한 기대감으로 낯선 시청 건물을
찾아갔다. 들어선 지 15분도 안 돼 원본의 복사본을 쥔 필자는 이것이 꿈
인가 무엇인가 하고 한참 생각했다. 찾아온 사연을 들은 안내역은 어느 방
으로 가라고 지시했고 그 케케묵은 방에 들어가자 원하는 사람의 이름을
달라고 하여 주었더니 카드색인 같은 것을 보고나서 빛바랜 봉투 하나를
내어놓고 복사해 달라는가 물었다. 이것이 한국 서울시의 시청이라면 어
떠했을까 생각해 보게 됐다. 번잡한 수속도 없었고 나의 신분증 제시도 요
구하지 않았다. 그리고 가장 중요한 것은 100년 전의 문서관리도 잘 되어
있었다는 점이었다. 이것이 미국의 좋은 단면인 것만은 틀림없다.

신분증 없이 100여 년 전의 유언장 열람

필자는 1978년 미국 수도 워싱턴에 이주하여 본격적으로 미 국립문서보
관소 출입을 시작했다. 그 전에는 도산처럼 계절노동자들과 같이 농장과
과수원에서 일했다. 박사학위를 받고도 이런 일밖에 없는 바에야 현대사
공부나 더 하자는 목적이었다.

국립문서보관소(NARA: National Archives and Records Administration)를
흔히 '국립기록보존소'(National Record Center)라고 이야기하지만 양자는
같은 것이 아니다. 미국 정부의 각 부처는 일정기한이 지나면 그 보유문서
를 기록보존소에 예탁하도록 제도화돼 있다. 메릴랜드주 스트랜드라는 고
장에 가면 국립기록보존소 본부가 있고 여기에 국무부 내무부 등 각 부처
가 자기들의 문서를 쌓아놓는다. 그러면 그곳 보존소 직원들이 분류를 해
놓고 국립문서보관소에서 가져가고 싶은 문건 덩치들을 사이에 놓고 흥정
한다. 그 과정에는 예탁한 정부 부처의 입김이 작용한다고 들었다.

국립기록보존소에서부터 국립문서보관소가 문서를 입수했어도 연구자
가 곧바로 이용할 수 있는 것은 아니다. 이곳의 문서연구관들이 다시 일반
연구자들에게 보여줄 수 있는 것과 없는 것을 엄격히 구별하기 때문이다.
일반 연구자들에게 보여줘도 무방하다고 여기는 문서들 사이에도 간간이
여기서부터 어디까지는 열람 금지돼 보류되었다는 쪽지가 삽입되어 있다.
물론 내용이 어떠하기 때문에 열람 금지한다는 설명이 없다.

필자가 워싱턴에 도착하여 처음 열람을 시작한 것이 6·25전쟁 중에 북
한에서, 또 남침한 인민군에서 노획하여 온 1천여 상자의 문서들을 열람하
는 것이었다. 그 안에는 열람 금지의 카드가 곳곳에 삽입되어 있었다. '정
보자유법'에 의하여 그것들의 기밀해제를 거듭 요구하여 원상회복시키고
나서 보니 거의 모두가 개개인 사생활 침해 조항에 저촉하여 빼놓은 것들
이었다. 즉 북쪽 어느 마을의 밀고자 명단, 전쟁 중에 남쪽에서 북으로 피

난 간 인사들의 명단 같은 대수롭지 않은 것들이었다. 이것은 검열한 사람이 일을 했다는 증거를 남겨놓으려는 의도도 있겠지만 어찌하든 개개인의 사생활을 보호하려는 자세가 돼 있어 과연 미국이로구나라는 호감이 들게 하는 대목이다.

국가기밀 유지 · 사생활 보호된다면 공개

미 국무부의 한국 관련 일반문서 가운데에는 열람이 금지된 언론관계의 것들이 더러 섞여 있다. 검열자의 소홀함으로 딴 문서에 섞인 1~2매의 낙장(落張)으로 판단한다면 미 대사관에서는 한국 언론들의 재정구조, 소유관계 그리고 경향성을 일일이 조사하여 연례적으로 본국에 보고하는 것이 아닌가 생각해 보았다. 모 신문은 중앙정보부가 그 지분 50%를 강점했다더라는 서술도 본 일이 있다. 그러나 이런 사항들이 개개 언론사의 프라이버시에 속한다면 보여주지 않는 것이 오히려 당연할 것이다.

결국 미국의 문서 비공개의 2대 원칙은 국가기밀의 유지와 개개인의 프라이버시 보호 차원이다. 국가기밀의 유지는 당연히 국익계산이 그 밑에 깔려 있겠다. 한국 관계 국무부 문서나 육군문서 안에는 'ACCESS RESTRICTED'라는 카드가 무수히 삽입되어 있고 정보자유법에 의해 기밀해제 신청을 하여 될 것이 있고 되지 않을 것이 있다. 될 것은 프라이버시 당사자가 중요하지 않은 인물로 이미 고인이 된 경우이고 또 기밀해제 신청을 내어도 우선순위가 있어 일본 것들은 언제나 한국 것보다 앞섰고 힘 많은 신청자가 항상 유리한 입장에 있다고 보았다.

필자는 이미 공개된 북한 노획문서 말고도 약 180상자가 더 있다는 것을 알고 나서 맹렬히 해제신청을 냈지만 몇 해 지나도 너무 일이 폭주하여 일손이 모자란다는 대답 일변도였다. 그러다 공군 정훈감을 지낸 전쟁기념

사업회의 이은봉 퇴역 대령이 미국에 왔을 때 같이 아카이브스의 제1인자를 기습방문하고 이것이 주효하여 해제가 촉진된 예가 있었다. 이것이 나의 한국사에 대한 업적이면 업적에 들 것이라고 생각된다. 그 외에는 6·25전쟁 중의 북한간첩 조사철, CIC 백범 관계 문서 등등 몇 해가 지나도 소식이 감감하여 이제는 지쳐서 포기 상태이다. 제주도 출신 이도영 박사의 대전감옥 좌익인사 1,800명 처형이라는 대형 스쿠프는 노근리 사건이라는 큰 테두리 안에서 얻어진 행운으로 큰 사건의 해명과정에서는 왕왕이 노다지가 쏟아져 나오게 되어 있는데 대전에서 처형된 죄수와 보도연맹 관계자는 최소 5천 명을 넘을 것이라는 것이 나의 추측이다. 다만 구체적인 자료가 나오지 않았을 뿐이다.

해제 문서 부스러기 모아도 역사 밝혀

필자의 연구성향은 가능한 한 많은 기밀해제 문서를 읽고 부스러기를 모아 하나의 그림을 그려본다는 것이므로 시간과 노력이 이만저만 아니다. 노근리사건을 조사하다 옛 일본군 군인이 불법적으로 미 제1기갑사단 안에 들어가 노근리 부근에서 싸웠고 북진하다가 전사한 예를 찾아 후속 조사를 하고 있다. 노근리사건 당시 과연 노근리 주둔 미군 안에도 전 일본 군인이 없었는가라는 새로운 시각이 열리게도 되었다. 이 전사자는 미군이 아니기에 미군 명단에도 없을 것이며 이 사람이 8·15 전에 한국인에 감정을 가졌다 가정한다면 기관총 총질로 40~50명쯤이야 단박 결단을 냈을지도 모른다는 것이다. 이런 문제는 군인 기록관리를 아무리 잘 해봐도 나올 수 없는 허점이다.

❖ 『한겨레21』 제348호, 2001. 2. 27

일본의 '모략공학'을 경계하라

재미사학자 방선주 선생의 새해 단상: 테러리즘, 자위대 그리고 부시정권

방선주 선생은 지난 78년부터 미국 워싱턴에서 미 국립문서보관소 (NARA: National Archives & Records Administration)를 출입하며 장막에 가려진 한국의 현대사를 발굴하고 있는 재미 사학자다. 한국 연구자 중에서 미 국립문서보관소와 한국 현대사 자료에 가장 정통한 그는, 이도영 박사와 함께 노근리 사건 문서를 뒤지던 중 '대전형무소 좌익인사 1,800명 처형'에 관한 문서와 사진을 발굴하기도 했고, 지난해에는 백범 김구 암살범 안두희가 미군 정보요원이었다는 사실을 입증하는 문서를 찾아내기도 했다. 노구에도 지치지 않고 현대사의 조각들을 추적 중인 그가 지금까지의 작업을 잠시 돌아보며 2002년 새해 단상을 보내왔다. (편집자)

1937년, 일제 조선군사령부는 하나의 큰 모략극을 꾸미고 있었다. 즉 조선혁명당의 김원봉으로 하여금 심각한 '테러'를 저지르게 하고 중국의 국민정부가 그 배후라는 '확증'을 공포한다. 이것은 소련에 대한 전쟁 개시와 타이밍을 맞추어야 한다. 중국이 소련과 공동작전을 결정하는 것을 단념하거나 시기를 놓치게 하기 위해서. 그러면 김원봉으로 하여금 어떠한 '테러'를 폭발시키려 하였는가. 조선군사령부가 제작한 극비문서 '북지(北支) 사변과 조선혁명당의 이용방책에 대하여'는 그 테러의 형태에 대하여는 설명이 없고 1937년 6월 18일 제작된 「재지불령선인이용방안」(在支不逞鮮人 利用方案) 즉 '중국에 있어서의 조선인 독립운동가 이용방안'에 기초한다고만 했다.

윤봉길을 향한 백범의 부탁

우리가 상상할 수 있는 일본군의 의도는 일본 군벌이나 정치계 거물의 암살을 기대한 것이 아니면 일본시민 다수의 살상이 뒤따르는 특정 건물의 폭파를 방관하여 일본의 국민여론을 끓어오르게 하는 형태들이다. 그런데 한국 애국지사들은 일반적으로 적국의 시민들이라도 무고하게 살상되는 것을 좋아하지 않는 착한 사람들이었다. 그 단적인 예가 윤봉길 의사를 파견하기 전에 백범이 신신당부한 지시에 들어 있다. 그것은 적의 괴수들만 목표로 하지 일반 일본인들은 다치게 하지 말라는 부탁인 것이었다 (1932. 5. 10, 백범의 경과 성명서).

한국 독립운동가들은 미국 독립전쟁이나 이스라엘 건국운동에서의 의열(義烈)전쟁 수행자에 비견한다면 타당하지만 결코 무지몰각한 사람들이 이야기하는 테러리스트가 아니었던 것이다. 간사한 일본군이 고안해낸 김원봉 접근 책략은 태전(太田=대전?) 순천(順天)병원장인 김상용을 중국 김원봉 소재지로 파견하여 거사 군자금을 제공하게 하고 막후 조종한다는 것이었다. 사실상 김상용은 파견되어 김원봉을 면담하고 돌아와 일제에 김원봉의 요구사항을 보고하였는데 그것은 자금조달, 군사기술자 획득(아마도 최신 폭발물 제조 기술자), 군사교관의 획득, 그리고 김상용의 조선혁명당 입당 4가지였다는 것이다. 사실상 테러라는 것은 수지가 통 맞지 않는 미련한 장사인 경우가 허다하다(작금의 인도의회 습격사건을 보라!).

구 일본군이 모략에 뛰어난 존재였다는 것은 잘 알려져 있다. 1931년 일본 관동군이 만주 전역을 점령하기 위한 개전 모략으로 만철 폭파사건을 일으켰고 또 만주국 건립이란 음모에서 세상의 눈을 돌리려고 '상해사변'을 일으켰다고 한다. 이른바 상해사변이 일어나는 타당성의 하나로 조작된 모략이 상해시 안의 반일의 소굴로 알려진 삼우실업사라는 수건 제조공장 앞으로 일본 일련종(日蓮宗)의 승려들을 '제목'(題目)을 외우면서 통과시키는 데 있었다. 순 일본불교의 일파가 이상한 말을 중얼거리면서 격양된 중국 청년들의 반일 본거지 앞에서 북을 치며 맴돈다면 문제가 안 일어나는 것이 오히려 이상한 것이다.

습격을 받은 승려 5인 중 3인이 중상을 입어 입원했는데 그중 미즈가미라는 승려가 사망하여 일본은 크게 분격 수위를 끌어올렸다. 당시 상해에 무관 보좌관으로 주재하고 있었던 다나가 소좌는 전후에 그것은 자신이 만주사변의 주모자 이다가기 참모의 부탁을 받고 저질렀다고 실토했는데 일본인 승려를 죽이는 것이 측은하여 그중의 한인 승려를 죽인 것으로 알려졌다('상해사변은 이렇게 일으켜졌다'『지성(知性)』1957년 별책, 송본청장(松本淸張)『소화의 요괴』등 참조). 일본 육군의 참모본부에는 1937년부터 버젓이 '모략과'(謀略課)라는 것이 신설되었고 개전 모략을 최우선 순위로 삼았다고 한다. 참고로 2차 세계대전 개시 당시 참모본부의 조직을 보면 서무과, 교육과, 작전과, 편제동원과, 방위과, 구미과, 지나과(支那課), 러시아과, 모략과, 철도과, 선박과, 통신과, 전사과(戰史課), 전략전술과, 모두 14과였다.

모략전 일본군의 후예, 자위대

이렇게 모략에 탁월한 능력을 가졌던 구일본군과 끊기지 않는 후예들이 바로 현 자위대인 것을 명심할 것이다. 전후 일본 자위대 경찰청 복원국들의 인원들이 구 일본군 장교들로 차 있었고 방위청에서 편찬한 전사들이 어떤 식으로 2차 대전사를 편찬했는지 생각해볼 것이다. 현 독일군이 나치 군대와 관련이 없는 것과 대비되는 점이다. 현금의 일본군이 자기 선배들이 일으킨 갖은 모략들에 대하여 또는 조선군사령부가 주도한 무수한 처녀 공출 책략에 여하한 공식적인 대외 의사표명이 있었는지 모르겠다. 선배가 소문난 모략꾼인 데 참회하지 않는 후배가 모략 안 할 보장이 없지 않은가.

1946년 4월 5일 미 육군 정보국(MIS)은 '사이토오 도시하루'라는 지하 테러리스트가 한국인과 미국인 사이에 악감정을 조성하려고 노력하고 있기 때문에 그에 대한 신상 파일을 조속히 보내줄 것을 24군단 정보과에 의뢰하기도 했다. 우리는 한일 간의 진정한 화해와 동맹관계가 바람직하다고 믿는다. 올해 월드컵에서도 많은 일본인들이 방문할 것인데 국민 모두 친절하게 대할 것이 기대된다. 그러나 핵심은 그들의 정부나 여론 주도층이 통 반성할 줄 모른다는 데 있다. 현 독일군이 현 일본군 행태와 비슷하다면 미국 국민들이 가만히 있지 않을 것이다. 그런데도 현 미국 정부는 일본군과의 합작을 강화하고 있으며 두둔하고 있고 한일 군 간의 합작을 독려하고 있는 듯한 것이 섭섭한 일이다. 적어도 민주당 정부에서는 군위안부나 강제동원 노동자들에 대한 사죄배상을 전제로 한일 간의 화해를 도모했다고 볼 수 있는데 이 정부는 우선 이 두 문제부터 일본 책사들의 농간에 놀아나 클린턴 정부와의 차별화를 시도하는 인상이다. 불길하게 느껴지는 징조가 한두 가지가 아니다.

부시 대통령은 지난 크리스마스 휴가를 텍사스 목장에서 보내면서 역사가 에드먼드 모리스가 저술한 신간서적 *The Rise of Theodore Roosevelt*를 독파했다. 미국 제26대 대통령 시어도어 루스벨트(1901~1909)가 그 대외적인 치적으로 러일전쟁 당시의 일본 밀어주기와 일본의 국력이 고갈되기 전에 평화조약을 알선하고 노벨평화상을 받은 인물이라고 이해하던 필자는 곧 이 책을 구해 보았다. 더욱이 필자는 그가 막후로 조종한 '가쓰라-태프트 밀약'에 대하여 왕복 암호 원문의 발굴연구에 종사한 바 있었음으로 더욱 흥미를 가졌다.

부시와 시어도어 루스벨트

이 책의 상당부분이 일본과 한반도 그리고 중국에 대하여 할애되고 있는데 필자가 흥미를 느낀 점은 그가 중국을 미국 상품의 시장으로서만 흥미를 가졌다는 저자의 시각과 한국과 중국도 일본과 같은 모양으로 근대화 국가가 된다면 백인들과의 세력균형이 깨질 것이라는 시어도어 루스벨트의 발언 소개였다. 부시 대통령은 자신의 롤 모델(role model)로서 시어도어 루스벨트를 바라보고 있다고 『뉴욕타임스』는 지적했고 『워싱턴포스트』의 한 칼럼은 이것은 미국을 위하여 매우 바람직한 것이라고 썼다. 또 이 책의 저자는 아마도 백악관의 실력자 칼 로브의 도움으로 부시를 만나기도 했다. 이쯤 하면 부시 대통령이 책 저자가 이해하는 시어도어 루스벨트의 동북아시아 정책에서 많은 것을 배우고 행동으로 옮기려는 것이 아닌가 하는 의구심이 생기기도 한다.

이 글의 줄기가 많이 빗나갔지만 필자가 의도하는 바는 한국인은 그 성품이 단순 폭발적인 점이 있어 국제적인 모략 특히 일본의 모략에 이용당하기 쉽겠다는 점이다. 여기에 언론이 이용당하면 가히 걷잡을 수 없게 되지 않을까 겁난다. 만보산사건 때 한국 언론의 역할을 기억할 것이다. 더욱이 반백년 계속하여 철부지인 북쪽 골목대장들의 무모한 행동과 모략당하기 쉬운 체질이 걱정이다. 시간과 노력으로 풍화되려던 상호 증오감을 다시 고착시키는 전쟁 재발을 방지하는 데 있어서 전쟁 개시를 위한 모략공학을 경계해야 될 것이 아닌가 싶다. 일부 한국인들이 9·11 참사를 고소하게 여긴다고 하는데 이는 서울 한복판에서 만원버스를 폭탄으로 삼아 시장 안으로 돌진하는 테러리스트의 행동을 두둔하는 것과 비슷하다고 하면 비약적인 논리 전개라고 비난받을 것인가? 필자가 걱정하는 것은 이런 발언까지도 모략공학에 이용당할 가능성이 있기 때문이다.

❖ 『한겨레21』 제394호, 2002. 1. 23

방선주의 어원 주장

냄새 맡을 문(聞)자에 대한 촌평

중국인이 평상 사용하는 "냄새를 맡다"(smelling)라는 구두어는 '嗅'를 사용하지 않고 '웬'으로 발음되는 말을 사용하는데 이것은 글자로 어떻게 표기되고 있는가? 예를 들면 "야! 이 꽃냄새 좋다! 좀 맡아 봐!"라고 할 때 "맡아 봐!"를 "웬이웬"이라고 한다. 즉 한자는 들을 '문'(聞)자를 쓰고 聞一聞이라는 것이며 嗅一嗅이라고 하지 않는다. "들어봐"라고 할 때는 聽一聽, "물어봐"라고 할 때는 問一問이다.

사실상 '들을 聞'자로 "냄새를 맡다"의 뜻을 표시하는 文例는 중세까지는 확실히 올라간다. 『수호지』 제29회에 술맛을 맛보라는 주점 주인의 권면에 武松이 술 냄새를 맡고(聞) 좋지 않다고 머리를 흔들고 있으며("客人嘗酒" 武松拿起來 聞一聞 搖着頭道: "不好不好") 시대가 훨씬 더 올라가는 魏나라 시대에도 五里聞香(魏文帝)이라는 글귀가 남아 있다. 그래서 자전에는 들을 聞(wen)과 냄새 맡을 聞(wen)을 구별해 놓았다. 그러나 엄격히 따진다면 냄새를 맡는다는 "wen"이란 말을 한자화 한다면 발음을 표시하는 음표 〈門〉 안에 '귀 耳'자를 집어넣는 대신 코를 표시하는 自자나 臭 또는 嗅자를 집어 놓아야 됐을 것이었다. 이렇듯 明淸시대에 일상 사용하는 구어(口語)를 한자화 하는데도 신경이 많이 쓰여졌을 것으로 상상해 본다. 물론 후세의 일개 관망자의 안이한 평언에 지나지 않겠지만.

걸들어서 한국어의 '고소하다'나 '구수하다'에 딱 알맞은 중국어(양자강 이북의 관화에 한하여 이야기한다)는 없다. '참기름 냄새가 고소하다' 도 좋이고 '꽃냄새가 향기롭다'도 좋이다. 이것은 나 자신이 20년간 중국에 살고, 가친 또 조부 모두 중국 선교사로 오래 중국에 살아 항상 들었던 경험담에서 자신있게 이야기할 수 있는 것이다.

三家子女語 "뻴쭈"의 생성과 폐기

나의 소년시대 즉 초등학교 시기에는 3목사 가족이 이웃하여 같이 살고 있었다. 거대한 한인교회 일층은 김명집 목사님과 그 가족이 살고 있었는데 자녀분들이 6~7명은 되었다고 생각된다. 바로 그 옆에 조선예수교장로교 산동선교관 이층집이 있었고 일층에는 이대영 목사님 가족이 살고 2층은 우리 가족이 살고 있어 도합 3목사 자녀들은 13~14명이 되지 않았나 생각된다. 일본이 항복하여 한인교회당은 한인들의 중심 집회장소가 되었고 미 제6해병사단에서도 예배장소를 빌려 예배보는 사람들이 많이 모여드는 장소이었다.

나의 가친 방지일 목사는 소학부와 중등 고등부의 교장을 하셨는데 학교는 처음에는 시내 큰 방직공장을 이용하였었다.

학교 인원의 핵심은 우리 3목사 가족이었는데 그 이유는 한국어 말살정책을 쓰는 일제에 저항하여 한국어를 제대로 보존한 가족은 매일 가정예배를 보고 한글성경을 읽는 우리 3가족이 중심이었기 때문이다. 그렇기 때문인지 3가집 어른들은 자녀들이 일본어나 중국어를 사용하는 것을 몹시 경계하였다고 회상한다.

그렇지만 스며드는 중국어의 영향을 무시할 수는 없었다고 생각된다. 맨 처음 보급되는 것이 중국어의 욕설이었다. "왕빠딴(忘八蛋)"이라는 욕설은 기본적인 것이었고 우리 아이들끼리 자주 쓰던 욕설에 "이 뻘쭈야"라는 것이 있었다. 바보라는 뜻으로 사용한 것 같은데 한국에 돌아와 "뻘쭈"가 경상도 지방 욕이 아닌가 알만한 민속학자나 지방분들에게 문의하여 보아도 처음 듣는다는 이야기이다. 우리 집을 제외한 두 집은 경상도 출신이었던 것이다.

그렇다가 아하 이것이 아닌가고 생각나는 것이 있다. 그것은 바보를 의미하는 중국어 "뾰오즈"(表子라고 발음했다)에서 유래한 것이 아닌가 하는데 낙착하고 더 이상의 어원 추궁을 중지했다.

당시 우리 아이들끼리도 많이 썼다고 생각된다.

미장이

泥匠 > 니장(plasterer)이 "미장"으로 와전되고 "미장이"라고도 불리우고 여기서 또 "쟁이"가 붙어 "미장쟁이"또는 "미쟁이"가 되었다고 일반적으로 해석되고 있다. 진흙 또는 석회 반죽한 것을 가옥의 벽이나 담 벽에 바르고 평평하고 고르게 "밀어" 붙이는(塗裝) 작업이니, "미는"(推 而 塗) "쟁이"의 뜻으로도 이해되기 쉬웠다고 생각된다.

우렁차다

목구멍을 뜻하는 중국 口語 "喉嚨" 가득히(滿) 큰소리로 노래하든가 부르짖는 뜻이었다고 본다. 나의 해석의 실마리는 "차다"에서 왔고 그 容体

로서의 "우렁"을 "喉嚨"에 지목하는 것은 자연적인 추이라고 하고 싶다.

나의 잠정적인 해석으로는 독립군 군가를 "만주"에서 부르는 중에 생겨난 단어가 아닌가 싶다. "滿着喉嚨 大聲唱"이라는 어구에 어울린다고 본다. "기운차게" "우람지게/"우람하게" 또는 일본어 "元氣一杯に"에 일맥상통하는 바가 있다고 본다.

달마구와 달구지

〈다음〉 한국어사전에서는 "달마구"를 단추(團錘?)의 평북지방 방언이라고 지적한다. 그러나 그 유래에 대하여는 언급이 없다.

필자의 생각으로는 "달마구"는 "韃馬扣" 즉 韃靼人 혹은 외국인의 단추 (馬扣子)를 뜻한다. 그렇게 고향의 古老(평북 선천/철산)에게서 들었다고 어렴풋이 상기한다. 이 시골 말은 필자가 84평생 계속하여 사용하던 단어로 "떨어진 달마구 좀 달아줘"라고만 하면 충청도 출신인 내자가 웃어 버린다. "달마구"라는 말 자체가 우습다는 것이다. "胡떡"이라는 단어에 상징되듯 우리나라에서는 중국이나 만주에서 전래한 물건에게는 일반적으로 "胡"자를 머리에 두는 것 같은데 "韃"자를 머리에 두는 경우도 있다는 것이 흥미롭다.

몽고인들의 단추에 대한 사랑은 지극한 것으로 필자가 어려서부터 자라난 중국에서 옷에 훈장처럼 이런 저런 단추들을 20~30개씩 달고 다니는 사람들은 거의 내몽고 사람들이었다.

"달마구"처럼 변방의 일 지방에 한하여 전래되었다면 몰라도 전국적으로 분포되었던 "달구지"의 "달"도 韃靼을 의미하는가의 질문에는 필자는 아직 오리무중의 경지이다. "달구지"의 "달"까지 韃靼족, 몽고족 또는 만주족과 결부시키는 것은 너무하다는 것이 주위의 일반적인 반응인 것 같다.

"달"이 이민족을 의미하기 위해서는, 또는 단순히 "달달"거리는, "달구랑"거리는 수레를 의미하기 위해서는 비슷한 운반수단을 의미하는 예문이 더 발견되어야 할 것이다. "구지"에 荷車라는 의미가 있는지 혹시는 "韃人이 사용하든 驢子" 비슷한 언어에서 유래되었는지 흥미를 느끼는 분들의 의견을 듣고 싶으며 만약, 그분들의 예문 발견 사례나 증거나 논거를 열거하게 된다면 반드시 그분들의 이름을 병기한다는 것을 확언하는 바이다. 이 글이 너무 견강부회적이지 아니었을까 걱정이 되기도 하니 마지막으로 우스개 소리를 하나 소개하고 용서를 빈다. 내가 어렸을 때 사람들 입에 많이 올랐던 "웃기는 설교 구절"의 한 토막.

"여러분 일본어 '쇼오가 나이'의 뜻이 무엇인지 아십니까?

'이래도 저래도 안 되는', '어쩔 수 없는'이라는 내용의 어구 유래는 '쇼오'가 '시호'(소금)에서 왔기 때문에 근본적으로 '소금이 없다'의 뜻입니다". 그리고 성경구절의 인용: '소금이 그 맛을 잃으면 무엇으로 짜게 하리오'(마태 5:13).

물론 어원적으로 '쇼오'는 仕樣(할, 할 수 있는, 방법)이 없다는 뜻이며 소금과는 전혀 관계가 없는 것으로 안다. 단, 이 글에 소금기가 조금이라도 있으면 하는 바람에서 부언했다.

洗手와 洗首 또 洗嗽

1945년 10월초 일본이 항복한지 두 달 안 되어 내가 살던 중국 청도(青島)에서도 한국 교민회가 생기고 수백 명의 한국인 학생을 위한 소학교와 중고등학교가 설립되었다. 당시 일본인 제2국민학교 6학년 학생이었던 나도 당연히 "한국학교" 6학년에 편입된바 있었다. 그런데 한국어에 가장 능통하다는 한 여학생이 작문시간에 "세수하다"를 "세안(洗顔)하다"로 바꾸어

논쟁을 일으킨 바 있었다. '세수'라는 것은 손을 씻는다는 한자에 유래했으니 "가오 오 아라우"(顔を洗う)를 의미하는 "세안"이 맞는다는 이론이었다.

인터넷에서 "daum 한국어사전"을 열어보면 "세수"의 주요 뜻은 "낯을 씻음"을 뜻하는 "洗手"와 "세금으로 들어오는 수입"을 뜻하는 "稅收"로 구분하여 역시 우리말 "세수"의 어원을 "손을 씻는다"는 한자에 두고 있음을 본다. 그러나 이것은 잘못된 안이한 견해가 아닌가 싶다. "세수"에 대조되는 한자는 중국인이 일상 쓰는 세수(洗漱)에서 유래한 것이라는 것이 맞을 것이다. 아침에 일어나 "얼굴을 씻고 입가심 한다 또는 양치질 한다"는 뜻이 원래의 것이었다고 생각한다. 예문은 중세 일상 쓰는 口語 어휘의 보고인 『수호지(水滸誌)』에 보인다. 즉 제53회에 "睡到五更 起來 洗漱罷 喫了飯... 兩個又上路"에서 보는 바와 같다. 얼굴을 씻는 첫 단계가 손을 씻는 행위이기 때문에 洗手(손을 씻음)로 洗首(머리 또는 목을 닦음)를 표상(標像)했는지도 알 수 없다(즉 중국인이 말하는 引伸義).

일본에서는 세면(洗面)이라는 용어도 "센멘기"(洗面器)에서 보듯 일상, 사용되고 있는 것 같지만 한국에서는 일본에서 유래한 단어로 인식 되는 것 같다. 나의 집에서는 "센멘기"는 많은 집에서 그러하듯이 "세수대야" 또는 "쉐수대야"라고 불러오고 있는데 그 뜻은 글자 그대로, "손을 씻는 대야"가 아니라 "얼굴을 씻는" "大盆"인 것이다.

Washing face를 의미하는 "세수"의 어원이 세수(洗手)이건 세수(洗首)이건 세수(洗漱)이건 간에 가지각색의 어원 해석은 문제 해결을 위한 흥미 있고, 필수적인 과정이다. 필자의 의견으로는 아침에 일어나 "세수"하다의 "세수"의 어원은 "洗漱"이었고 여기서 자기발전 하여 나아간 것이 얼굴을 씻는 "洗首"이었다. 아무래도 아침에 일어나 얼굴을 씻는 행태야말로 손을 씻고, 목을 씻고 얼굴을 씻는 과정의 중심이었기 때문일 것이다.

"사랑"의 어원이 "思量"일 가능성

수호지에 나오는 단어 "思量"에는 두 가지의 주요 의미가 있다고 생각한다. 하나는 "(계획적으로 곰곰이)생각한다"는 것이고 또 하나는 현대 한국어의 "사랑"(愛)의 어원일지 모르는 용법이다.

'高俅..得了赦宥罪犯 思量要回東京.... 董將仕 思量出一個路數(2回)'의 "사랑"은 전자이고 我時常思量你 眼淚流乾 因此瞎了双目(43회)이나 你又不曾和他妹子成親 便又思量阿舅丈人(50)의 용법은 후자의 예이다. 물론 여기서 제시한 예문은 어디까지나 하나의 가능성 모색에 지나지 않는다는 것이 현재 나의 입장이다. 당시 중국인이 구두상으로 쓰든 언어 안에 들어가 있으니 가능성이 있다는 이야기일 뿐이다.

尚兀自(尚且)와 "상구도"

Daum에 들어가 보면 "상구"는 "아직"이라는 강원도 사투리라고 설명되고 있으며 "상구도 안 일어나고 뭐하나"라는 예문을 적시하고 있다. 그러나 이 단어는 비단 강원도뿐만 아니라 한반도 전역에 분포돼있는 단어로 나의 집에서도 일상 쓰는 용어 이었고 『수호지』에서는 문장 도처에서 산견되는 口頭語로 "尚且" "尚自"를 길게 뽑으면서 이야기하면 "상구도" 비슷하게 발음하게 된다고 본다.

수호지 예문보기:

宋江道: 梁山泊 苦死相留 我尚兀自 不肯往(36回)
昨夜去江州 探望蔡九知府...尚兀自 未回來(41)

他與兄弟十兩一錠銀子 尙兀自在包裏(46)

他兩處好漢 尙兀自 仗義行仁(58)

梁中書 正在 衙前醉了閑座 初聽報說 尙自不甚慌(66)

我們這幾個喫 尙且不够 那得回與你?(10)

濕漉漉(54)과 "눅눅하다"

去井底下....濕漉漉的 沒下脚處(54)

▌ 찾아보기 ▌